15세기후반~17세기초반 조선어의 력사적변화 연구

-≪두시언해≫ 초간본과 중간본의 비교를 중심으로-

15세기후반~17세기초반
조선어의 력사적변화 연구
−≪두시언해≫ 초간본과 중간본의 비교를 중심으로−

최 송 호

역락

책머리에

이 책은 2014년 6월, 중국 연변대학 대학원에 제출한 필자의 문학박사학위 론문을 수정하고 보완한것이다. 훈민정음창제이래 중세어의 규칙을 준수하던 조선어는 15세기후반에 약간의 변화의 조짐을 보이다가 16세기를 거쳐 17세기로 넘어오는 긴 력사적과정을 겪으면서 언어내적으로 표기, 음운, 문법, 어휘 등의 측면에서 다양한 변화가 발생하였는데, 본 론문에서는 선행학자들의 연구성과를 바탕으로 ≪두시언해≫ 초간본과 중간본을 비롯한 우리 말의 문헌자료를 재수집, 정리하여 15세기후반~17세기초반의 조선어변화에 대해 통시적으로 살펴보고저 하였다.

문헌자료의 결핍과 필자의 능력부족으로 연구가 충분히 진행되지 못하여 적지 않은 부족점이 있으리라 생각하면서, 이 책이 중세와 근대의 과도기의 조선어변화를 리해하는데 자그마한 도움이라도 되기를 바란다. 모쪼록 많은 분들의 가르침과 꾸짖음이 있으시기를 간절히 바란다.

이 책이 나오기까지 필자에게는 학문적으로나 인간적으로 도움을 주신 분들이 참 많았다. 지도교수이신 김영수선생님께서는 필자의 학문적, 인간적성장을 조용히 곁에서 지켜봐주신 분이다. 은사님께서는 학문의 큰 틀을 잡아주셨고, 참된 학자가 되기 위한 자세가 어떠해야 하는지를 몸소 보여주셨다. 이 책에 깃든 은사님의 로고는 이루 말할수 없다. 은사님께서는 제목선정에서부터 후속연구, 수정, 답변, 재수정, 탈고… 이 모든 과정을 처음부터 끝까지 필자의 곁에서 함께 해오셨다. 보잘것없는 필자의 능력에 대해 흔들리지 않는 신뢰를 보내주셨고, 언제나 따뜻한 격려로 용기를 북돋우어주셨다.

평양 김일성종합대학의 김영황교수님은 필자의 또 한분의 지도교수님이시다. 아흔 고령을 바라보시는 교수님께서는 북경대학에 방문학자로 계시는 다망한 와중에도 어려움에 부딪힌 필자를 불러 학문을 구체화하고 정밀화하는 길을 세세하게 가르쳐주셨다. 교수님께서는 중세조선어에 관한 필자의 지식이 옅음을 보시고 중세문헌을 펴놓고 손수 한구절 한구절씩 베껴가면서 해독법을 가르쳐주셨으며, 론문의 전반 체계를 자세히 봐주시고 집필과정에 제기되는 문제를 일일이 해답해주셨다. 그러면서도 할아버지와 같은 마음으로 생활 하나하나에까지 신경을 써주셨기에, 일심전력으로 공부에만 매진할수 있었다.

늘 곁에서 지켜보시면서 어려운 순간마다 힘을 주셨던 김광수교수님께도 이 자리를 빌어 고맙다는 말씀을 드린다. 교수님께서는 연구에 필요한 자료를 아낌없이 주셨으며, 필자의 유치한 질문에 항상 자상하게 응해주셨다. 론문을 준비하는 과정에 필자는 한국에 계시는 많은 교수님들의 옥고를 읽으면서 소중한 가르침을 받았다. 이 자리를 빌어 학문을 향한 교수님들의 열정과 노력에 숭고한 경의를 드린다. 아울러 부족한 론문을 자세히 봐주시고 평의서까지 흔쾌히 써주신 강은국, 김기석, 강보유, 장정애, 리민덕, 남명옥교수님께도 머리숙여 감사의 인사를 올린다. 그럼에도 불구하고 남은 오류는 전적으로 필자의 몫임을 분명히 해두는바이다.

연변대학 조선-한국학학원의 여러 선생님들의 은혜 또한 잊을수 없다. 선생님들의 가르침과 도움이 없었다면 오늘의 필자는 없었을것이다. 그리고 현재 필자가 머물고있는 상해외국어대학 한국어학과의 여러 선생님들에 대한 고마움도 빼놓을수 없다. 낯선 곳에 와서도 즐겁게 생활하며 책까지 낼수 있었던것은 주변에 계신, 따뜻하고 인간적인 선생님들의 배려 덕분이다. 초롱초롱한 눈빛으로 서툰 강의를 열심히 들어주는 대학생들은 필자에게 언제나 즐거움과 미소를 선사하는, 비타민과도 같은 존재이다.

자식 노릇 제대로 하지 못한 아들을 위해, 오랜 세월동안 변함없이 당신들의 삶을 희생하며 살아오신 아버지, 어머니가 계셨기에 여직껏 힘든 공부를 해올수 있었다. 이 책은 당신들의 인생을 접어두시고 아들의 뒷바라지에 평생을 보내신 부모님의 헌신의 결과물이라고 해도 과언이 아니다. 오늘도 아들걱정때문에 아직도 편안히 누우시지 못하는 부모님을 생각하면 너무도 죄송스럽고, 그 은혜를 생각하면 어찌해야 할바를 모르겠다. 이 책의 출판이 부모님들께 조그마한 기쁨이라도 되었으면 더없는 위안이 되겠다.

　끝으로 수익성이 보이지 않음에도 불구하고 이 책의 출판을 기꺼이 허락하여주신 역락출판사 이대현 사장님과 꼼꼼히 교정을 보아주신 편집부 여러 선생님들께 감사를 드린다.

2015년 4월
최송호

요지

　본 론문에서는 주로 ≪두시언해≫(杜詩諺釋) 초간본(初刊本)과 중간본(重刊本)의 비교를 통해 15세기후반~17세기초반에 이루어진 조선어의 변화에 대해 고찰하고 그 원인을 분석하였다. 훈민정음창제이래 중세어의 규칙을 준수하던 조선어는 15세기후반에 약간의 변화의 조짐을 보이다가 16세기를 거쳐 17세기로 넘어오는 긴 력사적과정을 겪으면서 언어내적으로 표기, 음운, 문법, 어휘 등의 측면에서 다양한 변화가 발생하였다.

　표기면에서는 방점표기가 소실되고 어두자음군의 표기에 동요가 생겼으며, 받침 "ㄷ", "ㅅ"의 혼기가 발생하였을뿐만아니라 철자표기에서 련철>분철, 련철>중철경향이 확대된 양상으로 나타난다. 방점표기는 15세기후반에도 여러 문헌들에 규칙성을 보이며 나타나던것이 임진왜란이후 문헌들에서 완전히 자취를 감추게 된다. 이것은 조선어의 발달과정에 성조의 변별력이 약화된것과 같은 언어내적요인과 문헌의 판각(刻板)작업을 좀 더 쉽게 하려는 언어외적인 요인이 복합적으로 작용한 결과이다. 어두자음군의 표기는 16세기에 들어서서 일정한 동요를 보이게 되는데 17세기초반에 와서는 극심한 혼란속에서도 대채로 "ㅳ"계와 "ㅂ"계가 "ㅅ"계로 넘어가는 양상을 보인다. 이러한 현상은 어두에서 자음들의 결합으로 발음되였던 어두자음군이 음운변화를 이루어나가는 과정에 그에 해당하는 알맞은 표기법이 마련되지 않아 발생한것으로 보여진다. 받침 "ㄷ", "ㅅ"의 혼기(混記)는 단지 표기법상의 변화를 반영할뿐이지 특정 음운현상과는 관련이 없다. 철자표기에 있어서 련철>분철의 변화는 그 당시 사람들의 발전된 문법의식에서 출발된것이지만, 련철>중철의 변화는 어간의 종성부류에 따라 원인을 달리한다. 어간의 종성이 순한소리일 경우에 나타나는 중철표기는 어간의 형식과 음성을 동시에 밝혀적으려는 노력과정에 생긴것이지만, 어간의 종성이 거센소리일 경우에 생기는 중철표기는 당시 사람들이 모음과 모음사이에 나타나는 거센소리의 음성적특성을 문헌표기에 생생히 반영하려는 표음주의의 태도에서 비롯된것이었다. 그외 자음자 "ㆁ"은 15세기후반에는 초성위치에서 일정한 동요를 보였는데, 17세기에 이르면서 초성은 물론 종성에서까지도 "ㅇ"으로 바뀌게 되었다.

음운면에서는 15세기후반~17세기초반사이에 "ㅿ"의 소멸, 구개음화, 된소리화, 거센소리화를 비롯한 일련의 자음변화와 "ㆍ"의 변화와 모음조화파괴, 원순모음화 등의 모음변화를 겪었을뿐만아니라 반모음의 탈락과 첨가에 따른 이중모음의 변화도 경험하게 되었다. 15세기후반의 조선어 자음구성에는 유성마찰음인 "ㅿ"이 존재하여 주로 유성음들사이에서 /z/음으로 나타났지만 그뒤 16세기부터 동요되기 시작하여 나중에 그 발음이 소멸되었다. "ㅿ"의 /z/음은 /s/음과 유성음과 무성음의 대립으로 존재하였으나 그 대립관계가 불안정하였을뿐만아니라 음소으로서의 표현력도 미약하였기 때문에 앞뒤의 유성음에 쉽게 동화되어 자음적자질을 잃게 되었다. 구개음화현상은 16세기의 일부 방언에서 발생하였으나 그뒤 시간과 공간에 따라 조금씩 다른 모습을 보인다. 17세기초반에는 "ㅈ, ㅊ"구개음화와 "ㄴ"구개음화, "ㄷ, ㅌ"구개음화, "ㄱ"구개음화, "ㅎ"구개음화 등이 모두 나타났는데, 심한 지역적차이를 보이고있었다. 구개음화는 발음을 쉽고 편리하게 하려는 의식에서 비롯되었지만 그것이 지역적 차이를 가지고 나타난데는 인구의 이동과 사회언어생활의 변화와 같은 언어외적인 요인이 작용하였음은 부인할수 없다.

15세기후반~17세기초반에 어두자음군의 된소리화와 순한소리의 된소리화가 확대됨으로써 조선어자음체계에서 된소리계열이 전면적으로 확립되였으며 거센소리화현상도 꾸준히 확대되여 중간본시기에는 보다 광범위한 분포를 보여주게 되었다. 어두자음군의 된소리화현상은 어두에 련달아 놓이던 어두자음들이 조선어고유의 음절구조와 상충하게 되면서 일어난 현상이지만, 순한소리의 된소리화현상은 그것을 강하게 발음함으로써 심리적으로 강세를 표현하려는 욕구에서 비롯된것이다. 16세기이래 거센소리화현상이 꾸준히 확대되었는데, 그것은 대체로 "ㆆ"종성체언의 "ㆆ"탈락과 더불어 이루어졌다.

15세기후반～17세기초반에는 "ㆍ"의 변화와 모음조화파괴, 원순모음화(圓唇元音化) 등의 모음변화를 겪었을뿐만아니라 반모음의 탈락과 첨가에 따른 이중모음의 변화도 경험하게 되었다. 이 시기 "ㆍ"는 1단계변화를 완성한 기초상에서 2단계의 변화를 시작하는 교체기에 놓여있었는데, 전체적으로 "ㆍ＞ㅡ"를 위주로 하면서도 "ㆍ＞ㅗ", "ㆍ＞ㅏ", "ㆍ＞ㅓ"의 변화를 보여주고있다. "ㆍ"의 변화가 심화됨에 따라 그것과 린접한 모음사이에서도 상호교체현상이 일어나면서 기존의 모음조화가 파괴되었다. 이러한 변화는 "ㆍ" 자체의 불안정성 및 그로 인한 모음체계의 변화와 깊은 내재적관련이 있다. 17세기에는 남부지역을 중심으로 한 일부 방언지역에서는 원순모음화현상도 부분적으로 일어났던 사실이 문헌을 통해 확인된다.

그외, 반모음 /j/, /w/의 탈락과 첨가현상이 나타나 이중모음, 삼중모음이 단모음, 이중모음으로 되거나 단모음, 이중모음이 이중모음, 삼중모음으로 되는 현상이 빈번하게 일어났는데 이러한 변화의 내면에는 동음충돌을 막음으로써 발음을 쉽게 하기 위한 노력 및 여러 방언들의 교차와 융합과정에 발생한 류추작용 등이 복합적으로 작용한것으로 보인다.

15세기후반～17세기초반의 조선어는 문법면에서도 변화를 거듭하였다. 조선어문법체계는 시간의 흐름과 더불어 보다 정밀하고 간소화된 체계를 지향하면서 발전하였다. 문법형태의 여러 이형태들이 량적으로 간소화를 이루고, 문법형태의 용법이 단순해지고 문장구성이 전에 비해 보다 뚜렷하고 정밀하게 변하는 등 일련의 변화가 확인된다. 다시 말하여 중세이래 지속되여온 조선어문법체계가 중세적인 모습에서 탈피하여 점차 근대적인 모습으로 발전하게 되였던것이다. 이러한 변화는 조선어에 관한 대중들의 문법의식이 날로 제고된 사실과 갈라놓을수 없다.

15세기후반~17세기초반의 조선어는 어휘면에서도 일정한 변화를 확인할수 있다. 전체적으로 기존의 어휘를 이어받아 쓰면서도 부분적으로 어휘의 형태나 의미가 바뀌거나 다른 어휘로 교체되기도 하는 등 변화가 나타났다. 어휘형태변화는 음운의 교체, 탈락, 첨가 등과 같은 음운변동에 의한것과 음절증감현상에 따른 어휘들의 외형장단의 변화로 나타난다. 어휘교체는 본질적으로 어휘쓰임의 변화에서 비롯된것으로서 동일한 의미를 나타내는 부동한 형태의 어휘들이 서로 경쟁적으로 쓰이던데로부터 어느 한쪽으로 점차 고정화되는 경향을 보이고있었다. 또한 일부 어휘들은 그 의미령역이 축소되여 보다 전일적인 의미를 나타내게 되였는데, 이러한 과정을 거쳐 어휘들사이의 의미계선이 분명해짐으로써 의미의 정밀화를 실현하게 되였다.

대체로 15세기후반까지도 표기, 음운, 문법, 어휘 등의 면에서 중세조선어의 규칙을 지키며 나타나던 여러 언어현상들은 그뒤 16세기를 거치면서 점차 새로운 모습으로 변화하기 시작하였는데, 17세기에 이르러서는 중세조선어의 영향에서 벗어나 근대조선어의 모습을 초보적으로 갖추게 되였다. 따라서 15세기후반~17세기초반은 조선어의 발전단계가 중세로부터 근대로 과도하는 중요한 바탕이 된 시기라 할수 있겠다.

차례

●
제1장

서론

1.1 연구목적

15세기후반~17세기초반은 조선어의 발전단계가 중세로부터 근대로 넘어가는 특수한 력사시기이다. 15세기초반부터 변화의 조짐을 보이던 일부 언어현상들은 17세기에 이르러 량적으로 더욱 확대되여 전과 다른 새로운 모습을 보이기 시작하는데 바로 이 시기 조선어는 점차 중세어의 형태에서 벗어나 근대어의 모습을 갖추어가는 과도기에 놓여 있었다고 할수 있다.

조선어에서 이른바 중세어란 조선어발달사의 시대구분에서 이루어진 한 범주에 속하는것으로 10세기~16세기후반에 사용되였던 조선어를 가리키고 근대어란 17세기초반부터 19세기후반까지 사용되였던 조선어를 지칭한다.[1]

---

[1] 조선어발달사의 시대구분에 대해선 학자들마다 서로 다른 방법과 기준에 의하여 달리 이루어지고있다. 여기서는 리기문(1961)의 구분을 적용한다. 리기문(1961)에서는 고대국어(~9세기후반), 중세국어(10세기~16세기말), 근대국어(17세기초~19세기말), 현대국어(20

훈민정음창제초기까지도 중세어의 규칙을 준수하던 조선어는 16세기를 거쳐 17세기로 넘어오는 긴 력사적과정을 거치면서 언어내적으로 표기, 음운, 문법, 어휘 등 면에서 다양한 변화를 가져왔다. 표기면에 있어서는 초기문헌에 정칙적으로 나타나던 성조표기가 소실되고 글말의 서사규범이 허물어져가는 등 극심한 변화를 겪게 되었다. 음운면에서는 "·"의 동요와 그에 따른 모음조화의 파괴, 유성음 "△"의 소실과 된소리화의 확대와 같은 모음과 자음의 변화를 경험하게 되었다. 문법적측면에서는 문법형태의 간소화가 진행되는 한편 그 용법에 있어서도 일정한 변화가 이루어졌으며, 어휘면에서는 어휘형태와 의미면에서 변화의 조짐이 나타났다.

또한 1592(선조25)년부터 1598(선조31)년까지 7년동안 두차례에 걸친 임진왜란은 언어외적인 측면에서 중세어의 변화에 일정한 영향을 주었는데 이것은 비록 "중세어와 근대어와의 사이에서 발견되는 중요한 제변화의 요인이 아니2)"라 할지라도 전란으로 인한 인구이동, 및 그에 따른 방언의 교차와 융합 등은 언어변화를 가속시키는 촉매제로 작용한 사실은 부인할수 없다.

이와 같이 중세어와 근대어의 교체점에 놓여있는 15세기후반~17세기초반의 조선어의 모습을 고찰하는 연구는 조선어발달사의 총체적은 모습을 제대로 리해하는데 있어서 필수적이다. 그것은 이 기간동안의 조선어는 중세어로부터 변화의 싹을 틔우기 시작하여 새로운 체계를 이루어가는 과정을 겪으면서 근대어의 제반 특징을 갖추어나가는 중요한 단계에 놓여있었기 때문이다.

세기초~현재)의 사분법을 사용하여 조선어발달사의 시대구분을 시도하였다. 이 구분은 오늘날 학계에서 일반적으로 통용되고있는것으로서 조선어의 외적인 부분은 제외하고 오로지 내적인 체계변화의 력사에 따라 시도한 최초의 시대구분이다.
2) 리기문, 《국어사개설》(신정판), 태학사, 1998, 196쪽 참조.

그동안 학계에서는 임진왜란을 기점으로 그 이전시기 언어를 중세어로, 그 이후시기 언어를 근대어로 크게 량분(兩分)하여 공시적인 연구나 통시적인 연구를 진행하여왔다. 종래에는 리조초기 언어에 대한 고찰에 편중하던데로부터 근래에 와서는 이른바 근대조선어 시기인 17~19세기의 언어특질 규명을 위한 연구가 끊임없이 이루어지고있다. 하지만 이와 같은 구분을 전제로 한 연구는 그 범위가 커서 매 시기별 조선어변천과정을 낱낱이 밝히고저 할 때에는 어려움이 따른다. 그동안 중세어가 그 이후의 언어발달과정에서 어떤 언어사실이 어떻게 변화하여 근대어로 옮겨오게 되였는가에 대한 탐구는 상대적으로 학계의 주목을 적게 받아왔으며, 조선어발달사의 매 시기에 대한 련관성있는 연구가 결여된것도 사실이다.

조선어는 중세어나 근대어의 단계에서 변화를 거듭하였을뿐만아니라, 그 과도시기에 있어서도 끊임없는 변화를 보였다. 따라서 조선어변화의 참모습을 제대로 살피고 나아가 그 원인을 제대로 파악하고저 할 때, 조선어의 발달력사를 세기별로 세분화하여 론할 필요가 있다.

따라서 본 연구는 조선발달사연구에서 상대적으로 적게 다루어져왔던 15세기후반~17세기초반의 조선어의 주목할만한 변화들을 고찰하는 한편 그 원인을 검토하는것을 목적으로 한다.

과도시기 조선어의 력사적인 변화에 주목한 이와 같은 연구는 조선어의 발전력사를 보다 정밀하게 기술하는데 기여하게 될뿐만아니라 그 이전시기와 이후시기의 조선어의 실상을 정확하게 파악하는데도 기여할수 있을것이다. 나아가 그동안의 연구에서 상대적으로 소외되였던, 중세와 근대의 과도시기의 언어연구에 대한 관심을 불러일으키는데도 어느 정도 도움이 될것으로 믿는다.

이 시기의 조선어변화를 고찰하는데는 15세기후반의 자료인 ≪두시언해≫ 초간본과 17세기초반의 자료인 ≪두시언해≫ 중간본이 훌륭한 자료로 된다. 동일한 언어자료가 150여년을 사이하여 발간됨으로서 언어의 력사적인 변천을 직접적으로 대비하여 살펴볼수 있는 소중한 기회를 마련해주고 있는것이다. 때문에 본 연구에서는 주로 ≪두시언해≫ 초간본과 중간본의 비교를 통하여 15세기초반~17세기후반의 조선어변화에 대해 고찰하고저 한다. 하지만 이에 대한 고찰은 오로지 ≪두시언해≫ 초간본과 중간본에 의거해서는 안될것이므로 필요에 따라 15세기후반 내지 17세기초반 조선어의 모습을 반영하고 있는 기타 문헌들을 참고한다.

1.2 연구대상, 자료 및 범위

1.2.1 연구대상

중세시기에 나온 여타의 언해서들과 마찬가지로 ≪두시언해≫는 한문시의 원문과 그것을 번역한 언해문, 또한 일부 어려운 한자에 우리 말로 주석을 달아놓은 주해문으로 이루어졌다. 따라서 본 연구는 ≪두시언해≫ 초간본(권1,2,4,5는 제외)과 중간본 전권에 나타난 언해문을 주된 관심의 대상으로 삼는다.

≪두시언해≫는 초간본이 발간된 이래 시대의 변천과 련속되는 전란속에서 권1,2,4가 류실되기도 하였다. 또한 현재 권5가 개인소장으로 공개되지 않고있기에 실제로 리용할수 있는것은 모두 21권이다. 그중 권6~8, 권10~11, 14~17, 20~25는 홍문각(1988)에서, 권12는 계명대출판부(2000)에서 영인한바 있으며, 권3은 ≪한국어연구(5)≫(2008)에, 권17~19는 ≪한

국어연구(2)≫(2004)에 각각 영인되여 있다. 권9는 통문관구장으로 아직까지 영인된적은 없지만, 그 언해문은 ≪21세기 세종계획 말뭉치≫(전자파일)에서 찾아볼수 있다. 필자는 초간본에 대한 고찰에 있어서 상술한 자료들을 대상하였다.

중간본은 현재 전권이 전해지므로 대제각(1973), 다운샘(1989), 이회문화사(1998)에서 각각 완질로 영인된바 있으나 영인상태와 질이 제각각이다. 다행히 "디지털한글박물관"(http://www.hangeulmuseum.org/)에서 인면상태가 비교적 좋은 "국립중앙도서관 소장본"에 대한 사진자료를 제공하고 있기에 중간본에 대한 고찰은 이들 사진자료를 대상으로 하였다.

1.2.2 연구자료

≪두시언해≫는 1481년(성종 12)에 성종의 명으로 류윤겸(柳允謙, 1420~?) 등이 당나라 시인 두보(杜甫, 712~770)[3]의 시를 언해하여 간행한 책이다. 원제(原題)는 ≪분류두공부시(分類杜工部詩)≫인데, 언문으로 번역이 되여있으므로 흔히 줄여서 ≪두시언해≫라 부른다. 서명의 "분류(分類)"는 시를 내용별로 분류하여 편찬한데서, "두공부(杜工部)"는 "안사의 란"(安史之亂) 직후, 두보가 옛 친구인 성도 절도사(成都節度使) 엄무(嚴武)의 추천으로 절

_____

3) 두보는 중국 성당시기(盛唐時期), 하남성(河南省) 공의(巩義)에서 태어났다, 자는 자미(子美), 호는 소릉야로(少陵野老)이다. 중국 력사상 최고의 시인으로서 시성(詩聖)이라 불렸으며, 시선(詩仙)이라 불리던 리백(李白)과 병칭하여 리두(李杜)로 일컬어진다. 어릴적부터 뛰어난 시재로 주위의 칭찬과 기대를 한몸에 받으며 성장하였는데, 정작 출세의 등용문인 과거시험에는 고전을 면치 못하였다. 거듭 락방으로 곤궁한 생활을 이어가게 되면서 차츰 사회의 부조리를 인식하게 되었고, 시를 통해 사회의 불합리한 실정을 그려내고 세상에 대한 분노를 토로했다. 그뒤 계속되는 전란속에서 관직생활과 귀향의 길을 오가면서 병을 얻음으로써 자신의 뜻을 펼쳐보지도 못한채 불운의 죽음을 맞이해야만 했던 비운의 시인이다.

도참모(節度參謀) 겸 공부원외랑(檢校工部員外郞)의 벼슬을 한데서 각각 유래한다. 세종때에 조선에서 편찬한 《찬주분류두시(纂註分類杜詩)》를 원전으로 하여 그 본문과 극히 필요한 주석을 언해한것으로 알려져 있는데, 그 편찬의 경위는 현전 중간본 권1에 실려 전하는 조위(曹偉)의 서문에 보인다. 그에 따르면 1481년 가을에 성종이 류윤겸 등에게 명하여 언해가 시작되었고, 책이 이루어지자 자기에게 서문을 쓰도록 하였다 한다. 서문을 쓴 일자가 1481년 12월이므로 이때에 언해본의 편찬이 완료된것으로 보인다. 전체 25권 19책(또는 17책)의 큰 번역이 이처럼 짧은 기간에 이루어질수 있었던것은 이미 세종대에서부터 두시에 대한 주해작업이 이루어져 왔기 때문에 가능한것이였다.[4]

초간본은 전질 25권 가운데 권1, 2, 4를 제외한 22권이 여러 도서관 및 개인소장으로 흩어져 전한다. 현전 초간본들은 대개 결장(缺張)이 있거나 지질과 착묵이 좋지 않은데, 서울대 가람문고 소장의 권6,7과 국립중앙박물관 소장의 권17,18,19는 지질과 인면이 훌륭할뿐만아니라 잘못된 글자를 오려내고 종이를 붙여 같은 활자로 보인(補印)한 교정본으로 가치가 높다.

본문의 체재는 대개 한시 원문을 2구씩 먼저 제시하고 그에 대해 쌍행으로 주석과 언해를 다는 방식으로 되여있다. 한시 원문에는 구결이 달려 있지 않으며 원문과 언해문의 모든 한자에는 한자음이 달려있지 않다. 이 책보다 1년 늦게 간행된 《금강경삼가해》와 《남명집언해》의 게송언해에는 한자마다 조선어로 표기한 한자음이 달려있는데 오직 《룡비어천가》의 조선어가사에만 이 책과 같이 한자음이 달려있지 않다. 15세기후반에 간행된 다른 언해 문헌들과의 차이점이라 할수 있다. 안병희(1997)는 이에

---

4) 이에 관해서는 "디지털한글박물관"(http://www.hangeulmuseum.org/)의 《두시언해》 편에 수록된 리호권교수의 해제를 참조하였다.

대해 ≪동국정운≫(1448)의 한자음에 대한 거부감이 있었기 때문에 그에 따른 독음표기를 보류한것으로 보고있다.5) 16세기에 들어서면서 방점표기에 혼란이 생긴 사실과는 달리 초간본에는 방점이 정칙적으로 나타나는것도 주목할만한것이라 할수 있다.

훈민정음창제초기에 나온 ≪룡비어천가≫나 ≪월인천강지곡≫, ≪석보상절≫과 같은 초기문헌에 비해 ≪두시언해≫ 초간본은 조금 더 현실성을 띤 성숙한 표기로 이루어진 문헌이다. 초기문헌들은 훈민정음창제초기의 표기원칙과 리상의 영향을 많이 입었기에 현실언어와는 일정한 거리가 있었으나 총 25권으로 1481년에 발간된 ≪두시언해≫ 초간본은 력사적으로 훈민정음의 창제 및 반포로부터 37년이 지난 시점에 나온것으로서 훈민정음창제초기의 리상적인 표기방식이 점차 정착되여 완숙한 경지에서 발간된것으로 간주할수 있다. 따라서 ≪두시언해≫ 초간본은 초기문헌과는 달리 발간 당시 언어의 모습을 제대로 보여줄수 있다는점에서 그 가치를 인정받는다.

≪두시언해≫는 임진왜란을 겪으면서 실전(失傳)될 위기에 놓여있다가 전쟁이 끝난 뒤, 1632년에 중간본이 발간되면서 새로운 빛을 발하게 되였다. 성종대에 간행된 초간본을 1632년(인조 10)에 경상감사 오숙(吳翻)이 대구부사 김상복(金相宓)의 도움을 받아 목판본으로 중간(重刊)한 책이 바로 그것이다.6) 흔히 ≪중간두시언해(重刊杜詩諺解)≫라 부르는데 이 중간본 간행에 관련된 기록은 권수에 실려 있는 장유(張維)의 서문에서 볼수 있다. 그에 따르면 당시에 성종조에 간행된 인본(印本)이 드물어서 구해보기 어려웠는데, 오숙이 한질을 구득하여 베끼고 교정하여 경상도 여러 고을에

---

5) 안병희, "두시언해의 서지적고찰", ≪한국문화≫ 1997(19), 14쪽.
6) 윤용선, "두시언해", ≪국어사자료와 국어학의 연구≫, 문학과 지성사, 173쪽 참조.

나누어 간행한것이라 한다.

150여년의 세월은 그 당시 사람들에게 초간본시기의 언어를 리해하기 어려운 옛날 언어로 인식하게 했을것이다. 따라서 중간본의 발간은 문헌복구작업의 일환인 동시에 전후 당시 언어현실에 맞는 서적의 간행요구를 만족시키기 위한 기획이였던것이다. 중간본은 현재 25권 전권7)이 모두 전한다.

중간본은 초간본을 밑본(底本)으로 삼아 17세기초반 당시의 언어로 교정하여 새로이 판하(版下)를 써서 판각8)한 개간본(改刊本)으로서 전면적인 재번역을 통해 나온것은 아니지만, 해당시기의 언어현실을 진실하게 반영하고 있어 그 사료적가치를 널리 인정받고있다. 그러나 17세기에 나온 대개의 개간본이 그러하듯이 중간본도 15세기 초간본의 언어규범이 일정한 정도로 작용했음을 간과해서도 안된다.

중간본의 행관과 체재는 대체로 초간본에 일치하지만 달라진 부분도 있다. 어형의 변화는 단순히 오자를 바로잡은것도 있지만, 17세기초반의 경상도방언을 반영한것으로 보이는 례들이 있어 조선어방언사연구의 귀중한 자료가 된다.

비록 초간본의 언어에서 영향을 받은 보수적표기가 등장한다고 하더라도 조선어발달사연구에서 차지하는 중간본의 위치는 변함이 없다. 이 문헌에 나타난 변화는 그만큼 현저한 언어사실을 담고있기 때문이다. 적어도 15세기후반부터 17세기초반까지에 이루어진 언어의 뚜렷한 사적변화가 중간본에 고스란히 반영되여있다고 해도 무방할것이다.

---

7) 중간본 전권에 대해서는 "디지털한글박물관"의 사진자료를 리용하였다.
8) 리호권. "두시언해 중간본의 판본과 언어에 대한 연구", ≪진단학보≫ 2003(95), 145쪽 참조.

1.2.3 연구범위

15세기후반~17세기초반이라는 력사시기의 언어변화에 대한 고찰은 단순히 ≪두시언해≫ 초간본과 중간본이라는 두 자료의 평면적인 비교에 한정해서는 안될것이다. 초간본, 중간본에 반영되는 언어적현상이 잘못 인식되는것을 막기 위해서는 그와 같은 시기에 나온 기타 문헌들에 대한 세심한 검토가 필요하다. 이를테면 중간본에 보편적으로 나타나는 "ㄷ, ㅌ"구개음화는 중간본의 간행지역인 경상도지역에서만 "ㄷ, ㅌ"구개음화가 완수되었다는것을 설명할뿐이지 전반 조선어자음체계에서 구개음화가 완수되었다는것을 의미하지는 못한다. 그때 당시 서울을 중심으로 한 중부방언은 동남방언과의 교차와 융합을 겪게 되면서 점차 "ㄷ, ㅌ"구개음화를 시작하는 단계에 놓여있었는데 이와 같은 현상은 중간본을 통해 알 수 있는것이 아니라 중간본이 나온 17세기초반의 기타 문헌들과의 비교 속에서만 확인할수 있다.9)

150여년에 이르는 장구한 시간속의 조선어체계의 전반, 즉 표기체계, 음운체계, 문법체계, 어휘체계에 대하여 빠짐없이 기술하고 분석하는 일은 ≪두시언해≫ 초간본과 중간본의 비교로는 역부족이다. 해당시기 모든 문헌에 대한 체계적이고 과학적인 검토가 이루어져야 할뿐만아니라 언어분야의 전반에 걸친 광범위한 조사작업도 뒤따라야 하기 때문이다.

때문에 본 연구에서는 이 기간동안의 언어체계전반에 대한 기술과 분석은 보류하고 통시적으로 주목할만한 변화를 보인 부분에 한해서만 그 범위를 한정시켰다.

---

9) 본 연구에서 참고한 옛문헌의 목록과 략호는 <부록>에 제시되었다.

1.3 선행연구

1.3.1 성과

≪두시언해≫ 초간본과 중간본의 비교를 통하여 그동안의 언어변화를 살피는 연구는 그동안 여러 각도에서 지속적으로 진행되였다. 그동안 이루어진 대표적인 연구들을 분류해놓으면 아래와 같다.

> a. 종합적연구: 전재호(1973), 리창환(1992)
> b. 표기변화에 관한 연구: 조남호(1995), 박용찬(2010)
> c. 음운변화에 관한 연구: 안병희(1957), 조세용(1983), 백두현(1989), 김성규(1998)
> d. 문법변화에 관한 연구: 정재영(1998), 박용찬(2011)
> e. 어휘변화에 관한 연구: 최범훈(1982), 조남호(2001a, 2001b)
> f. 기타 연구: 김영배(1982), 안병희(1997), 리호권(2006)

1.3.1.1 종합적연구

전재호(1973)는 표기, 음운, 문법 및 어휘변화의 전반을 아우르는 총 11편의 론문을 묶어 놓은 책인데, ≪두시언해≫에 관련된 언어연구에서 상당한 위치를 차지한다.

전재호(1973)는 ≪두시언해≫는 문헌으로서 정평을 받고 있고 그 량이 방대할뿐만아니라 초간본과 중간본이 있어 언어사적인 변화를 보이므로 중세어와 근대어 연구에 귀중한 자료가 된다고 지적한 뒤, 권 7, 8을 대상으로 초간본과 중간본의 표기에 대해 음운변화와 관련시켜 비교 분석하였으며, 문법형태와 어휘의 변화의 일부 대해서도 고찰하였다. 또한 문헌에 대한 서지학적고찰도 병행하여 초간본과 중간본의 문헌적성격을 밝히기도 하였다.

특히 표기변화에 대해서는 권 7, 8에 그 표기가 서로 다른 어휘 904개를 뽑아 초간본과 중간본의 제반 표기를 종성, 모음, 초성 등으로 나누어 비교, 분석하여 그 현상을 자세히 귀납함으로써 근대시기에 이루어진 표기법의 변화를 리해하는데 크게 기여하였다.

하지만 이 연구는 제한된 자료를 대상으로 하였기에 표기변화의 모든 면을 빠짐없이 고찰하지 못한점, 초간본과 중간본에 대해 동시대에 나온 기타 문헌들과의 충분한 비교에 기초한 통시적인 고찰이 이루어지지 않은점, 또한 표기변화를 고찰함에 있어서 그 변화원인에 대한 충분한 해석을 진행하지 않은점 등에서 일부 한계가 드러난다.

이를테면 "ㄷ, ㅌ"구개음화에 관한 변화를 언급할 때, 중간본시기 "ㄷ, ㅌ"이 후행경구개음 /j/에 의하여 경구개음화하여 "ㅈ, ㅊ"으로 변했다고 하면서 권7, 8에서 "디>지"에 해당하는 29개의 례와 "티>치"에 해당하는 5개의 례를 근거로 구개음화의 형성은 중간본시기에 이미 굳어진것으로 결론지었는데, 이것은 물론 중간본자체만 놓고 보면 합리한 해석이 되겠으나 17세기초반의 언어사실의 전반이라는 큰 틀에서 보았을 때 "ㄷ, ㅌ"의 구개음화는 초간본에서 중간본까지 150여년간에 완수된것이라 할수 없을것이다. 적어도 오늘날의 서북방언에서는 구개음화를 모르고 있으며, 17세기초반 당시 서울을 중심으로 한 중부방언은 중앙에서 간행된 ≪로걸대언해≫ 등 문헌들에서도 "ㄷ, ㅌ"의 구개음화가 나타나지 않는데, 구개음화의 형성시기에 대한 판단은 ≪두시언해≫외의 다른 문헌들에 대한 검토가 좀 더 자세히 이루어진 뒤에 내리는것이 온당하지 않을까싶다.

리창환(1992)은 우선 조선어발달사의 시대구분에 대한 검토와 근대어의 일반적인 특징에 대한 고찰을 통해 근대어의 개념을 다시 정립한 뒤, 근

대어의 연구에서 중간본이 차지하는 위치를 천명하고 나서 초간본과 중
간본의 비교를 통하여 표기, 음운, 형태 및 통사적인 측면에서 그 차이를
찾아내고 그것을 다시 근대어의 특성에 비추어 살펴보았다.

이 연구에서는 문헌고찰을 통해 중간본에는 방점의 소멸과 자음자
"ㆁ", "ㅿ"의 표기변화, 받침 "ㄷ"과 "ㅅ"의 혼란 등을 비롯한 표기변화와
구개음화, 비어두위치에서의 모음 "ㆍ"의 변화, 원순모음화, "ㅣ"역행동화
를 비롯한 음운변화, 또한 용언의 명사형앞에서 규칙적으로 나타나던 삽
입모음 "-오-/-우-"의 소실을 비롯한 문법변화 등은 기존에 알려진 근대
어의 특징과 일치하며 그 변천방향은 간이화와 경제성의 획득을 위한것
으로 요약된다고 하였다.

하지만 이 연구에서는 임진왜란 이전의 언어를 중세어로 보고 그 이후
를 근대어로 보는 기존의 구분을 그대로 적용함으로써 중간본이 간행된
17세기초반을 사실상 근대어시기로 인정하게 되었다. 우에서 서술한바와
같이 17세기초반은 중세어가 근대어로 넘어가는 과도기적인 단계이지 근
대어의 모습이 완전히 갖춰진 단계는 아니다. 필자는 서론에서 "조선후기
의 국어의 모습을, 초・중간본의 비교를 통해 재조명함으로써 근대국어
의 특질을 밝히는데 주안점을 두었다"고 하였지만, 결과적으로 근대어에
관한 기존연구에 기대여 오로지 거기에 일치된 언어사실만 다루었으므로
일부 내용의 서술에 있어 객관성이 결여된듯한 아쉬움이 존재한다.

1.3.1.2 표기변화에 관한 연구

조남호(1995)는 홍문각 영인본(1998)을 대상하여 중간본에 반영된 초간
본의 "ㆁ", "ㅿ"의 표기변화를 초성과 종성위치로 나누어 고찰한 다음,
음운변화의 관점에서 그러한 변화가 나타나게 된 리유를 분석하였다.

연구에 앞서 그는 중간본에는 동일한 현상을 기계적이라 할만큼 동일하게 수정한 경우가 있는가 하면, 수정을 가하기도 하고 그렇게 하지 않기도 한 경우가 있는데 방점의 소실[10]과 대부분의 "ㆁ", "ㅿ"의 표기변화는 전자에 속하지만 일부 경우의 "ㆁ", "ㅿ"의 표기에는 례외가 존재한다는 사실을 지적하였다.

"ㆁ"는 대부분 중간본에서 기계적으로 "ㅇ"으로 바뀌었지만 "이어긔>이어긔/이여긔"와 같은 표기변화속에는 음운변화가 작용하는것으로 보아야 한다고 하였다. "이어긔"외에 "이여긔"가 존재한다는 사실은 중간본에서의 종성 "ㆁ"은 음가를 유지했음을 의미하고 초성 "ㆁ"은 음가를 상실한것을 의미하는데 만약 "ㆁ"의 음가가 유지되었다면 "여"가 표기에 나타날수 없었을것이라 하였다. "ㅿ"에 대해서는 초성위치에서 주로 "ㅇ"으로 바뀌다가 간혹 "ㅅ"으로 바뀌는 현상과 종성위치에서 흔적을 남기지 않고 탈락하거나 "ㅇ"으로 바뀌는 현상을 고찰하였는데 이와 같은것들은 대부분 "ㅿ"의 소실에 따른 표기경향에 따른것으로 보았다.

이 연구는 가급적 모든 용례를 빠짐없이 제시하고 중간본 간행 당시의 언어 실제와 관련시켜 해석하고자 하였으나 변화를 일으키는 근본요인을 명확히 제시할수 없을 경우에는 결론을 유보하였음으로 결과적으로는 변화의 양상에 치중한 연구가 되었다.

박용찬(2010)은 초성과 종성의 "ㆁ", "ㅿ"의 표기, 종성위치에서의 "ㄷ, ㅅ"의 표기, 분철(상철)과 중철(복철)표기 및 격조사(격토)표기 등을 중심으로 초간본과 중간본의 차이를 살펴보았다.

"ㆁ", "ㅿ"의 표기변화에 대해서는 체언류, 용언류, 부사류, 조사류(체언

---

10) 후술된바와 같이 방점의 소실은 비록 문헌표기상에서 기계적인 탈락을 겪었다고는 하지만 결코 무원칙적으로 수정된것은 아니였다.

토), 어미류(용언토)로 나누어 세분화한 고찰을 시도하였다. 중간본 당시 "ᅌ→ᄋ", "ᅀ→ᄋ"의 변화는 대부분 일종의 표기원칙에 따른 기계적인 변화였던것으로 인정하면서도 "저긔삭>저긔야", "올ᄒᆡ삭>올ᄒᆡ야"에 나타나는 "ᅀ"의 변화는 순수 표기상 문제가 아니라 당시 현실발음을 보여주는것이라 하였다. 종성 "ᆮ", "ᆺ"의 표기에 대해서는 이들이 서로 교체 표기되는 현상을 살펴 당시 종성위치에서 "ᆮ", "ᆺ"의 구별이 없었다고 주장하였으며, 철자표기에서 원래 련철(하철)로 표기되던것이 분철과 중철로 바뀌는 변화에 대해 다양한 실례를 통해 고찰하였다. 또한 격조사(격토)의 표기에 있어서는 초간본시기의 "-이", "-이라", "-이여" 등이 "-ㅣ", "-ㅣ라", "-ㅣ여" 등으로 바뀐 경우와 원래 구별이 엄격했던 "-올(-을)", "-롤(-를)"과 "-와", "-과" 등이 중간본에서 서로 뒤바뀌여 적히는 경우를 조사하였다.

이 연구는 표기변화의 례를 많이 제시하고, 세분화한 고찰을 시도하였기에 그 의의가 자못 크다. 다만 표기변화를 일으키는 근본적인 원인에 대해서는 자세히 분석하지 않은것은 아쉬움으로 남는다. 저자가 론문에서 밝혔듯이 일부 "ᅀ"의 변화는 순수 표기상 문제로 해결될 성질의것이 아님에도 불구하고 음운변화의 측면에서 론의를 진행하지 않은것은 아쉬운 부분이다. 또한 철자표기의 변화를 다룸에 있어 형태론, 음운론의 각도에서 보다 포괄적인 분석을 시도하였더라면 더 좋았을것이다.

1.3.1.3 음운변화에 관한 연구

안병희(1957)는 중간본의 "ᆮ, ᇀ"의 구개음화에 대한 선구적인 연구로서 구개음화에 대한 사적연구에 중요한 기여를 하였다.

이 연구에서는 중간본 권1~권5를 대상으로 "ᆮ(t), ᇀ(t')"이 구개음화를 일으켜 "ㅈ(tɕ), ㅊ(tɕ‘)"로 된 사실을 확인하였으며, i나 j앞에서의 "ㅈ(tɕ), ㅊ(tɕ‘)"가 "ㄷ(t), ㅌ(t‘)"로 오기되여 있는 례를 통해 적어도 중간본이 나온 당시 경상도방언에서는 이미 "ㄷ, ㅌ"의 구개음화가 완수되였음을 추론하였다.

또한 중간본을 리용함에 있어서 그것에 남아있는 초간본의 영향과 방언의 영향을 가려내야 할 필요성을 언급하면서 비록 간행년대가 같다 할지라도 방언을 달리하는 두 문헌에서 사소한 어형이지만 진화(進化)의 관점에서 동일하게 다루는것을 경계할것을 지적하였다. 연구에서는 중간본은 서울, 경기지역의 방언을 반영하고 있는 ≪로걸대언해≫ 등과는 달리, 령남(嶺南)방언을 배경하고 있음을 간행지를 토대로 추론하였다.

이러한 실사구시(實事求是)적인 연구태도는 문헌에 표기된 언어를 사실 그대로 믿고 주관적인 분석을 진행하여 결론을 내리기에 급급했던 그동안의 연구에 대한 반성과 비판으로서 이후의 언어사 관련연구가 보다 과학적으로 진행되도록 하는데 크게 기여하였다.

≪두시언해≫ 중간본에는 "ㄷ, ㅌ"의 구개음화 외에도 "ㄱ"구개음화, "ㄴ"구개음화, "ㅎ"구개음화가 더러 나타나는데, 안병희(1957)는 이런것들에 대해서는 연구대상으로 한 자료의 제한(중간본의 권1~5까지만 다루었음으로) 때문인지는 몰라도 언급하지 않았다. 보다 전면적인 론의를 위해서는 구개음화의 모든 현상들을 다 연구범위에 포함시키는것이 바람직할것이다.

조세용(1983)은 초간본과 중간본의 권7, 8, 15, 16를 대상으로 통시음운론적비교를 거쳐 자음 "△", "ㆁ"의 소멸, 자음접변동화,11) 구개음화, 모

---

11) 조세용(1983)은 "자음접변동화(consonant assimilation)"란 "자음간의 동화로 린접된 동화주(assimilateur)가 피동화자음에 영향을 주어 음성자질상 류사하거나 같은 자질로 변이시키는 일종의 음성자질 변경규칙"을 가리키는데 이것은 성질에 따라 다시 "변자음화(peripeheralization), 비음화(nasalization), 류음화(liquidization)"의 세가지로 나눌수 있다

음조화, 동음생략, 및 이화(異化)와 같은 변화현상에 대하여 고찰하고 그 변화시기를 추정하였다.

그는 초간본에 나타나는 일부 용례를 통해 "△"의 동요시기를 15세기 말로 추정하였는데 중간본에서는 그 음가가 s>z>∅의 통시적변화의 결과만으로 나타난다고 하면서, 중간본에 이르러 "△"는 례외없이 탈락되였다고 지적하였다. 또한 초성으로 쓰인 "ㅇ"은 16세기초에 종성으로 쓰인 "ㅇ"는 16세기후반이 각각 소멸된것으로 보았다.

이밖에도 "돋논>돈논(犇)", "듣노라>든노라(聞)"과 같은 t→n/_n의 비음화(nasalization)현상이 어휘형태소와 문법형태소의 결합적조건에 의해 비슷한 비례로 나타나는것을 통해 조선어에서 t→n/_n의 비음화현상의 발생시기는 15세기말기로 잡아야 한다고 지적하였다. 구개음화에 대해서는 그 실현시기가 적어도 17세기초 이전이였을것이라 보았으며 동음생략과 이화현상은 15세기문헌에도 등장하지만 중간본시기 초간본시기에 비해 보다 활발하게 이루어진것으로 말미암아 후기적발생으로 보았다.

이 연구는 여러 자료에 대한 검토를 통해 중간본에 나타난 일부 음운변화현상의 발생시기를 추정함으로써 조선어음운사연구에 참고적가치를 제공하였다. 또한, 일부 언어사실에 드러나는 이화(異化)를 다루면서 중간본시기 모음조화가 극도로 문란했던 사실과 련계시켜 해석하기도 하였다. 다만 그 변화를 고찰함에 있어서 보다 자세한 분류와 정밀한 분석을 시도하였더라면 그러한 변화가 초간본에서부터 어떤 과정을 거쳐 중간본에 이르렀는지를 좀 더 뚜렷하게 보여줄수 있었을것이다.

백두현(1989)은 조세용(1983)과 비슷한 제목을 갖고있으나 연구의 방향

고 한다.

과 내용이 다르다. 이 연구에서는 홍문각 영인본(1998)을 대상으로 중간본에 나타나는 음운변화를 검토하였는데 주로 구개음화의 실현양상, "·"의 변화, /j/, /w/의 탈락과 첨가에 의한 이중모음의 변화 및 원순모음화 현상과 용언과 용언토의 결합과정에 나타나는 선어말어미(어간모음) "오~우"의 교체를 모음체계에서 일어난 대립관계의 동요 등을 다루었다. 또한 구개음화와 같은 현상은 간행지방언(경상도방언)의 영향을 받았을 가능성이 큰것으로 추정하였는데 이러한 론의는 안병희(1957)의 그것과 일치한다.

하지만 안병희(1957)가 중간본에 나타난 "ㄷ, ㅌ"의 구개음화만 다룬데 비해 이 연구에서는 "ㄷ, ㅌ"의 구개음화 외에 "ㄱ", "ㄴ", "ㅎ"의 구개음화가 모두 나타난다는 사실을 확인하였다는면에서 새로운 의의를 지닌다.

그러나 이 연구도 기본적으로 ≪두시언해≫ 초간본과 중간본에만 의존하였기에 그 변화에 대한 사적요인에 대해서는 충분한 론의를 이끌어내지 못한 아쉬움이 존재한다.

김성규(1998)는 표기자의 의도를 통해서 본 중간본의 음운론적특징을 통해 초간본과 중간본 사이에 표기나 음운의 차이가 보일 때, 중간본의 표기에 당시 언어에 대한 문헌기사자들의 인식이 어떠한 양상으로 나타나는가에 관심을 두고 "도르혀>도로혀", "그듸>그디", "벙을다>버을다", "긁어>긍어", "가지>가디", "소리>쇠리"와 같은 몇몇 어형들의 변화를 살펴보았다.

비록 비교대상이 된 어휘는 이들 몇개에 불과하지만 필자는 이들을 통해 표기, 음운변화와 관련되는 제반 문제들을 심도있게 분석하고저 하였던것이다. "도르혀>도로혀"의 변화에 대해서는 초간본에도 "도로혀"의 어형이 나타난다는 근거를 들어 이것이 17세기초반의 모음 "·>ㅗ"의 변화를 보여주는것이 아니라 초간본시기에 이미 존재한 표기의 차이로 문헌기사자의 표기의도를 보여주는것이라 인정하였다. 이것은 사실상 중간본에 보이는 표기변화가 모두 시간적차이에 따른 음운변화와 관련이 있는것이 아니기에 단순한 표기변화와 음운변화를 내재한 표기변화의 차이를 구별해야 할 필요성을 보여준 의미있는 해석이다. 하지만 "그듸>그더"에 대해서도 "·ㅣ>ㅓ"의 변화가 일반적이였다는 근거를 들어 문헌기사자의 의도에 따른 표기상변개로 보았는데 이런 관점에 따른다면 현대조선어에서 "그더, 구틔여, 션븨" 등이 "그대, 구태여, 선배"로 변한 사실에 대해서는 달리 설명할 방법이 없다. "벙을다>버을다"에 대해서는 종성위치에서의 "ㅇ", "ㅿ"의 기계적인 탈락과 관련지어 해석하였으며, 중간본 기사자들은 "ㅇ", "ㅿ"를 어떠한 원칙에 따라 무작정 탈락시키거나 "ㅇ"으로 대체한것으로 보았다. "가지>가디"에 대해서는 구개음화의 역표기와, "소리>쇠리"에 대해서는 "ㅣ"의 역행동화와 관련시켜 해석함으로써 중간본 기사자의 표기의식이 반영된 표기변화로 보았다.

그는 또 초간 교정본의 존재를 언급하면서 중간본에 나타난 일부 변화가 교정본에 있던것들인지 아니면 중간본에서 바뀐것인지는 확인되지 않는다고 하였다. 다만 현재 권6, 7, 17, 18, 19를 제외한 다른 초간 교정본이 발견되지 않은 상황에서 섣부른 단정은 할수 없지만 그것들사이에 존재하는 언어적차이를 가려낼수 있는 합리한 기준을 내온다면, 확인되지 않은 초간 교정본의 정본(定本)을 추정하는데 좀 더 가까이 접근할수 있지 않았나 하는 아쉬움이 있다.

1.3.1.4 문법변화에 관한 연구

정재영(1998)은 초간본과 중간본을 비교하여 문법의 변화를 살피려고 할 때 오각이나 번역차이에 따른 변개(變改)요소들을 단순 비교하여 문법사적인 변화를 기술하는 태도를 경계하면서 강세첨사(강조자음) "ㄱ"의 변화, 선어말어미 "-오-", "-옷-"의 변화, 명사형어미(용언의 체언형토) "-옴>-음"변화 등에 대해 고찰하였다.

특히 15세기 다양하게 사용되였던 "-오-"에 대해서는 종결어미(종결토) 앞에서 소멸된 경우와 관형사형어미(규정토)앞에서 소멸된 경우로 나누어 자세히 고찰함으로써 16세기이후 그것이 통시적인 소멸과정을 겪기 시작하여 중간본시기에 와서 소실되고마는 양상을 보여주었는데 이러한 시도는 문법변화의 한 단면을 리해하는데 일정한 기여를 하였다.

하지만 이 연구는 문법변화의 일부만 다루었기에 앞으로 보충 검토되여야 할 여지를 가진다. 또한 실제 비교대상이 된 권차(卷次)에 대한 언급이 없는것도 아쉬움으로 남는다. 그는 강세첨사(강조자음) "-ㄱ"의 소멸을 중간본단계에서 반영하고 있다면서 "-ㄱ"이 중간본에서 소실된 례만을 들었는데 실제로 ≪두시언해≫전권을 검토해보면 "-ㄱ"이 탈락되지 않은, 의고적표기도 적지 않다. 이른바 중세어의 강세첨사는 "-ㄱ" 외에도 "-ㅅ", "-ㅁ" 등이 더 있었는데 중간본에서 이들의 변화가 나타남에도 불구하고 "-ㄱ"과 함께 다루지 않은점은 앞으로 더 보완되여야 할것이다.

박용찬(2011)은 박용찬(2010)의 후속연구에 해당하는것으로서 초간본과 중간본사이에 보이는 문법의 변화에 대해 곡용상의 변화와 활용상의 변화로 나누어 고찰하였다.

이 연구에서는 곡용상의 주된 변화로 "ㅎ"종성체언의 "ㅎ"소실, 속격조사(속격토) "-ㅅ"과 처소의 부사격조사(여격토) "-예"의 용법약화 및 강세첨사 "-ㄱ"의 소멸 등을 들고 있으며, 활용상의 주요변화로 일부 용언어간의 활용방식의 변화와 선어말어미 "-오-", "-옷-"의 소멸 및 기능약화, 련결어미(접속토) "마룬"의 형태변화 등을 위주로 다루었다.

여기서에서 다루고있는 강세첨사 "-ㄱ", 선어말어미 "-오-", "-옷-" 등의 문법형태에 대한 론의는 기본적으로 정재영(1998)을 비롯한 선행연구에 의존하였지만 구체적인 해석에 있어서는 나름대로의 견해를 펴고있다. 특히 선어말어미 "-옷-"에 대해서는 "토라>톼롸", "버서나라>버서나롸"의 례를 들어 종결형태 "-롸"에 대해서는 선행하는 용언의 어간에 통합되어 있던 선어말어미 "-오-"가 소멸하면서, 그 흔적을 후행하는 종결어미 "-라"에 남겨놓은것으로 보아 적어도 중간본시기에는 선어말어미 "-오-"가 완전히 소멸된것이 아니라는것을 밝혔다.

그러나 중간본에 종결형태 "-노라"가 빈번하게 "-로라"로 대체되는 현상에 대하여서도 "-오-"의 기능약화와 관련시킨것은 재론의 여지가 있다고 본다. 중간본에서 "-로라"가 나타나는데 대해 중간본 편찬자가 "-노라"에 포함되어 있는 "-오-"를 제대로 리해하지 못했던 사실에 말미암은것이라 하였는데 이는 다시 생각해볼 필요가 있다. "-로라"의 형태는 초기문헌들인 ≪석보상절≫, ≪월인석보≫, ≪릉엄경언해≫에도 자주 등장하는것으로서 17세기초반에 생긴것이 아니기 때문이다. "-노라>-로라"의 변화는 "만리>말리", "한림>할림"과 같이 유성음(또는 모음)들 사이에 일어나는 "ㄴ>ㄹ"의 설측음화로 해석함이 더 바람직할것이다. 또한 초간본과 중간본의 비교에 있어 초간 교정본의 존재를 고려하지 않은점도 앞으로 다시 검토되어야 할 문제로 남는다.

1.3.1.5 어휘변화에 관한 연구

최범훈(1982)은 ≪두시언해≫에 나타난 의문대명사 "므스"에 대해 권11을 대상으로 초간본과 중간본에 나타난 변화를 론의하였다.

이 연구에서는 "므스(므슥)"의 체언적용법에 대해 초간본에서는 "므스글", "므스게", "므스그라"의 형태만 보이고 있으나 중간본에서는 "므스글", "므스게", "므스그라" 외에도 "므스기", "므스그로써"의 형태가 더 나타나는것을 확인하였다. "므스"의 관형사적용법에서는 초간본과 중간본을 통털어서 "므슷"과 "므슴"의 두가지 형태가 존재할뿐이라고 하였으며 용언적용법으로 ≪월인석보≫, ≪번역박통사≫, ≪로걸대언해≫ 등 문헌에 보이는 "므슴"+"ᄒ다"의 "므슴ᄒ다(무엇하다)"의 형태는 초간본과 중간본에서 발견되지 않는다고 하였다. 그는 또 권11의 "므스"형의 형태적구분과 빈도수를 도표를 그려 표시하였으며 그 빈도는 초간본과 중간본에서 대체로 체언형>관형사형>용언형의 순으로 비슷하게 나타나고있음을 확인하였다.

이 연구는 주로 의문대명사 "므스"의 형태에 관심을 두었는데 그 변화를 확인함에 있어서 통계학적인 분석을 시도하여 객관성을 도모하였다. 초간본과 중간본을 비교, 분석한 일부 연구들에서 언어변화에 관해 엄밀한 통계학적인 근거가 결여된채 연구자의 주관적인 판단으로서만 이루어진것과는 비교되는 대목이다. 그런데 "므스"의 형태변화를 고찰함에 있어서 권11만 대상으로 한것은 아쉬움으로 남는다. ≪두시언해≫전권을 대상으로 했더라면 보다 세밀한 고찰이 되었을것이다.

조남호(2001a)는 초간본 ≪두시언해≫에 대한 어휘론적검토를 진행하여 원문과 언해문의 대응양상의 실상으로부터 한자어의 사용실태, 고유어와 한자어의 경쟁양상, 한자어의 정착양상 등 면에서 동시대 다른 문헌과 차이를 보이는 특징을 살피는 한편, 권15를 대상으로 초간본과 중간본에 나타나는 일부 어휘의 력사적인 변천을 고찰하였다.

이 연구에서 필자는 초간본과 중간본의 비교에서 "△", "ㅇ"의 변화와 같이 어형의 교체가 충분히 예측되거나 실제 언어변천을 반영한것이 아니라고 판단한 경우는 연구대상에서 제외하였으며, 다만 어휘론적으로 주목할만한 변천을 보인것이거나 다른 단어로 교체된것에 한해서만 론의를 펼쳤다. 전자에 해당하는것으로 "ㅎ"종성체언의 "ㅎ"탈락과 더불어 "녁>녘", "갈>칼"과 같이 초성, 종성자음이 격음으로 바뀐 례와 "놀애>놀래", "늤믈>늦믈"과 같이 중간본에서 새로 등장하는 일부 어형을 들었으며 후자에 해당하는것으로는 "ᄀᆞ롯>안개", "ᄉᆞᆺ맛>ᄉᆞ랑", "ᄯᅩ>다시"와 같은 례를 제시하였다.

어휘변화를 그 형식에 따라 세분화하여 고찰한것은 기존의 연구와 차별화되는 새로운 시도였다고 할수 있다. 그러나 어휘변화를 고찰함에 있어서 형태변화만 언급한것은 아쉬움으로 남는다. 극히 적은 수이지만 중간본시기에는 의미변화를 보여주는 어휘들이 분명 존재하기 때문이다. 또한 어형변화의 기준을 제대로 설정하지 않은점도 재검토가 필요하다. 중간본에 나타나는 "놀애>놀래"는 분철표기로부터 중철표기로 바뀐것으로서 표기법의 변화를 반영한것이지 어형변화를 보여주는것은 아니다. 초간본의 부사 "ᄯᅩ"가 중간본에서 "다시"로 바뀐것은 번역태도에 따른 어휘선택의 차이로 보는것이 더 합당할것이다. "ᄯᅩ"와 "다시"는 "하던것을 되풀이 해서 또"의 의미를 지니고 훈민정음창제이래 줄곧 함께 쓰여왔던것으로서 어형변화와는 거리가 멀다.

이와는 별도로 조남호(2001b)에서는 ≪두시언해≫전권을 대상으로 어휘색인을 만듬으로써 15세기후반 내지 17세기초반의 어휘와 관련된 제반 문제들에 대한 연구에 큰 편리를 도모해주었다.

1.3.1.6 기타 연구

김영배(1982)는 중간본에 나타나는 방언적현상들에 대한 연구로써 령남

(嶺南)지방을 배경으로 하는 그 공간적요인에 초점을 맞추어 중간본에 반영된 경상도방언을 고찰하였다.

그는 주로 권11과 권14를 대상으로 중간본 당시 경상도방언의 음운현상에 대해 살폈는데, 중간본에 나타나는 "호가지→호가디"를 비롯한 총 10회의 역류추표기(의고적표기)를 통해 경상도방언에서 "ㄷ"구개음화 현상이 완료된것임을 확인하였으며, "기르마 지혼→기르마 기혼"의 역류추표기를 통해 당시 경상도방언에서는 "ㄱ"구개음화도 이루어졌다고 주장하였다.

원순모음화에 대해서는 그다지 충분한 례를 들지는 않았지만, 경상도방언에서 다른 방언보다 먼저 시작되는것으로 추정하였고, 자음 "ㅈ, ㅊ"과 상승이중모음의 결합을 통해 17세기초반의 경상도방언에서는 이중모음의 단모음화현상이 진행되고 있었다고 보았다. 따라서 원순모음화와 단모음화현상은 권11, 14외에도 권7, 8에서도 같은 경향을 보이므로 그 개신파(改新波)의 방사원점이 경상도방언인것 같다고 하였다.

기존의 연구들에서는 오로지 시간적요인에만 집착하여 초간본과 중간본의 언어차이를 살피는데 주된 목적을 두었다면 김영배(1982)와 같이 ≪두시언해≫ 중간본을 대함에 있어서 공간적요인에 집중하여 그 간행지 언어인 17세기초반의 경상도방언을 기술하고저 한 연구는 주목할한 시도였다고 할수 있다. 그러나 중간본은 15세기후반 서울에서 만들어진 초간본을 바탕으로 제작된것이기에 중부방언의 영향에서 자유로울수 없다. 이 연구에서 다룬 중간본의 일부 언어현상들은 동시대에 나온 기타 문헌들과의 비교속에서만 판단, 고찰 가능한것이다.

안병희(1997)는 ≪두시언해≫ 초간본에 대한 서지적고찰을 통해 그 밑본(底本)이 ≪찬주두시(纂注杜詩)≫였으며 언해에 참여한 사람은 류윤겸(柳允

謙)을 중심으로 한 홍문관(弘文館)의 문신들임을 밝혔다. 또한 언해의 완성 시기에 대해서는 1481년으로 추정하였다.

이밖에 현재 전하고 있는 초간본에는 상당한 오자(誤字)가 나타나는데 그것을 교정한 책도 드물지만 전해지고 있다는 사실도 언급하였다. 초간본은 활자본이기 때문에 후쇄본이 간행될수 없었는데 다만 현존하는 초간본의 여러 권차들에도 인쇄상태에 차이가 발견된다는 사실에 주목하여 그 교정본은 새로운 판각을 거친것이 아니라 인출이 완료된 뒤 틀린 부분을 오려내고 종이를 붙여 보인(補印) 하여 이루어진것이라 결론하였다. 안병희(1997)는 또 초간본에 대해 교정이 이루어지지 않은것은 류포본(流布本)이라 이름짓고 교정이 이루어진것에 대해서는 "교정본(校訂本)이라 이름 지음으로써 량자를 구별하였다. 계속하여 저자는 초간본의 오자는 전교서(典校署)장인의 실수에서 비롯된것도 있고 원고의 잘못도 있는데 그에 대한 교정은 중간본에서 모두 따랐으므로 초간본, 특히 교정되지 않은 초간본의 리용에는 중간본과의 대교(對校)가 필수적임을 지적하였다.

이 연구는 초간 교정본의 존재를 확립하고저 한 최초의 연구로 그동안 학계에서 제대로 된 서지적검토가 없이 문헌을 대해왔던 연구태도를 바로잡는데 일조하였다. 필자도 본 연구를 진행함에 있어서 안병희(1997)의 도움을 많이 받았음을 밝힌다.

리호권(2006)의 론의는 크게 두가지 측면에서 진행되였다. 하나는 ≪두시언해≫ 중간본의 여러 이본(異本)들에 대한 판본학적인 고찰이고, 다른 하나는 중간본에 나타나는 언어사실에 대한 문헌학적고찰이다.

전자는 현전 중간본의 여러 이본들에 대한 실지 조사를 통해 서지학적인 측면에서 판본관계를 정립함으로써 앞으로 연구자들이 믿고 리용할수 있는 검증된 원전을 정립하는데 목적을 두었으며 후자는 특정 문헌을 자료로 리용할 때 연구자들이 올바르고 합당한 결론에 도달할수 있도록 해당 문헌에 대한 문헌적성격을 분명히 하려는데 목적을 두었다. 이 연구에서는 중간본 전권을 대상으로 판본들에 대한 실지 조사를 하여 중간본은 1632년에 간행된 초각본(初刻本)이 있고, 초각본 판목의 마멸, 훼손에 따른 보판 작업이 순차적으로 두차례 있었음을 밝혔다. 또한 중간본의 언어사실은 초간본의 영향을 받고있음을 언급하고 나서 초간본(여기서는 "원간본"이라 칭함)과 중간본의 비교에서 가장 먼저 고려해야 될 사항으로 초간 교정본12)의 존재를 들면서, 초간 교정본은 "가람문고" 소장본인 권6, 권7과 "국립중앙박물관" 소장본인 권17, 권18, 권19에 불과하다는 사실도 지적하였다.

이외에 중간본의 언어는 문헌작성자의 기사태도에도 영향을 받은 사실을 언급하면서, 그에 따라 언어사실도 달리 나타난다고 하였다. 특히 방점의 삭제외에는 일률적인 원칙이 적용된것이 발견되지 않는다고 함으로써 김성규(1998)나 박용찬(2010)의 그것과는 차이를 보이고있다.

리호권(2006)은 ≪두시언해≫의 판본에 대한 실제 조사를 통해 그동안 알려지지 않았던 중간본의 서지적사항을 규명함으로써 올바른 자료리용에 필요한 도움을 주었다. 그러나 중간본 언어에 대한 문헌기사자의 영향을 확대해석한 측면도 있다고 본다. "和씀호미→和씀ᄒ요미", "소기오→소오기오"와 같은 변화에 대해서도 중간본 기사자가 판하본의 행관을 초간본의 그것에 맞추려는 의도에서 비롯된것이라 하였는데, 후술하겠지만 이 것은 사라진 방점 대신 상성의 표기를 위한것으로서 문헌기사자의 의도와는 상관이 없다.

---

12) 초간 교정본에 대해서는 안병희(1998)의 연구에 의존하였다.

1.3.2 한계

이상의 선행연구들은 초간본시기와 중간본시기의 언어변화를 확인하는데 참고적가치를 제공하였을뿐만아니라 이후의 연구에 있어서도 훌륭한밑거름이 되었다. 그럼에도 불구하고 일부 측면에서는 여전히 한계나 재검토의 여지를 지니고 있는것 또한 사실이다. 그것은 다음과 같은 몇가지로 요약된다.

첫째, 기존 연구의 대부분은 초간본과 중간본 전권을 모두 대상으로한것이 아니라 그중의 일부를 대상으로 평면적인 비교를 통해 그 표기법이나 음운변화의 차이를 확인하데 초점을 맞추어 이루어졌다. 조선어의사적연구에 있어서 ≪두시언해≫는 량적으로나 질적으로 훌륭한 자료임에도 그에 대한 충분하고도 세밀한 검토가 이루어지지 않은점은 앞으로보완되여야 할 과제로 남아있다.

둘째, 언어변화양상을 살핀 연구에 비해 그 변화원인을 탐구한 연구가드문편이다. 많은 선행연구들은 초간본과 중간본을 비교함에 있어서 달라진 언어사실에 대한 고찰에만 집중하였는데, 이것은 그 시기에 이루어진 변화의 모습을 살피는데 도움이 되지만 그 내면에 존재하는, 변화요인에 대한 깊이있는 해석을 시도하지 않았기에 원인분석보다는 양상기술에치우친듯한 감이 없지 않다.

셋째, 일부 연구들에서는 중간본에 대한 고찰에 있어서 그 방언적요소에 대한 고려가 없이 피상적인 고찰을 진행한것도 재검토의 여지를 지니고있다. 한 언어의 력사적인 변천을 연구함에 있어서, 오로지 단일선상의시간적변화에만 집착하여 언어변화를 판단해서는 안될것이다. 특히 ≪두시언해≫ 중간본은 일정한 정도로 17세기초반의 경상도방언을 반영하고

있기에 15세기후반의 중앙방언으로 작성된 초간본과의 비교에 있어서 연구자의 특별한 주의를 요구한다. 초간본과 중간본의 언어적차이를 통해 언어변화를 확인하기에 앞서, 조선반도의 모든 지역에 공통된 보편적인 언어변화인가, 아니면 특정 지역의 특정 방언에서만 일어난 국부적인 변화인가에 대한 판단이 선행되여야 할것이다.

넷째, 이밖에 문헌에 나타나는 오각(誤刻)이나 탈각(脫刻) 또는 번역차이에 따른 언어사실의 변개도 언어변화로 오인하여 기계적으로 근대어에 적용하는 오류를 범한 연구들도 적지 않다.

본 연구는 기존의 론의를 참고로 하였지만, ≪두시언해≫자체의 언어현상에 초점을 맞추어 부분적인 언어적차이만 다루어온 연구들과는 립장을 달리 한다. 따라서 본 연구는 우선 먼저 ≪두시언해≫ 초간본과 중간본 전권을 대상으로 세밀한 검토를 진행한 뒤, 다시 동시대에 간행된 여러 문헌들과의 비교를 통해, 중세어와 근대어의 전체적인 틀속에서 언어변화를 확인하고 그 원인을 보다 자세히 검토해보고저 한다.

1.4 리론바탕 및 연구방법

1.4.1 리론바탕

1.4.1.1 언어변화에 대한 일반적리해

언어는 의사소통을 위한 기호의 체계로서 시간의 흐름에 따라 끊임없이 변화한다. 언어는 의사전달의 도구이기 때문에 아무나 약속된 체계를 바꿀수 없다. 그러나 실제 언어는 정체되여있지 않고 끊임없이 변화를 겪어 오랜 세월이 쌓이면 상당히 변화한 모습을 드러낸다.

언어는 본질적으로 자의적인 기호체계이다. 언어기호의 두 요소인 말소리와 뜻은 자의적인 관계로 맺어졌다. 따라서 어떤 조건만 주어지면 그 관계는 바뀔수 있다. 시간과 공간이 바로 그 조건에 해당된다. 즉 시간적차이와 공간적차이가 생김에 따라 말소리와 뜻이 맺어진 관계는 달라질 수 있는것이다. 또한 언어는 기능적으로 의사전달의 도구로 작용하기에 그 역할을 제대로 수행하려면 표현하기에 편리하고 리해하기에 편리해야 한다. 표현하기에 편리하기 위해서는 조음작용을 간결하게, 리해하기에 편리하기 위해서는 청취작용을 분명하게 하는 방향으로 나가야 한다. 그런데 이 두 방향은 서로 충돌을 일으키거나 어긋나게 될수 있는데 언어는 가급적 두 방향의 조화를 유지하면서 변화하게 된다. 그래서 언어의 표기, 음운, 문법, 의미가 간결한 체계로 변화하기도 하고, 반대로 더욱 복잡한 체계로 변화하기도 한다.13)

언어변화는 원칙적으로 어느 한 공시태에서 다른 공시태로의 변화를 의미한다. 소쉬르의 구분과 같이 특정한 어느 한 시기의 언어상태를 공시태라고 하고 어떤 언어의 변화상태를 통시태라고 할 때, 공시태는 같은 언어의 같은 시기에 속하는 언어상태를 말하며 통시태는 같은 언어의 다른 변화시기에 속하는 다른 언어상태를 말한다. 공시태적인 언어현상은 항상 다음 단계로 변화하는 시발점이 되어 동요하고있다.14) 여기서 "변화(變化)"라는 용어는 "변이(變異)"15)와는 다른 개념으로 리해된다.

---

13) 권재일, ≪한국어문법사≫, 박이정, 1998, 3쪽 참조.
14) 권재일, ≪한국어문법사≫, 박이정, 1998, 4쪽 참조.
15) "변이(變異, variation)"는 사물이 일정한 범위내에서 모양이나 성질이 달라진다는 점을 나타내는 뜻인데 비해, "변화(變化, change)"는 하나의 대상이 시간이 흐름에 따라 달라진다는 뜻을 갖는다. 따라서 "변이"는 의사소통에 관여하는 모든 언어단위에 적용된다. 개인과 개인사이에서도 언어변이가 존재하며, 환경적요인(언어장면)이나 사회적요인에

"변화"는 "변이"를 전제로 하지만, 그속에는 "시간"이라는 요소가 개입되여 있다. 곧 어떤 대상이 시간의 흐름에 따라 달라지는것을 의미한다. 그런데 중요한것은 변화의 여부를 판단하는 기준이 확립되여야 한다는 점이다. 언어의 변천이 통시성을 띤다 하더라도 변화한 대상이 명확하게 드러나야 변화의 가능성을 론의할수 있다. 례를 들어 ≪두시언해≫ 초간본과 중간본에 보이는 방점표기의 소실, "스다>쓰다(寫)", "블>불(火)"의 소리변화, "ᄀᆞᄅᆞ맷 고존>ᄀᆞᄅᆞ매 고존"에서 문법형태 "앳"의 변화, "놈[남+, 녀+]>놈[남+, 녀-]"의 의미변화 등과 같은 시간의 흐름에 따른 다양한 층위의 언어변화를 확인할수 있어야 한다.

소쉬르는 변화의 이와 같은 성격을 설명하기 위하여 "통시적단위"[16]라는 용어를 사용하였다. 표기, 음운, 문법, 어휘 등의 변화는 "통시적단위"가 되는데 언어변화에서 이러한 단위를 고려하여 살펴보면 변화과정이 명확하게 보일뿐만아니라, 변화의 원인을 밝히는데도 도움이 된다.

따라서 언어변화란 언어의 모든 부분, 즉 표기, 음운, 문법, 어휘 등에서 통시적으로 일어나는 변천과 그 결과를 말한다. 한 언어를 력사적으로 보면 그 언어가 가지고 있던 음운체계안의 어떤 음운 또는 그 체계자체가 시대에 따라 변하게 되는데 이러한 현상을 음운변화라고 한다. 어떠한 음운변화든지 한 순간에 일어나 완료되는 경우는 없으며 일정기간 동안에 점진적으로 변화한다. 방언에 따라 변화의 속도가 달라질수 있으며, 같은 방언지역에서도 개개인의 언어사용은 천차만별인것이다. 문법변화는 형태론적측면에서는 새로운 문법형태가 생기거나 원래 있던 문법형태가 소멸되거나 혹은 그 쓰임이 변화하는것을 말하고, 문장론적측면에서는

의해서도 언어변이가 생겨난다.

16) 프르디낭 드 소쉬르, 최승언 역, ≪일반언어학강의≫, 민음사, 2006, 251~252쪽.

문장을 구성하는 방식이 변화하는것을 가리키는데, 사실상 이것은 언어변화중에서 속도가 가장 느린것이다. 어휘변화는 주로 어휘형태와 어휘의미의 변화를 이르는 말이다. 여기서 전자는 어형변화와 어휘교체현상이 심화됨에 따라 기존 어휘의 외적형태가 변하는 경우를 가리키지만, 후자는 한 어휘가 의미적으로 최초의 어휘의미와 그 확정된 의미가 같은 령역에 속한다는것을 보아낼수 없을 정도로 큰 차이를 보일 경우에 그 변화를 인정받을수 있다.

언어변화에서 어느 한 순간 어느 한 요소에 변화가 생긴다면 그것은 그 자체로만 그치는것이 아니라 필연적으로 그 요소가 속해있는 구조적 관계에 영향을 미치게 된다. 례를 들어 중세조선어에서 "·"의 불안정성으로 인해 기존의 모음대립이 점차 허물어져가면서 근대조선어에 이르러 전반 모음체계에 새로운 변화가 생긴것을 볼수 있다. 이처럼 통시적인 변화의 본질을 밝히기 위해서는 언어의 어떤 한 요소만을 탐구대상으로 삼아서는 안될것이다. 다시말해서 통시적인 언어변화는 어느 한 요소에만 국한되는것이 아니라 다른 요소와의 관계, 좀 더 나아가서 체계속에서 파악되여야 함을 의미한다.

언어변화에 관해서는 19세기 력사-비교언어학에서 구조주의언어학, 생성문법학, 사회언어학, 문법화리론에 이르기까지 그동안 많은 리론적변화가 있었다.

력사-비교언어학은 언어의 변화가 제멋대로 일어나는것이 아니라 일정한 규칙을 갖고 있으며 이러한 변화의 모습은 달라진 말들을 비교함으로써 연구가 가능하다고 생각하였다. 력사-비교언어학의 대표적인 학파인 청년문법학파(neo-grammarsian)는 언어변화의 원인을 언어구조와 기능에서 찾고저 하였다. 특히 파울(Paul, 1891)은 "언어는 발달한다"라는 가정하에, 언어자료의 구체적분석을 통하여 음운법칙은 시간과 공간의 제한을 받을뿐만아니라 류추작용, 또는 새로운 차용어, 발음상의 차이 등의 영향을 받는다고 주장하였다.[17]

구조주의언어학은 그 초기리론에서 공시적인 언어체계의 기술과 설명에 관심을 둔것에 비해 통시적인 언어변화를 홀시한 경향을 보였지만 소쉬르이후의 프라그학파(Prague School)는 이러한 태도를 비판적으로 대하면서 새로 수정과 보완작업을 통해 언어변화에 대한 리론을 정립하게 된다. 야콥슨(Jakopson)을 중심으로 한 프라그학파는 언어의 구조와 기능을 똑같이 중시하는 립장을 취하였는데 언어가 체계적이라는 개념을 공시태에 한정시키지 않았으며, 언어의 통시적변화현상을 기능의 측면에서 고찰할것을 제안하고있다. 이것은 어느 한 변항의 변화는 또 다른 하나의 변화를 야기하는것으로 풀이할수 있는데, 례를 든다면 언어내부의 기능, 즉 음소대립의 기능적부담과 음소 그 자체는 음소의 결합가능성이 변화하면 형태소와 단어도 변화하는데 음소의 기능부담이 많아 변별력이 강해지면 더 많은 최소대립쌍이 생성되고, 기능부담이 적어 변별력이 약해지면 음소자체도 소멸하게 된다고 보는것이다. 중세조선어의 모음 "·"의 소멸이나 후음 "ㆆ", 순경음 "ㅸ", 반치음 "ㅿ"의 변별력약화가 단어나 문법현상에 미치는 영향은 문헌을 통하여 쉽게 확인할수 있다. 언어체계는 일정한 시기에 구조적결함을 나타내는데 이것은 체계내의 각 원소가 갖는 기능부담량에 변화가 생겨 전과 동일하지 않기 때문이다. 그 결과 언어체계는 변화를 겪게 되며 이는 기능부담량을 조정하여 언어기능을 한층 더 조화롭게 하는 방향으로 변화하게 된다는것이다.[18]

---

17) 전정례, ≪언어변화이론≫, 박이정, 2005, 22쪽, 재인용.
18) 동상서, 25쪽, 참조

유한수의 언어요소와 언어생성규칙을 언어의 전부로 파악하는 생성문법학파는 언어의 변화에 규칙들의 변화로 해석하고있다. 생성문법학파의 관점에 따르면, 언어변화는 기저구조에서 표면구조로 도출되는 일련의 규칙의 적용과 그 규칙적용순서에 의해 설명되여야 하는데, 만약 어떤 언어변화현상이 규칙화될수 없다면 연구대상에서 제외될수밖에 없다. 체계의 변화를 중시하는 구조주의리론과 체계보다 규칙을 중시하는 생성문법학파의 리론은 조선어연구의 두개 축으로 자리매김하고 있으나, 조선어발달사연구는 현재 체계중심으로 이루어지고 있는것이 사실이다.

사회언어학은 사회와의 관계속에서 실제로 사용되는 언어를 연구하는데 실제언어를 동질적인 언어체계가 아니라 사회적으로 조건된, 질서있는 이질성을 지닌것으로 파악한다. 여기서 "이질성"란 언어의 "변이"를 가리키는것인데 이것이 결국 언어변화를 일으키는 항구적인 요인으로 작용한다고 본다. 례를 들어 조선어에서 구개음화현상이 통시적으로 발생했다고 할 때, 이 변화를 일으키는 언어내적조건(연구개음이 전설모음에 린접할것)은 구개음화의 필요조건이지만, 모든 경우에 구개음화가 일어나는것은 아니므로 충분조건은 될수 없다. 따라서 구개음화라는 현상이 일어날수 있는 나머지 조건들에 대한 규명이 필요한데 이러한 조건들이 바로 사회적으로 결정된다는것이다.19) 하지만 언어변화에 관한 사회언어학의 방법론은 입말자료가 극히 부족한 중세 및 근대조선어의 연구에 제대로 적용하기에는 현실적인 어려움이 따른다.

문법화리론은 소쉬르이후 일반적으로 받아들여지던 공시태와 통시태의 방법론적구분이 지양되고 범시태적인 관점을 취한다는점에서 최근 언어

---

19) 동상서, 31쪽, 참조.

변화와 관련된 연구에서 많은 관심을 받고있다. 문법화의 개념정의는 학자들마다 조금씩 차이가 있으나 대체로 "한 형태가 어휘적인것에서 문법적인것으로, 또 덜 문법적인것에서 더 문법적인것으로 발전하는 변화"[20]로 리해되고있다. 이것은 곧 어휘가 지니고있는 실질적인 의미가 사라지면서 주로 문법적인 기능만을 지니게 되는 과정을 뜻하는데 문법형태소의 생성과 발달은 모두 문법화의 과정을 거쳐 이루어진다고 할수 있다. 최근들어 문법화리론을 바탕으로 한 조선어문법사연구는 리론의 실제적용과 비판적검토라는 두가지 측면에서 발전적으로 전개되고있다.

1.4.1.2 언어변화의 원리

앞에서 언어변화의 본질과 언어변화를 해석한 여러 학설들은 검토해보았다. 언어변화에 관해 이렇듯 다양한 학설이 존재하게 되는것은 아직껏 언어변화의 일반원리, 즉 변화의 리치와 요인에 대한 명확한 해답이 주어지지 않았기 때문이라고 할수 있다. 하지만 모든 변화가 그러하듯이 언어변화에도 외인과 내인이 존재하기에 그 원리를 기술하고저 할 때 언어내적인 요인과 언어외적인 요인을 두루 고려해야 할것이다.

부동한 학파에 따라 언어내적, 언어외적요인에 대한 치중점이 각기 다르다. 례를 들어 언어변화의 내적요인을 중시한 구조주의학파는 체계로서의 언어와 구조로서의 언어에 어떤 변화가 생기는가에 관심을 두었고 언어변화의 외적요인을 중시한 력사-비교언어학이나 사회언어학 등 학파는 인구의 이동, 지리적조건 및 화자의 태도나 심리적요인, 외부세계와의 접촉 등 언어외적인 요인을 고려하여 언어변화를 살펴왔다. 언어의 변화

---

20) 이와 관련하여서는 Hopper & Traugott(1993:15~16)의 론의를 참고하였다.

는 순간적인것이 아니라 내적요인을 전제로 점진적으로 이루어지는것이긴 하지만 그에 영향주는 외부적요인도 무시할수 없을것이다. 따라서 언어변화의 원인을 보다 객관적으로 살피고저 한다면, 언어의 내적요인을 바탕으로 하면서도 외적요인을 충분히 고려하는것이 바람직하다. 이를 위해서는 언어변화를 표기, 음운, 문법, 어휘 등의 몇개 층위의 변화로 나누어 살피는것이 효과적일것이다.

표기변화는 언어의 형식적구조뿐만아니라 그것의 구체적사용의 차원과도 관련되는 복합적인 요소를 갖고있기 때문에 다양한 방식으로 접근할수 있다. 표기변화는 언어내적으로는 음운, 문법의 변화와 관련되며 언어외적으로는 언어사용자들의 향상된 문자의식 및 새로운 표기법(정서법)의 출현 등과 밀접히 관련된다.

음운변화는 말소리의 대립관계에 변화가 생기는것을 전제로 한다. 야콥슨(Jakobson, 1931)은 음운변화를 대립의 생성(음운화), 대립의 소멸(비음운화), 대립의 변화(재음운화)로 나누었다. 대립의 생성이란 기존의 음소체계 내에 없던 새로운 음소가 나타남으로써 음운적대립이 생긴것을 가리키고, 대립의 소멸은 기존의 음소목록에 존재하던 음소가 소실됨으로써 대립이 없어지는 현상을 말한다. "ㅸ, ㅿ"의 소멸이 이에 해당한다. 대립의 변화는 변별적대립의 수는 변화없으나 그 상관체계가 바뀌는것을 의미하는데, 곧 대립관계의 변화를 말한다. 모음추이에 따른 모음대립의 변화를 례로 들수 있겠다.

문법변화는 형태론과 문장론적인 차원에서 살펴볼수 있다. 형태론적인 차원에서는 문법형태의 생성과 소멸 및 그 기능변화를 들수 있다. 그중, 문법형태의 생성은 기존에 존재하지 않던 형태소가 생성되는 과정을 의미하는것으로서 새 문법형태는 대부분 어휘적형태에서 추상화를 거쳐 생

성된다는 사실에 근거하여 문법화리론의 틀안에서 해석할수 있다. 문법
형태의 소멸은 문법적기능을 수행하던 형태소가 소멸하는것을 말하고, 문
법형태의 기능변화는 그 쓰임에 변화가 생긴것을 말한다. 또한 이밖에 문
장론적인 차원에서는 문장의 구성요소나 구성방법을 비롯한 문장표현의
력사적인 변화를 살필수 있는데 이러한 변화들은 향상된 언어사용자들의
문법의식과 관련되는것으로 여겨진다.

어휘변화는 언어의 여러 층위들 가운데서 상대적으로 빈번하게 일어나
는 현상이다. 새로운 어형이 출현하고, 원래 어형의 의미가 바뀌게 되며
그로부터 어휘의 체계가 변화한다. 특히 어휘변화는 언어의 내적구조뿐
만아니라 언어외적으로는 언어접촉의 결과를 반영하기도 한다. 외래어의
증가와 고유어의 감소, 방언어휘의 교체 등은 부동한 언어문화의 교차와
융합에 따른 필연적인 현상이다.

총적으로 표기, 음운, 문법, 어휘 등 층위를 아우르는 언어변화는 실제
언어행위에 있어 의사소통을 보다 원만하게 진행하려는 노력에서 비롯된
다고 할수 있는데 여기에 적용되는 원리는 다음과 같은 몇가지로 요약된
다.21)

첫째, 경제성의 원리

경제성의 원리는 여러 학파들에 가장 보편적으로 인정받고있는 언어변
화원리이다. 경제성이란 가장 적은 노력으로 가장 많은 효과를 얻을수 있
는것을 의미한다. 경제성의 원리는 표기, 음운, 어휘, 문법적인 차원에 모
두 적용된다.22) 표기차원에서는 기존의 서사방식을 현실언어의 발음과

---

21) 예스페르센(Jesperson, 1924)은 언어변화의 가장 기본이 되는 원리를 생리적인 차원에서
   해석하여 언어변화에 발음기관의 해부학적구조의 변화가 작용할것이라는 견해를 제시
   하였는데 말소리의 변화는 사실상 소리내는 방법이나 자리가 바뀐것을 의미할뿐, 발음
   구조자체가 바뀐것은 아니라는점에서 비판이 제기되었다.

형태에 부합되게끔 하면서도, 인쇄와 필기에 편리하도록 좀 더 간단하게 바꾸고저 하는 노력에서 이루어질수 있다. 또 음운적차원에서는 가장 쉽고 편리하게 발음하고저 하는 욕구에서 비롯되는데 이러한 현상은 음운 자체에도 발생하지만 두개의 음운이 이어날 때, 음운이 놓인 조건에 따라 동화, 축약, 탈락현상이 나타나는데서 확인할수 있다. 례를 들어 ≪두시언해≫ 초간본과 중간본에 나타나는 "믈>물"의 변화나 "겨집>계집" 등의 변화는 보다 쉬운 발음을 추구하기 위한 노력에서 비롯된것이라고 할수 있다.

경제성의 원리는 음운변화뿐만아니라 문법변화에도 적용된다. ≪두시언해≫ 초간본과 중간본을 비교해보면 17세기에는 격토나 도움토의 여러 이형태들이 간소화되였거나 기존의 문법형태의 쓰임이 단순화되는 방향으로 발전하였음을 확인할수 있는데, 이들은 불필요한 이형태들을 하나로 통일하거나 문법형태의 복잡한 쓰임을 줄임으로써 보다 간결하고 효과적인 표현을 실현하고저 하는 욕구에서 비롯된것이다. 이처럼 언어변화에서 경제성이란 좀 더 편리하게 발음하고, 좀 더 간결하게 표현하고저 하는 인간의 욕구가 변화를 가져오는 원리로 작용하는것을 말한다.

둘째, 표현성의 원리

표현성의 원리는 경제성의 원리에 상대되는 개념으로 리해될수 있는데 여기서 표현성이란 언어전달기능을 강화하기 위하여 화자보다는 청자의 립장을 고려한것으로, 변별력을 높여 의사표현을 명확히 하고저 하는데서 비롯된다.[23] 따라서 언어의 경제성을 추구하다보면 표현성에서 손실을 볼수 있다. 표현성의 원리는 향상되는 언어의식과 더불어 자기표현욕구

---

22) 전정례, ≪언어변화이론≫, 박이정, 2005, 46쪽 참조.
23) 전정례, ≪언어변화이론≫, 박이정, 2005, 48쪽.

가 늘어나고 사회가 복잡해질수록 더 활발하게 작용하는것으로 여겨진다. 근대조선어시기에 흔히 나타나던 된소리의 확대현상에는 이러한 원리가 작용한것으로 해석할수 있다.

표현성의 원리는 음운변화 외에 문법, 어휘(어형)변화에도 적용된다. 문법적측면에서는 언어변화의 결과 변별적이였던 어떠한 문법사실이 비변별적으로 변했을 경우 표현성을 증진시키기 위해 어느 한쪽이 구별되는 다른 형으로 교체되기도 하는것이다. ≪두시언해≫ 초간본의 "ᄆᆞ롤 비러 토라"(7:17b)의 표현은 중간본에 와서 "ᄆᆞ롤 비러 ᄐᆞ롸"로 나타나는데 여기서 "토라>ᄐᆞ롸"의 변화는 용언의 어간에 통합되여 있던 접속형태 "-오-"가 약화되면서 "ᄐᆞ라(토라>ᄐᆞ라)"로 변하게 되자, 기존의 종결형 "-라"와의 통합형태인 "ᄐᆞ라"와 구별이 어렵게 되면서 변별력을 갖추기 위해 다시 "ᄐᆞ롸"로 변한것으로 볼수 있다. 어휘적차원에서는 "ᄀᆞ초다>ᄀᆞᆷ초다"(7:25b/7:24a), "머리>멀리"(11:34a)와 같이 "ᄀᆞ초다(藏):ᄀᆞ초다(具)", "머리(부사, 遠):머리(首)"의 관계가 "ᄀᆞ초다:ᄀᆞ초다", "머리:머리"로 구별이 불가능해지자 "ᄀᆞᆷ초다:ᄀᆞ초다", "멀리:머리"의 관계로 변화하는 현상도 표현성의 원리로 해석할수 있다.

셋째, 안정성의 원리

안정성의 원리는 일반적으로 음운변화에 적용된다. 체계를 중시한 구조주의 언어학은 음운이 그 자체로 존재하는것이 아니라 항상 체계의 모든 다른 요소들과의 상관관계(또는 대립관계)속에서 규정되는것으로 보았다. 따라서 음운의 변화는 곧 해당 음운이 체계의 다른 요소들과 맺고 있는 대립관계의 변화이며, 대립관계의 변화는 체계의 변화와 관련된다. 그런데 이러한 대립관계의 변화는 제멋대로 일어나는것이 아니다. 음운 자체의 성질이나 음운현상은 음운들사이에 균형적인 대립관계에 영향을 줄수도 있는데, 기존의 대립관계에서 균형이 깨진다면 체계내에서 안정성을 보장받지 못한 음운들은 새로운 대립관계를 형성하게 되여 보다 안정적인 체계를 이루어가게 된다.

15세기후반이래의 모음체계의 변화는 안정성의 원리로서 해석이 가능하다. 15세기의 문헌들에서 모음 "·"는 자음의 뒤에만 나타날뿐, 단독으로 어두음으로 쓰이지 못하였는데, 린접모음들과의 대립관계에 있어서도 불안정한 모습을 보였다. 김완진(1978)에 따르면 훈민정음창제시기에 모음체계는 사선적대립체계로 이루어진것으로 보인다. 이 체계에서 전부(前部)모음이 "ㅣ"하나밖에 없는데 비해, 후부(後部)모음은 "ㅡ, ㅜ, ㅓ, ㅗ, ㅏ, ·"의 여섯개나 됨으로 체계의 무게가 후자에 쏠림으로써 균형을 이루지 못하였는데, 그 부담이 "·"에 집중되면서 "·"가 좀 더 안정된 위치를 찾아 후설저모음의 위치로 내려앉게 되였으며 그 결과 일련의 모음추이가 일어나고, 모음들사이의 새로운 대립관계가 형성됨으로써 사선적대립체계가 수직적대립체계로 바뀌게 되였던것이다.

넷째, 류추의 원리

우에서 언급한것 외에 류추의 원리가 있을수 있다. 류추(analogy)란 두 요소의 공통점을 닮아가려는 심리적추론과정으로서 19세기청년문법학파들이 언어변화를 음운변화와 류추변화로 나누어 접근한 이래로 많은 학자들의 관심사가 되여왔다.

류추는 A:B=C:X의 등식으로 성립되며 이때 X는 B와 같은 형식으로 추론되는것[24]인데 형태론적층위, 문장론적층위에 모두 작용하는 언어변화의 원리이다. 류추에 의해 변화된 언어형태는 기존의 형태소목록이나

---

24) 전정례, 《언어변화이론》, 박이정, 2005, 92쪽.

어휘항에는 존재하지 않는 새로운것이 된다. 비록 그것이 견인을 유도하는 형태소나 어휘와 닮아있다 할지라도, 견인되여 생성된 형태소는 기존의 목록에는 존재하지 않는다. 그렇지만 류추에 의해 만들어진 형태소나 어휘가 생명력을 얻게 된다면 그것은 언어변화를 일으키는 결과가 되는것이다.

≪두시언해≫ 초간본시기 부사 "서르>서로"의 어형변화가 나타나는데 "서로"는 "가로", "ᄒ올로"에서 류추된 변화로 시간이 흐르면서 "서르"를 대체하게 된것이다. 류추는 형태변화, 문장변화, 어휘변화의 원리로 작용할수 있으나 다분히 심리적인 추론에만 의존하는것으로 주관성을 배제할수 없다. 때문에 변형생성문법에서는 류추를 인정하지 않는다. 그러나 조선어발달사의 연구에 있어서는 력사언어학적방법론을 따르는 많은 학자들에 의해 중요한 언어변화의 원리로 인식되여왔다.

언어변화에 작용하는 원리들은 상술한것 외에도 더 있을수 있다. 그러나 우에서 살펴본 여러 원리들은 큰 틀에서 보편성을 지니고있어 언어발달사 연구에 두루 적용될수 있다. 따라서 본 연구에서는 15세기초반~17세기후반에 나타난 조선어변화의 원인을 분석함에 있어 상술한 원리를 적용하고저 한다.

1.4.2 연구방법

본 연구는 크게 두가지 방법으로 진행하였다.

첫째, 문헌고찰의 방법으로 ≪두시언해≫ 초간본시기와 중간본시기의 언어사실에 대해 고찰하였다. ≪두시언해≫ 초간본과 중간본 전권을 비롯하여 ≪룡비어천가≫, ≪석보상절≫, ≪월인천강지곡≫, ≪월인석보≫,

≪언해두창집요≫, ≪언해태산집요≫ 등은 그 원문에 대한 필자의 직접 조사를 통해 이루어졌다. 그밖의 보조적으로 리용한 자료들에 대해서는 ≪21세기 세종계획 말뭉치≫를 리용하여 고찰하였다. 될수록 해당 시기의 많은 문헌자료와 접촉하기 위해 힘썼다.

둘째, ≪두시언해≫ 초간본과 중간본을 중심으로 한 제반 문헌자료에 대해 공시적 및 통시적으로 비교, 분석함으로써 15세기후반~17세기초반 의 조선어의 특징적인 변화현상들에 대해 고찰하고 그 원인을 파악하려 하였다.

조선어의 력사연구에서는 일반적으로 15세기를 기점으로 하여 그 이전 시기(전기중세조선어, 고대조선어) 언어상태를 재구하는 회고적방법(내적재구방 법)과 문헌자료를 년차순으로 배렬하고 시간순서대로 그것을 연구하여 언 어의 변천을 알아내는 전망적연구방법을 리용한다. 본 연구에서는 그 특 성상 후자의 방식을 취하였다. 하지만 전망적연구방법을 적용할 때 문자 의 보수성을 충분히 고려하지 않으면 안된다. 문자체계나 표기법은 고정 화되는 경향이 있어서 문헌상의 자료는 당대의 언어보다는 옛모습을 반 영할수 있다는 위험이 따를뿐만아니라 문헌기사자들의 인위적인 잘못으 로 발생한 오각이나 탈각의 함정이 존재하기 때문이다.

특히 ≪두시언해≫의 경우, 초간본은 수정이 이루어지지 않은 류포본 (流布本)과 틀린 글자를 바로잡은 교정본(校訂本)이 병존하고, 중간본은 또 초간본을 바탕으로 제작된것이기 때문에 초간본과 중간본을 검토할 때에 는 어느것이 초간본에서 이미 교정이 이루어진 표기인가, 또 문자체계나 표기법의 어느 부분의 의고(擬古)적인것인가, 어느 부분이 당시의 실제언 어를 반영하는가에 대한 판단이 반드시 선행되여야 한다. 어떤것은 초간 본의 교정본에서 이미 변해 있었던것일수 있고, 어떤것은 중간본에서 변한것일텐데 그것을 완전히 구분해 내기는 쉽지 않다. 때문에 필자는 본격적인 분석에 앞서 이들을 먼저 구분할수 있는 기준을 생각해보았다.

하나는 언어변화의 기준이다. 중간본에서는 비록 표기상 변개가 있다 하더라도 17세기초반의 언어와는 거리가 있고 오히려 15세기후반의 언어적특징에 더 부합되는것에 대해서는 잠정적으로 중간본시기의 언어변화로 보지 않고 초간 교정본에서 이미 교정된것으로 보았다. 즉 중간본과 동시대의 문헌들에서도 똑같이 일정한 경향성을 띠고 나타나는것에 한해서만 언어변화로 인정하였다.

다른 하나는 현실성의 기준이다. 중간본에 표기상 변개가 보이지만 그것이 17세기초반의 언어는 물론 15세기초반의 언어적특징에도 부합되지 않는것은 현실성이 없는 표기로 인정하였다. 대표적인것으로 의고(擬古)적 표기(또는 과도역표기)를 들수 있는데 이것은 언어변화를 반영하는것이 아니라 오히려 변화상태를 판단하는 근거로 된다.

이밖에도 정확성의 기준이 있다. ≪두시언해≫ 초간본과 중간본의 언해문의 표기가 앞뒤 문맥과 일치하지 않을뿐만아니라 의미상 두시(杜詩) 원문에도 대응되지 않고, 보기에도 오각이나 탈각이 명백한것은 문헌작성 도중에 발생한 인위적인 잘못으로 보아 연구대상에서 제외하였다.

이상의 세가지 기준을 다음의 례에 적용시켜보겠다.[25]

(1) a. 飄颻히 ᄂᆞ라셔 ᄀᆞ리튜믈 수이<됴히> 커늘 수이 가락오락ᄒᆞ야 노니
       놋다 (飄颻搏擊便, 容易往來遊, 3:26b)

---

[25] 중간본에서 바뀐 어형은 꺾쇠괄호(<>)에 넣어 표시하였다. 용례의 출처는 괄호안에 밝혔으며 뜻파악이 어려운 일부 용례에 대하여서는 그것에 해당하는 한자나 원문구절도 함께 제시하였다. 중간본은 초간본을 밑본으로 하여 제작된것이므로 비교대상이 된 용례들의 권차와 쪽수는 대부분 초간본과 일치한다. 따라서 별도의 표기가 없는 한 해당 용례의 초·중간본의 권차와 쪽수는 모두 동일한것임을 밝혀둔다. 이하 마찬가지이다.

b. 나못가지<가디>예 흘려 프른 여르믈 혜오(條流數翠實, 5:4a)
c. ᄀᆞᄅᆞᆷ 흘루믄<흘루믄> 소리 업고 ᄆᆞᆰ도다(江流泯泯淸, 10:4b)

　(1a)의 "수이"가 "됴히"로 바뀐것은 중간본의 어휘적변개로 보아서는 안될것이다. "됴히"는 15세기문헌에도 많이 등장한다. "수이"란 말 또한 17세기문헌에도 많이 등장할뿐만아니라 현재의 입말에도 심심찮게 쓰인다. 뒤구절에 똑같이 "수이" 나오므로 이것은 같은 어휘의 반복을 피하기 위하여 초간본의 원고가 수정된것으로 봐야 할것이다.[26] (1b)의 "나못가디"는 중간본에서 의고적표기를 지향한 과도수정에 의한것으로 현실성을 지니지 못한다. "가지(枝)"는 "가디"가 구개음화를 입어 변한것이 아니라 초기문헌에서부터 등장하는 원형이다. 하지만 우리는 이와 같은 과도수정의 례를 통해 중간본시기 적어도 동남방언에서는 "ㄷ"구개음화가 완수되였음을 알수 있다. (1c)의 "흘루믄"을 "흘루믄"의 변개로 보아서는 안될것이다. "흘루믄"의 "흘"은 중간본에 와서 오로지 인위적인 탈각으로 인해 "흘"로 표기되였을뿐, 초성자음 "ㅎ"가 "ㆆ"로 변한것은 아니기 때문이다.

　보다싶이 (1a)는 언어변화의 기준에, (1b)는 현실성의 기준에, (1c)는 정확성의 기준에 부합되지 못한다. 따라서 본 연구에서는 이들과 같이 우의 세가지 기준중에 어느 하나에라도 부합되지 않으면 실제 언어변화로 인정하지 않았다. 언어변화를 판단하는데에는 또한 고어(중세어)사전과 선행연구의 해당 론의들도 참고하였다.

　따라서 본 연구는 아래와 같은 절차로 진행되었다.

　제2장에서는 ≪두시언해≫ 초간본과 중간본에 나타난 표기변화에 대해

---

26) 리호권, "두시언해 권3 영인해제", ≪한국어연구≫(5), 한국어연구회, 2008, 19~27쪽 참조

고찰하였는데, 해당시기 기타 문헌들을 보충적으로 검토함으로써 15세기 후반~17세기초반 조선어표기변화의 전체적인 양상을 짚어보았다. 또한 그러한 변화가 생기게 된 원인에 대하여서는 언어변화의 일반원리를 바탕으로 보다 자세한 분석을 시도하였다.

제3장에서는 ≪두시언해≫ 초간본과 중간본에 나타난 음운변화에 대해 고찰하였다. 초간본 및 중간본과 비슷한 시기에 나온 기타 문헌들에 대해서도 보충적인 검토를 진행함으로써 15세기후반~17세기초반 조선음운변화의 모습을 살펴보았다. 음운변화는 자음의 변화와 단모음의 변화, 또한 반모음의 탈락과 첨가에 따른 일부 모음변화 등으로 나누어 고찰하였으며, 그 원인에 대해서도 분석하였다.

제4장에서는 초간본과 중간본사이의 문법변화에 대한 고찰과 해당시기 기타 문헌들의 문법변화에 대한 보충적인 고찰을 통해 15세기후반~17세기초반 문법변화를 살피고 그러한 변화가 생기게 된 원인을 분석하였다.

제5장에서는 초간본과 중간본을 중심으로 어휘변화에 대한 고찰을 진행함과 동시에 해당시기 기타 문헌들의 어휘변화에 대해서도 살펴보았다. 사실 중간본에 나타난 어휘의 변화는 많지 않다. 음운변화에 따른 어휘형태의 변화라든지 일부 언어의 공간적차이에 따라 생긴 방언어휘의 일부만 보일뿐이지 의미변화를 보여주는 어휘는 드물었다. 하지만 이들 역시 검토의 대상에서 빠져서는 안될것임으로 어휘론의 포괄적인 범주에서 그 양상을 고찰, 분석하였다.

제6장에서는 이상의 고찰과 분석을 모두 종합하여 결론을 이끌어내고, 앞으로 해결해야 할 과제에 대해서 언급하였다.

제2장
15세기초반~17세기후반 조선어의 표기변화

　문헌자료를 통하여 언어변화를 살피고저 할 경우 우선적으로 관심의 대상으로 되는것은 표기법의 변화이다. 언어의 력사적연구에 있어서 표기법의 변화는 일정기간 동안에 발생한 언어의 외적변화를 한눈에 보여주는 귀중한 자료가 되기 때문이다. 이 장에서는 주로 ≪두시언해≫ 초간본과 중간본의 비교를 통하여 15세기후반에서 17세기초반에 이르는 사이 조선어표기에서 나타난 뚜렷한 변화들에 대해 살펴볼것이다.

2.1 방점의 소실

　≪두시언해≫ 초간본과 중간본을 비교해보면 우선 먼저 17세기초반의 정음자의 표기에 있어서 방점(성조표기)이 사라진것을 확인할수 있다. 이것은 결코 ≪두시언해≫초·중간본의 비교에서만 발견되는것이 아니라 초간본시기와 중간본시기의 모든 문헌에 공통으로 드러나는것으로서 15

세기후반~17세기초반의 조선어표기에 나타난 확연한 변화라 할수 있다.

> (1) a. 子細·히 義論·호미 :됴토·다(초간본, 21:6b)
>   b. 子細히 義論호미 됴토다 (중간본, 21:6b)

(1a)에서 보다싶이 초간본에서는 평성(무점), 거성(한점), 상성(두점) 등의 방점표기는 매우 정연하게 이루어졌지는데 (1b)의 중간본에 이르러서는 방점이 하나도 나타나지 않는다. 15세기의 정음문헌들에서 정칙적으로 나타나던 방점은 16세기초반의 문헌들인 ≪번역소학≫, ≪려씨향약언해≫ 등에서는 상당히 혼란스러운 양상을 보이다가 17세기초반에 이르러서는 문헌들에 더이상 나타나지 않는다.

방점이 전부 소실되였다는것은 중세시기 평성, 상성, 거성 등으로 엄격하게 지켜졌던 성조가 근대로 넘어오면서 조선어말소리에서 성조자체가 완전히 사라졌다는것을 의미하지 않는다. 15세기에서 17세기로 이르는 장구한 력사적시간속에서 성조가 일정한 정도로 약화된것은 사실이지만 말소리에서 성조의 흔적은 여전히 남아있었다.

2.1.1 거성표기의 소실

다음의 례는 초간본의 거성표기가 중간본에서 소실된 모습을 보여준다.

> (2) a. 薰風·이 쟝·츳 律管·애 應ㅎ·리니(초간본, 23:9b)
>   b. 薰風이 쟝츳 律管애 應ㅎ리니(중간본, 23:9b)

(2a)와 (2b)가 보여주듯이 초간본시기 "쟝츳(將次)"의 "츳"는 거성으로

발음되는 소리였는데 중간본시기에 와서는 앞에 붙은 거성의 표기가 사라지게 되면서 표면상 원래 거성이던것이 그 성조가 사라져 평성으로 읽히게 된것처럼 보인다.

하지만 문제는 그리 간단치 않다. 우리는 중간본에 이르러 "·츠→츳"과 같이 거성표기가 사라진 대신 종성 "ㅅ"이 첨가된것을 볼수 있다. 받침으로 쓰인 이 "ㅅ"에 대하여 흔히 근대시기에 이르러 탈락된 속격토의 그릇된 의고적표기(혹은 과도역표기)로 리해할수 있지만 "去聲온 뭇 노푼 소리라"고 한 "훈민정음언해(주해문)"의 해석에 따르면 이것은 사실상 상대적으로 높게 들리는 "·츠"의 소리를 나타내는것으로서 중간본시기 소실된 성조표기를 대신하여 거성을 표기하기 위한 수단이였다. 즉 받침으로 쓰인 "ㅅ"은 폐쇄음의 종성 /t/에 해당하는 표기인데 당시 문헌기사자들은 폐쇄음의 표기를 통해 "·츠"의 높고 짧은 소리를 나타내려 하였던것이다. 이것은 15세기후반과 16세기, 17세기이후의 다른 문헌들에서도 확인가능하다.

(3) a. 쟝·츠 化ᄒᆞ실둘 아ᄅᆞ실씩(법화, 6:150)
　　b. 쟝·츠 이 經 사교매(심경, 11)
　　c. 쟝츳 君子ㅣ 되며(맹자, 등문공·상)
　　d. 쟝츳 옥ᄉᆞ를 니ᄅᆞ혀련다 ᄒᆞ여(명의록, 권수:13)

즉 15세기후반까지도 글자의 옆에 한점(·)을 찍어 거성을 표시하였지만 16세기후반에 와서는 일부 문헌에서 그대신 받침 "ㅅ"을 통해 거성을 나타내였다. 이때 받침 "ㅅ"은 음절말의 폐쇄음 /t/에 관한 표기이다. 음절말폐쇄음 /t/는 원래 받침 "ㄷ"로 표기되던것인데 후술될바와 같이 16세기에 이르러서 같은 위치에서 "ㄷ", "ㅅ"의 표기상 구별이 무너지게 되면서 "ㄷ"이 "ㅅ"으로 적히게 된것이다.

2.1.2 상성표기의 소실

(4) a. 秦城ㅅ樓閣 ·온 니 씬 곳 :소기·오(초간본, 11:15a)
　　b. 秦城ㅅ樓閣 온 니 씬 곳 소오기오(중간본, 11:15a)

(4a)와 같이 초간본시기 "속(里)"은 상성으로 발음되였는데 중간본시기
에 이르러서는 상성의 표점이 사라진 대신 단음절로부터 "소옥"의 2음절
로 표기되였다. 이것은 명백히 ":속"의 긴 소리를 나타내기 위한것으로서
중간본시기 소실된 성조표기를 대신하여 상성을 표기하기 위한 수단이였
다. 상성은 "처ᅀᅥ미 ᄂᆞᆽ갑고 乃終이 노폰 소리"로서 평성과 거성의 결합의
성질을 모두 갖고 있는 상대적으로 긴 소리였던것이다. 따라서 중간본에
서는 "속"의 음절을 늘여 2음절로 표기하였다. 이러한 례는 역시 15세기
후반과 17세기초반 및 그 이후의 다른 문헌들에서도 찾아볼수 있다.

(5) a. 骨髓는 ᄲᅧ :소개 잇는 기르미라(월석, 1:13)
　　b. :솝서근 픐불휘(구급간, 7:8)
　　c. 裏 소옥 니(백련, 6)
　　d. 빈 소옥 肚裏 (어록해, 9)

상성에 관한 표기는 (5a), (5b)와 같이 15세기후반까지도 글자의 왼쪽
에 두점(:)을 찍어 표시하였지만 17세기초반에 와서는 (5c), (5d)에서처럼
음절수를 늘이는 방법으로 그 소리를 나타내였다. 따라서 우리는 17세기
초반에 이르러 문헌상에서 비록 방점이 소실되였지만 실제 입말에 있어
서는 성조의 흔적이 여전히 남아있었음을 알수 있다.

2.1.3 소실원인

15세기후반까지도 여러 문헌에 비교적 정칙적으로 나타나던 방점이 17세기에 이르러 자취를 감춘 원인은 당시 말소리에 있어서 성조의 변별력이 크지 않았다는 사실과 관련된다.

원래 성조는 중국어의 특질상 음운의 단순성에 따른 극단적인 동음어의형성을 줄이기 위한 수단으로 발달된것으로, 평, 상, 거, 입의 4성이 있었는데 이같은 중국어의 사성에 대한 전통적인 관념이 조선어에 그대로 수용되면서 훈민정음 창제시에는 조선어의 음운적기능으로 기호화한것이다. 그러나 이것은 어디까지나 중국어의 사성리론을 억지로 갖다 맞추려고 한데서 비롯된것이다.

물론 ".눈(眼)", ":눈(雪)"과 "가지(茄)", ".가지(枝)", "가·지(種)"와 같이 각이한 성조에 의해 의미를 달리하는 어휘들이 더러 있지만 조선어는 기본적으로 중국어를 비롯한 성조언어와는 달리 고저, 장단의 변별적요소가 뚜렷하지 않다.

입성에 관하여 ≪훈민정음해례·합자해≫에서는 "우리 말의 입성은 일정하지 않다(諺之入聲無定)"고 하면서 "(입성은) 혹은 평성과 비슷하여 '긷(柱)', '녑(脅)'과 같이 되고, 혹은 상성과 비슷하여 ':낟(穀)', ':깁(繪)'과 같이 되며, 혹은 거성과 비슷하여 '·몯(釘)', '·입(口)'과 같이 되는데, 점을 찍는 것은 평성, 상성, 거성의 경우와 같다(或似平聲如긷爲柱, 녑爲脅, 或似上聲如낟爲穀, 깁爲繪, 或似去聲如)"고 설명하였다.

이것은 15세기의 조선어에는 입성이라는 성조가 없었고 비록 종성으로 보아서는 입성이라도 실제로는 평성, 거성 혹은 상성으로 발음되였음을 말해준다. 다시 말한다면, 고유어에서의 입성은 적어도 음성적인 변별적

단위가 되지 못하였던것이다.[1]

또한 훈민정음창제 당시 조선어는 표면상 높은 소리(거성), 낮은 소리
(평성), 처음이 낮았다가 나중에 높은 소리(상성)의 삼중성조체계로 된것으
로 보이지만 상성은 그 본질에 있어서 "낮은 소리"인 평성과 "높은 소리"
인 거성의 결합으로 이루어진것이기에 조선어의 실제에 부합되지 않는
입성을 제외한다면 15세기 당시는 사실상 평성과 거성의 이중성조체계가
존재하였다. 그런데 16세기를 거치면서 이들이 갖는 변별력이 대개 잉여
적으로 느껴졌을것으로 추정된다. 방점표기의 문란은 여기에 직결되는
현상이기 때문이다. 성조체계안에서 각 성조들의 음성적특성에 변화가
일어났을 가능성도 배제할수 없다. 또한 말소리에서 같은 성조가 련속될
때에 표현성을 획득하기 위해 일부 음의 성조를 달리하는 현상도 성조체
계의 붕괴에 한 원인으로 될수 있다.

현실성이 없음에도 불구하고 중국성운학의 사성리론을 억지로 조선어
에 적용시켜 사용한다는것은 처음부터 무리였던것으로 16세기부터 성조
표기가 혼란해지면서 17세기초반에 이르러서는 여러 문헌에서 모두 자취
를 감추었다.

이밖에 문헌의 판각과정에 생기는 불편을 감소하기 위한것도 성조표기가
소실된 언어외적요인으로 작용한다. 안병희(1992)는 초간본 ≪두시언해≫에
서 같은 정음자에 표기된 같은 방점의 위치가 조금씩 달리 나타난다는 福
井玲(1987)의 연구[2]를 바탕으로 초간본을 판각할 때 정음자와 방점을 분

---

1) ≪훈민정음해례·합자해≫에는 "중국 자음(字音)의 입성은 거성과 서로 비슷하다(文之入
聲如去聲相似)"라고 하였는데, 이것은 14세기이후 중국 북방음의 입성이 소실되고 입성으
로 발음되던 자음(字音)들이 거성으로 많이 변했던 사실을 반영한 설명으로 보인다. 또
15세기의 조선한자음에 대하여 입성자는 거성과 마찬가지로 한점을 찍은것으로 보아 여
기의 설명이 조선한자음에 해당하는것으로 볼수도 있다. 이와 관련된 보다 자세한 론의
는 강신항(1990:127)을 참고할수 있다.

리하여 각각의 활자로 만들어 조판하였을 가능성을 들었는데, 그 당시 인쇄술의 발달을 고려한다면 충분히 있을수 있는 일이다. 이것은 방점과 정음자가 분리되지 않던 이전시기 인쇄법에 비하면 진보적이라 하겠지만, 정음문헌을 판각한 다음, 개개의 정음자에 방점활자를 붙여서 조판한다는 것은 아무래도 번거로운 작업이 되였을것이다. 차라리 방점을 모조리 없애고 순수 정음자로만 조판을 한다면 작업량이 훨씬 줄어들것이므로 ≪두시언해≫ 중간본을 비롯한 17세기초반의 여러 문헌들에서는 방점표기를 하지 않은것으로 여겨진다. 문헌을 판각함에 있어서도 경제성을 추구하기 위한 노력이 작용하였던것이다.

2.2 어두합용병서의 변화

어두합용병서는 15세기중반 훈민정음의 창제이래 그 표기에서 비교적 엄격한 규범성을 유지였는데, 일반적으로 하나의 소리에 하나의 표기만 대응되였다. 실제로 어두합용병서는 ≪석보상절≫이나 ≪월인석보≫ 등의 초기문헌들은 물론 ≪두시언해≫ 초간본과 같은 15세기후반의 문헌들에도 정칙적으로 나타났었다. ≪훈민정음해례 · 합자해≫의 설명과 문헌상 쓰임에 근거하면 당시의 어두합용병서는 "ㅄ"계, "ㅂ"계, "ㅅ"계로 분류할수 있다.

"ㅄ"계: ㅴ, ㅵ
"ㅂ"계: ㅲ, ㅳ, ㅄ, ㅶ, ㅷ

2) 福井玲, ≪두시언해≫ 초간본에 대하여, 도쿄대학언어학론집, 1987, 제33쪽.

"ㅅ"계: ㅺ, ㅼ, ㅽ

그런데 16세기를 거쳐 17세기에로 넘어오면서, 이러한 어두합용병서는 실제 표기에서 더이상 엄격하게 지켜지지 않았다. ≪두시언해≫ 초간본과 중간본을 비교해보면 15세기후반~17세기초반 "ㅄ"계, "ㅂ"계, "ㅅ"계 합용병서의 변화가 확연히 드러난다.

2.2.1 "ㅄ"계 합용병서의 변화

≪두시언해≫ 초간본과 중간본에는 다음과 같은 변화가 확인된다.

    (6) a. ㅄ>ㅺ
        져믄삐<ᄶ>(10:16a), 쁴<ᄠ>려(23:19a), 흔삐<ᄭᅴ>(15:6b),
        ᄲᅮ<ᄭᅮ>룰(蜜, 14:9b), 어느 삐<ᄭᅴ>(時, 20:3a),
        비러옛 ᄲᅮ<ᄭᅮ>른(21:34a)
    b. ㅄ>ㅂㄱ
        삐렛도다<ᄇ릿도다>(抱, 6:5b), 늘근 삐<븨>도(22:30a)

(6a)는 어두의 "ㅄ"이 중간본시기에 이르러 "ㅺ"으로 바뀐 사실을, (6b)는 "ㅄ"이 더러 "ㅂㄱ"으로 표기된 사실을 보여준다. "ㅄ"은 16세기를 통해 17세기초반에 이르는 사이 대부분 "ㅺ"으로 변하였는데 간혹 "ㅂㄱ"로도 표기되었다가 17세기후반에 전부 "ㅺ"에 합류되였다.

    (7) a. ㅳ>ㅂㄷ
        ᄠᅢ<ᄠᅢ>룰 알오(8:66a), *굴머기 ᄠᅦᆺ<ᄲᅦᆺ>는(10:14b)
    b. ㅳ>ㅼ
        여슷 ᄠᅢ<ᄶᅢ>에(9:29b)

(7a)와 (7b)는 어두의 "ᄡᄃ"이 중간본시기 "ᄠ", "ᄯ"으로 넘어간 사실을 보여준다. 다만, 중간본에 "굴며기 ᄠᅦᆺ<ᄢᅦᆺ>는"과 같은 례가 존재하여, "ᄠ"이 "ᄢ"으로 교체된듯한 모습을 보여주는데, 이것은 당시 어두합용병서가 그만큼 혼란스러웠다는 사실을 말해준다. 그러나 그뒤 17세기중·후반에는 "ᄡ"계렬이 대부분 "ᄉ"계렬로 바뀐다는 사실을 넘두에 두면 17세기초반 "ᄡ"계의 합용병서의 혼란은 그것이 점차 "ᄉ"계렬로 넘어가는 과정에서 발생한 일시적인 현상으로 봐야 할것이다.

　"ᄡ"계 합용병서의 변화는 단지 ≪두시언해≫에서만 확인되는것이 아닙니다. (8)의 례에서와 같이 해당시기에 나온 다른 문헌들에서도 역시 "ᄡᅵ"와 "ᄢ"의 변화를 확인할수 있다.

　(8) a. 마시 ᄢᆯᄀ티 둘오(월석, 1:42),
　　　　ᄢᆯ 흔 홉을 싯거 고르게ᄒᆞ야(구급간, 1:106),
　　　　밥 머글 ᄢᅢ만 ᄒᆞ야(구급방, 하:82),
　　　　둙 울 ᄢᅢ예 머기면(구급간, 1:78)
　　　b. 쑬 밀 蜜(훈몽, 중:21),
　　　　ᄲᅮ롤 반 죵ᄌᆞ만 몬뎌 녀코(곽씨, 113-6),
　　　　달힌 꿀에 ᄆᆞ라(두창, 상:7),
　　　　밥 ᄢᅢ예 밥을 올려(동신, 렬, 2:19),
　　　　밥 ᄣᅢ예 上食ᄒᆞ라(가례, 8:10)

　즉, "ᄡ"계 합용병서는 16세기에 간혹 "ᄉ"계, "ᄇ"계로 혼기된 모습으로 나타났었는데, 17세기에 와서는 그러한 혼기가 본격적으로 확대되었던것이다.

2.2.2 "ㅂ"계 합용병서의 변화

(9) a. 흔쁴<씌>(15:48a/15:6b)

   b. 쁘<쓰>들(15:38)

   c. 뽀<쏘>노라(彈, 10:8)

   d. *거슬쁜<쁜>(逆, 7:25)

(9a~c)에서는 초간본의 "ㅂㄱ", "ㅂㄷ", "ㅂㅌ"이 중간본시기에 이르러서는 각각 "ㅅㄱ", "ㅅㄷ", "ㅅㅌ" 등으로 바뀐것을 볼수 있다. "ㅂㅌ"이 "ㅅㅌ"으로 바뀐 것은 "ㅂ"계 합용병서가 "ㅅ"계로 넘어갔던 당시 일반적인 경향에서 류추된 현상으로 보여진다. (9d)에서는 "ㅂㅈ"이 "ㅂㅅ"으로 표기된 특이한 현상을 보게 되는데 이는 자음 "ㅈ"이 "ㅅ"으로 교환표기된것이 아니라 초간본에서 "거슯지-(逆)"의 받침 "ㅂ"이 아래 음절에 련철된것을 중간본에서 틀리게 표기한데서 비롯된 현상이다.

중간본시기에 "ㅂㅅ"이 "ㅂㄱ"으로 표기된것이나 "ㅂㄷ"이 "ㅂㄷ"으로 교체된 것과 같은 현상을 일시적인것으로 본다면 총적으로 "ㅂㅅ"계와 "ㅂ"계의 어두합용병서는 심한 혼란을 경험하게 되면서도 점차 "ㅅ"계로 넘어가는 움직임을 보였다고 할수 있다. 이것은 중세시기 어중에 나타나는 선행자음 "ㅂ"이 근대에 와서 "ㅅ" 하나로 통일되는 변화과정을 말해주는데 17세기초반에는 바로 그러한 변화의 초기단계에 놓여있었던것이다.

2.2.3 "ㅅ"계 합용병서의 변화

(10) a. 씌<쁴>(帶, 10:21a), 싸<빠>(地, 10:28b)

   b. 눈므를 쓰려<쁘려>(24:47b), 샐리<빨리>(4:15a)

"ᄡ"계와 "ㅂ"계의 어두자음군의 합용병서에는 점차 "ㅅ"계로 넘어가게 되자 중간본시기 "ㅅ"계 합용병서는 예전보다 량적으로 확대되었다. 그러나 "ㅅ"계 자체로서의 변화는 크지 않았다.

(10a)와 같은것들은 사실상 "ㅳ"의 역표기형으로 볼수 있다. 즉 중간본시기 문헌기사자들이 17세기초반에 어두자음군의 선행자음 "ㅂ"이 이미 "ㅅ"으로 변한 사실을 전제하여, 옛표기의 모습을 재현시키기 위한 의고(擬古)적 표기인것이다. (10b)는 "ᄲ"의 합용병서가 각자병서로 변한 사실을 보여주는데 이것은 어두에서 "ᄲ"이 된소리로 변했음을 직접적으로 확인시켜주는 귀한 례이다.3) "ㅃ"은 문헌상으로는 17세기초반의 ≪동국신속삼강행실도≫, ≪가례언해≫, ≪두시언해≫ 중간본 등에 처음으로 나타난다.

이상에서 본바와 같이 어두합용병서의 표기상 규칙은 16세기에 들어서서 점차 허물어지게 되였는데 17세기초반에 이르러서는 서로 다른 어두합용병서들이 혼기되면서도 대체로 "ᄡ"계와 "ㅂ"계가 "ㅅ"계로 넘어가는 총체적양상을 보이게 된다.

2.2.4 변화의 원인

어두자음군의 표기변화는 어두자음군의 발음상 변화 또는 동요와 밀접한 관련이 있다. 17세기초반의 혼란이 어떤 요인으로 나타났는가에 대한 탐구에 앞서 훈민정음의 창제초기 어두합용병서가 어떤 소리를 표시하는가에 대한 판단이 선행되여야 한다.

---

3) 된소리화와 관련하여서는 3.1.3에서 후술될것이다.

어두합용병서의 표기가 구경 어떤 음가를 나타내는가에 관해서는 그동안 론쟁이 끊이지 않았다. 허웅(1968, 1985)에서는 "ㅄ"계렬, "ㅅ"계렬, "ㅂ"계렬의 합용병서들은 모두 문자 그대로 자음군의 표기로 보았으며 리기문(1955)에서는 "ㅂ"계 합용병서에 대해서는 자음군의 표기로 인정하였으나 "ㅅ"계 합용병서는 된소리의 표기이며 따라서 "ㅄ"계는 "ㅂ"과 된소리의 표기이라고 한다. 홍윤표(1998)의 견해는 비교적 독특한데 15세기이전에는 비록 어두에 3개의 자음이 올수 있었지만 15세기에 와서는 "ㅅ"계 어두자음군은 어두된소리로 변했다고 하면서 따라서 "ㅄ"계 합용병서도 결국 "ㅂ"과 된소리의 어두자음군을 위한 표기였다고 한다. "ㅂ"계 합용병서에 대해서는 15세기에 어두자음군 그대로였으나 17세기에와서 점차 된소리로 변화한것으로 보았다.

실제로 훈민정음창제초기 고유어의 표기에 있어 "ㅴ, ㅵ", "ㅲ, ㅳ, ㅄ, ㅶ, ㅷ", "ㅺ, ㅼ, ㅽ" 등의 합용병서가 많이 쓰였는데 그중 "ㅷ"을 제외한 나머지것들은 오늘날 모두 된소리로 발음되고있다. 하지만 15세기문헌의 표기들을 살펴보았을 때, 이들 합용병서는 그 당시 된소리로 발음되였던 것이 아니라 어두에 나타나는 자음들의 결합이였던것으로 판단된다. 이것은 아래와 같이 "ㅆ"과 "ㅄ", "ㅼ"과 "ㅳ"이 어휘에 따라 달리 쓰이고 있는데로부터 알수 있다.

(11) a. 쓰거나(書, 월석, 21:63), ᄡᅳ리니(用, 릉엄, 10:71)
b. 씨(불완전명사, 월석, 2:2) ᄡᅵ(種, 월석, 2:2)
c. ᄯᅡ(地, 월석, 1:44), ᄣᅡ(摘, 월석, 2:12)
d. ᄭᅴ(～께, 월석, 2:16), ᄢᅴ(時, 법화, 4:20)

이와 같이 어두자음군이 철자에서 분간되여 씌였다는것은 전승된 전통적철자가 전혀 없었던 15세기에 그것이 곧 각이한 발음적기초를 가졌다는 증거로 되며 그 당시에는 어두자음군이 실지 언어행위에서 자음들의 결합으로 능히 발음되였으리라는 추정을 가능케 한다.

≪두시언해≫ 초간본에서도 "米"를 "ᄡᆞᆯ(21:29b)"로, "女(兒)"를 "ᄠᆞᆯ(10:8b)"로 "ㅄ"과 "ㅳ"이 어휘에 따라 쓰인것을 볼수 있는데 ≪계림류사≫에서 이들은 각각 "菩薩"과 "宝姐"로 표기되던것들이다. 즉 ≪계림류사≫에서의 "菩薩"과 "宝姐"은 역시 초간본시기의 "ᄡᆞᆯ"과 "ᄠᆞᆯ"이 오늘날과 같이 "쌀"과 "딸"로 발음된것이 아니라 어두에서 "ㅂ"이 발음된 어두자음군의 소리였던것이다.

≪훈민정음해례≫에서 합용병서의 음가를 따로 설명하지 않았다는 사실도 이러한 추정을 안받침해준다. 만일 어두합용병서의 글자가 각각의 음가 대신 제3의 다른 음가를 가진것이 사실이라면, 세종과 집현전학자들이 이들의 음가에 대한 설명을 하지 않았을리 없는것이다.

"초성을 두글자, 세글자 아울러 쓰는것은 가령 우리 말의 ᄯᅡ로 지(地)를 표기하고 ᄧᅡᆨ으로 척(雙)을 표기하고 ·ᄢᅳᆷ으로 극(隙)을 표기하는 따위와 같은것이다(初聲二字三字合用竝書, 如諺語 ᄯᅡ爲地 ᄧᅡᆨ爲雙, ·ᄢᅳᆷ爲隙)"라고 한 ≪훈민정음해례 · 합자해≫의 설명을 보아서도 훈민정음창제당시에는 초성위치에 나타나는 어두자음군을 표기하고저 합용병서법을 마련한것으로 여겨진다.

때문에 현대조선어에서는 이미 그 흔적이 없어진 어두자음군이 적어도 15세기후반의 조선어에서는 자음결합으로 명확하게 발음되였다고 할수 있다. 즉, "ㅳ", "ㅄ", "ㅶ", "ㅷ"은 /pt/, /ps/, /pts/, /pt'/로, "ㅺ", "ㅼ", "ㅽ", "ㅻ"은 /sk/, /st/, /sp/, /sn/으로 "ㅴ", "ㅵ"은 /psk/, /pst/의 음가를 가지고 발음되였던것이다.

우에서 살펴본대로 15세기에 보편적으로 나타나던 어두합용병서는 16세기에도 어느 정도 규범성을 유지하고있었으나 17세기초반에 이르러서는 변화된 모습을 보인다. "ㅄ", "ㅂ"계가 "ㅅ"계로 넘어가는 과정에서의 표기 혼란은 이들이 발음상에서 변화를 가져왔거나 동요되였음을 암시해준다.

하나의 소리에 오직 하나의 표기만 대응되였던 초간본에 비해 중간본에서 "ㅄ~ㅅ~ㅂ", "ㅶ~ㅼ"의 혼용이 되였다는 사실은 적어도 17세기 초반에 이르러 이들이 서로 동일하게 발음되였음을 말해준다. "ㅽ", "ㅼ"을 제외한다면 이들 합용병서는 중간본시기 모두 된소리로 발음되였을 가능성밖에 없다.4)

하지만 아래의 례가 나타내듯이 어두자음군은 무조건 된소리로만 변한 것은 아닌것으로 보여진다.

    (12) a. 숤바당으로 虛空애 서르 뿌츠면(릉엄, 2:113)
        a´. 朝廷 班列을 스치노라(중간본, 7:17b),
           스치건대는 오직 墓祭만 둘가(가례, 1:36)
        b. 거믄고 ᄩ고(초간본, 24:38a),
        b´. 거믄고 ᄐ기와 바독 두기를(형세언, 38)

(12a), (12a´)와 (12b), (12b´)의 례는 "ㅄ", "ㅽ"의 어두자음군의 합용병서에서 "ㅂ"이 탈락한 표기변화를 보여주고있다.

어두합용병서의 표기변화는 15세기후반~17세기초반에 일어난 어두자음군의 된소리화현상을 반영할뿐만아니라 같은 시기에 일어난 자음탈락현상도 반영하고있다. 자음탈락은 음절속에 련속되여 나타나는 자음들사

---

4) 15세기문헌에 "ᄭᅩ리, ᄧᅡᇂ, ᄢᅧ", "ᄠᅢ니, ᄲᅳ리니"로 나타나던것들이 17세기문헌에서는 "ᄭᅩ리, ᄯᅡᆼ, ᄲᅧ", "ᄭᅢ니, ᄯᅢ리니"로 나타나는데, 17세기이전에 벌써 "ㅅ"계 어두자음군의 된소리화가 이루어진것으로 보인다. 따라서 중간본에 드러나는 "ㅄ~ㅅ~ㅂ", "ㅶ~ㅼ"의 혼용은 이들이 된소리 "ㄲ", "ㄸ"로 발음되였음을 추정케 한다. 어두자음군의 된소리화와 관련하여서는 아래 3.1.3에서 다루게 될것이다.

이에 어느 한 자음이 탈락하는 현상으로서 불필요한 요소를 생략함으로 써 언어표현의 경제성을 추구하려는 노력에서 비롯된다.

17세기초반 극히 혼란된 모습으로 나타나는 어두자음군의 합용병서는 단순한 표기상 혼란이 아니라 어두에서 자음들의 결합으로 발음되였던 어두자음군이 음운변화를 이루어나가는 과정에 그에 해당하는 알맞은 표 기법이 마련되지 않아 발생한것이라 말할수 있다.

2.3 받침 "ㄷ", "ㅅ"표기의 혼란

훈민정음창제초기 "8종성법"에 속하는 받침 "ㄷ", "ㅅ"은 표기상 엄격 하게 구별되였는데 15세기후반의 초간본시기에 이르러서는 극히 드물지 만 서로 혼기되는 변화의 조짐을 보인다.

(13) a. 피히 쓸치 못ᄒ리러라(초간본, 14:39a)
　　 b. ᄠᅳᆯ 시러 펴디 몯ᇙ 노미 하니라(훈언, 2)
(14) a. 信은 미들씨니 法을 믿ᄂᆞᆫ 사ᄅᆞ미라(석상, 9:18)
　　 b. 사ᄅᆞᆷ몰 밋디 몯ᄒ리로다(초간본, 19:30b)

(13a~b)와 (14a~b)는 초간본시기 받침 "ㄷ"이 "ㅅ"으로 바뀌였거나, "ㅅ"이 "ㄷ"으로 달리 표기된 례를 보여준다. 이러한 변화는 16세기를 거 쳐 17세기초반에 이르면서 량적으로 크게 확대되였는데 중간본에서는 대 량의 "ㄷ"이 "ㅅ"으로 적힘과 동시에 반대로 적지 않은 "ㅅ"이 "ㄷ"으로 적히는것과 같이 극심한 혼란을 보여주고있다. 아래 중간본에 나타나는 받침 "ㄷ", "ㅅ"의 혼란을 류형에 따라 살펴보기로 한다.[5]

2.3.1 받침 "ㄷ"→"ㅅ"

(15) a. 곧<곳>(場, 3:9b), 풀왇<풀왓>6)(火田, 7:17a),
　　　　구믿터리<구밋터리>(11:8a), 귿<긋>(端, 25:b),
　　　　낟<낫>(穀, 12:18a), 덛<덧>(13:14a), 몯兄<못형>(24:1b),
　　　　받이럼<밧이럼>(6:50a), 벋<벗>(3:20a), 붇<붓>(24:7a),
　　　　뜯<뜻>(8:50a), 싣남글<싯남글>(11:15a), 핟옷<핫옷>(8:6b)
　　b. 걷ᄂ니<것ᄂ니>(12:11a), 굳도다<굿도다>(24:6a),
　　　　곧ᄒ니<ᄀᆽ하니>(6:7b), 내왇고<내왓고>(6:52a),
　　　　니르왇디<니르왓디>(起, 12:32b), 닫고<닷고>(閉, 14:25b),
　　　　도렫ᄒ고<도렷ᄒ고>(3:30a), 돋고<돗고>(出, 25:18b),
　　　　돋겁고<돗갑고>(11:17b), 맏고<맛고>(嗅, 12:14b),
　　　　뜯듣는<뜻듣는>(10:33a), 아쳗ᄂ니<아쳣ᄂ니>(厭, 11:19a)
　　c. 곧<곳>(直, 3:32a), 둗거이<둣거이>(16:68a), 몯<못>(3:9b)

(15a)는 체언류에서, (15b)는 용언류에서, (15c)는 부사류에서 초간본의 받침 "ㄷ"이 중간본에서 "ㅅ"으로 바뀐 례들이다.

이외에도 "걷나ᄂ니<것나ᄂ니>(過, 12:9), 젇노라<젓노라>(怯, 11:52b)와 같은 표기를 보게 되는데, 이것은 사실 초간본에서 동사 "걷-", "젇-"이 뒤음절 초성 "ㄴ"으로 인한 역행동화를 입어 "건-", "전-"으로 표기되던 것이 중간본에서 "ㅅ"으로 바뀌게 된것으로서 그 본질은 다름이 없다.

하지만 17세기초반에는 받침 "ㄷ"이 모조리 "ㅅ"으로 바뀐것은 아니다. 중간본에서 초간본의 받침 "ㄷ"을 그대로 유지한 례도 상당수 존재한다.

---

5) 받침 "ㄷ", "ㅅ"의 변화에 관한 분류는 박용찬(2010)의 론의에 기대였음을 밝혀둔다.
6) 화전(火田)을 의미하는 "풀왇<풀왓>"은 ≪두시언해≫ 초간본에 "풀왇 버후매 당당이 나
　　롤 虛費ᄒ리로소니"와 같이 나타나는데, 초간본이전의 초기문헌에서는 "풀(草)"+"받(田)"
　　의 결합으로 되였으나 점차 "풀받>풀밭>풀왇"의 변화를 겪었고, 중간본에 이르러서는
　　결국 "풀왓"으로 변하게 되였다.

(16) a. 곧(場, 13:31a), 구믿(18:5b), 묻묜(8:17a), 받이럼(13:28b),
    벋(3:62a), 붇(6:23a), 뜯(5,17a), 싣남기(13:48a)

b. 굳ᄒ며(9:17a), 엳고(淺, 3:19), 니르완디(起, 22:26a),
    도럳ᄒ야(7:31b), 듣고(19:32a), 묻노니(3:69b),
    비왇ᄐ니(13:13), 얻디(得, 3:17a), 싣고(載, 25:17a)

c. 곧(直, 3:5a), 둗거이(19:2b), 몯(3:67a)

우의 례를 비교해보면 중간본에서는 동일한 대상의 표기에 있어 받침 "ㄷ"과 "ㅅ"이 서로 겹치는 현상을 볼수 있는데 "곧(直)", "듣-", "묻-", "닫-"과 같은 일부 어휘의 받침 "ㄷ"은 17세기에 잠깐 "ㅅ"으로 변했다가 다시 "ㄷ"으로 돌아오면서 오늘날까지 이어진다.

2.3.2 받침 "ㅅ"→"ㄷ"

(17) a. 잣남기<잗남기>(24:55a),
    다봇<다볻>(蓬, 9:6b), 다ᄉᆞᆺ<다ᄉᆞᆮ>(13:2b)

b. 훗노라<흗노라>(15:5a), 줏더니<줃더니>(頻, 10:3a),
    ᄀᆞᆺᄇᆞ려<ᄀᆞᆮᄇᆞ려>(勞, 3:56a), 잇ᄂᆞᆫ<읻ᄂᆞᆫ>(有, 15:10a),
    노팻도다<노퍋도다>(21:19a), 엿노라<엳노라>(添, 8:5b),
    젓<젇>(濕, 8:16a)

c. 짐즛<짐즏>(10:6b), 둧ᄒ니<둗ᄒ니>(8:22a),
    곳<곧>(直, 9:32a), 녯<녣>(8:6a)

(18) a. 엿쌧날<엳쇈날>(10:28a)

b. 줏믈어<즏믈어>(爛, 12:14a), 녀름짓ᄂᆞᆫ<녀름짇ᄂᆞᆫ>(耕, 11:26a),
    전놋다<젇놋다>(怯, 18:2b), 갓ᄂᆞᆫ고<간ᄂᆞᆫ고>(24:47b),
    디렛ᄂᆞᆫ<디럳ᄂᆞᆫ>(臨, 10:3a)

(17a)는 체언류에서, (17b)는 용언류에서, (17c)는 부사류에서 초간본의 받침 "ㅅ"이 중간본에서 "ㄷ"으로 바뀐 례들이다.

(18a~b)는 받침 "ㅅ"이 "ㄴ"으로 바뀐것이 아니라 종성위치에서의 "ㅅ"이 "ㄷ"으로 표기된 뒤, "ㄷ"과 같은 조음위치에 놓이는 뒤음절 초성 "ㄴ"에 의해 역행동화를 입은것을 반영한 표기이다.

받침 "ㅅ"의 "ㄷ"으로의 교체는 "白楊나못길헤<白楊나몯길헤>"(24:27a), "믌ᄀᆺ고지<믌ᄀᆮ고지>"(16:42b), "草木곳<草木곧>"(6:13b), "ᄯᅥ엇도다<ᄯᅥ언도다>"(14:37b)"와 같이 속격형, 강조형 등의 문법형태에도 나타나는데, 이것은 어떠한 표기규칙의 지배에 의한것이 아니라 당시의 표기혼란으로부터 잘못 류추된 결과로 보여진다.

물론 초간본의 받침 "ㅅ"으로 표기되던것들이 중간본시기에도 원래 형태를 유지하는 경우가 많다.

(19) a. 곳(花, 3:27b), 이웃(3:26b)
    b. 다못ᄒᆞ야(與, 3:67a), 붓그리노니(3:49a)
    c. 녯(舊, 3:3b), 짐즛(12:3a)

≪두시언해≫ 초간본과 중간본에 나타나는 받침 "ㄷ", "ㅅ"의 표기변화를 류형별로 통계(중복된것은 통계에 반영하지 않았다)해보면 다음과 같다.

● 표1

	체언류	용언류	부사류	문법형태	합계
"ㄷ"→"ㅅ"	17	42	5	0	64
"ㄷ"유지	11	35	3	0	49
"ㅅ"→"ㄷ"	7	12	2	7	28
"ㅅ"유지	7	12	2	6	27

<표1>을 바탕으로 받침 "ㄷ"→"ㅅ", "ㅅ"→"ㄷ"의 출현비률을 계산하

면 전자의 변화가 대략 69%를 점하는것으로 21%를 차지하는 후자보다 큰 비중으로 나타난다. 그러나 초간본의 받침 "ㄷ"이 중간본에서 그대로 유지된 경우는 "ㅅ"의 그것에 비하면 상대적으로 많은 비중을 보이고있다. 때문에 이것만을 가지고 당시 "ㄷ", "ㅅ"의 표기변화에서 어떤 경향성이 존재한다고 보기 어렵다. 다만, 17세기초반에는 받침 "ㄷ", "ㅅ"의 혼기가 확대되어 상당한 혼란이 발생하였음을 알수 있다.

2.3.3 변화의 원인

앞선 론의들에서는 대체로 15세기에는 종성위치에서 "ㄷ"과 "ㅅ"의 음이 구별되였던것으로 보았다. 리기문(1961)은 ≪조선관역어≫에 어말의 "ㅅ, ㅈ, ㅊ"이 한자 "思"로 표기되여 있다는 사실을 통해 15세기에 있어서 종성위치의 "ㅅ"이 "ㅈ, ㅊ"과는 중화되였으나 현대어와는 달리 "ㄷ, ㅌ"과는 중화되지 않았으며, "ㅅ"종성은 내파적 /s/로 발음되였을것이라 하였다.[7] 그러나 15세기에 음절말의 "ㅅ"이 내파음으로 발음되였다면 그것이 동일한 위치의 "ㄷ"과 어떠한 차이를 보이는지 해석하기 어렵다. 때문에 허웅(1965)에서는 이 "ㅅ"에 대해 약한 마찰음 /s/로 발음되였던것으로 상정하기도 하였다. 그러나 이러한 주장 역시 다분히 추측성적인것이여서 그대로 수용하기 어렵다. 또한, 안병희(2003)는 ≪훈민정음해례·종성해≫의 "八終聲可足用也"라는 규정은 단순한 표기법에 대한것이 아니라 문자창제에 참여했던 세종과 집현전학자들의 음운의식의 발로로 보여지는데, 여기에 "ㅅ"이 "ㄷ"과 함께 엄연히 들어있고, 또 우에서 살핀바와

---

7) 하지만 리기문(1961)에서는 이른바 "내파적 /s/"의 음가에 대한 명확한 설명을 내놓지 않았다.

같이 ≪두시언해≫ 초간본의 "ㅅ", "ㄷ" 종성표기에 나타난 엄격한 구별을 보아서 15세기에는 음절말에 "ㅅ"의 음이 분명히 존재했던것으로 판단하였다.

우리는 ≪훈민정음해례·종성해≫에서 "ㅅ"과 "ㄷ"을 달리 설정한것은 그 당시에 종성위치에서 일어나는 음운현상만을 고려하여 설정한 규범이 아님을 넘두에 둘 필요가 있다. 8종성법은 현실발음을 고려한 표음주의적인 규정이면서도 동시에 여기에는 음운별로 종성자음을 설정할데 대한 훈민정음 창제자들의 견해가 반영되여 있었던것이다.

주지하다싶이 훈민정음창제자들은 중국의 성운학의 분류에 근거하여 아, 설, 순, 치, 후의 5음에 따르는 자음들의 부류를 중시하였는데 종성표기에서 이들의 구별을 기계적으로 적용하여 운(韻)의 부류별로 그 대표자를 설정하는 원칙을 취하였다. 즉 아음에서는 "ㄱ, ㆁ", 설음에서는 "ㄴ, ㄷ", 순음에서는 "ㅁ, ㅂ", 치음에서는 "ㅅ", 반설음에서는 "ㄹ"을 종성자음으로 설정하였는데 단지 후음만은 종성으로 발음되는것이 없었기에 여기서 제외되였다.

≪훈민정음해례·종성해≫에서는 "빗곶", "영의 갖" 등의 실례에서 다른 부류의 종성자음은 들지 않고 모두 "ㅅ"과 같은 조음위치에 속하는 (같은 운을 가진) 종성자음만을 들고 있는것이라든가 "ㄱ, ㆁ", "ㄴ, ㄷ", "ㅁ, ㅂ", "ㅅ", "ㄹ" 등으로 아, 설, 순, 치, 반설의 차례로 종성자음을 배렬하고있는것 등에서도 역시 자음의 같은 부류에 따라 종성자음을 설정했음을 확인할수 있다. 이로부터 종성 "ㄷ"과 "ㅅ"은 음절말에서 그 음이 서로 구별되여서가 아니라 그 음은 서로 같지만 "ㄷ"은 설음운의 끝자음으로 "ㅅ"은 치음운의 끝자음으로 자음부류가 다른데 따라 설정하였다는 사실을 짐작할수 있다.

때문에 ≪두시언해≫ 초간본을 비롯한 15세기 문헌들에서 받침 "ㄷ"과 "ㅅ"이 엄격히 구별되여 쓰인것도 결국 그 자음의 조음위치가 다른데 기인한것이다. 15세기 당시에는 어떤 음운에서 일어난 변화는 반드시 그와 같은 부류의 음운으로 표기되여야 한다는, 전통성운학에 립각한 음운론적 인식이 지배적이였다. 그렇다면 ≪두시언해≫ 초간본시기에는 8종성이 모두 발음된것이 아니라 7개의 자음만이 발음되였다고 볼수 있다. 종성 "ㅅ"은 기타 종성자음과 마찬가지로 "가ㅅ>갓", "이시>잇(有)"와 같은 모음탈락의 과정을 거쳐 받침으로 되였지만 음절말에서는 "ㄷ"과 마찬가지로 폐쇄음 /t/의 음으로 발음되였던것이다.

받침 "ㄷ", "ㅅ"의 표기상 구별은 16세기부터 점차 무너지면서 ≪두시언해≫ 중간본시기에 이르러서는 더는 지켜지지 않는다. 심지어 (12), (13)의 례와 같이 실제로 15세기후반의 일부 문헌에서도 간혹 받침 "ㄷ", "ㅅ"의 혼기를 발견된다. 일부 학자들은 16세기에 들어서면서 음절말에서 "ㄷ", "ㅅ"의 대립이 허물어지면서 17세기에 와서 두 음이 중화된것으로 해석하는데 이것은 단지 표기법상의 변화를 반영할뿐이지 어떠한 음운론적현상과 관련된것은 아니였다. 그것은 받침 "ㄷ", "ㅅ"의 표기변화는 단순한 혼기외에, 어떠한 경향성도 드러내지 않는다는 사실로부터도 알수 있다.

애초에 중국 전통음운학의 성운분석에 기댄 훈민정음창제자들은 고도로 리상화된 표기를 지향하였으며 국가적차원에서 언어규범을 마련하고 그것을 준수하기 위한 노력을 기울였다. 하지만 받침 "ㄷ", "ㅅ"의 구별은 실제 발음과는 떨어진것이였던것만큼 표음주의적철자원칙에는 어긋날수밖에 없었다. 또한 그러한 표기법은 너무 어려워 백성을 위하여 만든 훈민정음의 취지에도 부합되지 않았을것이다. 때문에 이러한 구별은 오래갈수 없었는바, 16세기를 거쳐 17세기로 넘어오는 동안 언중들의 의식 속에 점차 희미해지면서 ≪두시언해≫ 중간본에서는 극심한 혼란 양상을 보이게 된것이다.

2.4 철자표기의 변화

2.4.1 분철, 중철표기의 확대

15세기 훈민정음의 창제시 조선어표기법에는 음소적원리와 함께 음절적원리도 적용되었다. 조선어자모는 초성, 중성, 종성을 음절단위로 모아쓰는 표기를 하도록 규정하였는데 이 음절적원리는 어간과 토가 결합할 때에도 적용된다. 받침있는 체언이나 용언의 어간에 모음으로 시작하는 토가 붙을 때 받침을 내려쓰는 련철(連綴)표기의 방식을 사용했는데 "곳(花)"은 모음으로 시작되는 토와 결합하면 "고지, 고즐" 등과 같은 식으로 표기되었으며 동사어근 "먹(食)-"은 "머그니, 머거" 등으로 표기되었다. 다시 말하여 매개 형태소의 원형이 반영되지 않고 실제 음절이 표기되는 것이다.

이와 같은 표기는 ≪두시언해≫ 초간본에서 두드러지게 나타나는데 17세기에 간행된 중간본에 와서는 눈에 띄게 줄어들었으며 그 대신에 "곳을, 먹으니/곳츨, 먹그니"와 같이 받침을 올려써서 어간과 토를 분리해적는 분철표기와 좀 더 복잡한 양상의 중철표기가 확대되어 나타났다.[8]

---

8) 분철표기와 중철표기에 관한 분류는 기본적으로 박용찬(2010)을 참고하였다. 다만 일부 내용에 있어서는 본 론의의 방향에 따라 재분류를 시도하였다.

2.4.1.1 체언과 체언토의 결합에서

(20) a. 가스매<가슴애>(25:45a), 구루메<구룸에>(21:14b),
        녀르메<녀름에>(12:20b), 님그믄<님금은>(19:18b),
        말스물<말슴을>(25:35b), 모미<몸이>(21:22b),
        ᄆᄉ미<ᄆᄋᆞ이>(5:19a), ᄆᄎ매<ᄆ촘애>(25:11b),
        바믜<밤의>(25:44b), 보미<봄이>(14:38b),
        ᄇᄅ매<ᄇ롬애>(8:37b), 사호믈<사홈을>(5:13b),
        사ᄅ미<사롬이>(6:22a), 셔믈<셤을>(25:4a),
        시르미<시름이>(5:10b), 시믈<십올>(25:16a),
        아ᄎ믜<아촘의>(16:5a), 어스르멧<어으름에>(14:31a),
        사로믈<사롬을>(25:2a), 처ᅀ믜<처엄의>(5:18a),
        히미<힘이>(21:8a)
      b. 고미<곰미>(17:9a), 모매<몸매>(24:45b),
        봄믈<봄믈>(7:13a), ᄀᄅ믄<ᄀ롭믄>(3:48b),
        님그믈<님금믈>(11:16a), 말왐온<말왐믄>(浮萍, 4:30a),
        말스미<말슴미>(15:41b), 멀허메<멀험메>(17:30a),
        ᄆᄉ미<ᄆᄋᆞ미>(6:25a), ᄇᄅ매<ᄇ롭매>(3:40a),
        사ᄅ믈<사롭믈>(3:43a), 쑨니<쑨니>(불완전명사, 6:18a),
        히미<힘미>(18:13a)
(21) a. 누늘<눈을>(雪, 14:30a), 소내<손애>(6:1b),
        소눌<손올>(客, 21:22b), 워니여<원이여>(23:13b),
      b. 쟝긔파눌<쟝긔판올>(7:4a), 金자눌<金잔눌>(13:31a),
        도눌<돈눌>(15:54a)
(22) a. 구스를<구슬을>(11:17b), 글워롤<글월을>(14:12a),
        ᄀᄆ래<ᄀ믈애>(12:40b), 눖ᄆ를<눖믈을>(24:17a),
        ᄃ롤<돌올>(12:3b), 무른<물은>(25:15b),
        므레<믈에>(11:26b), 믈겨를<믈결을>(10:3b),
        벼리<별이>(23:2b), 브레<블에>(11:13b),
        비느른<비늘은>(14:37b), 수를<술을>(5:30b),
        시레<실에>(11:8a), 아ᄃ론<아돌온>(12:15b),
        이스를<이슬을>(11:24b), 화사롤<화살을>(11:16a)
      b. 브를<블를>(10:21b), 마롤<말롤>(3:3a), 바롤<발롤>(7:8a),

곳가롤<곳갈롤>(3:47a), 버드른<버들른>(14:19a),
열흐를<열흘를>(12:22a), 이스를<이슬를>(3:25a),
조뽀롤<조뽈롤>(10:12b)

　　c. *나롤<날롤>(我, 22:42a)

우의 례들은 체언의 종성이 유성자음 "ㅁ, ㄴ, ㄹ"로 끝날 때 중간본에서 분철로 표기된 경우를 보여준다. 상대적으로 분철표기로 된 어형이 중철표기로 된것이 비해 높은 비중을 차지하며 나타난다.

간혹 (22c)와 같이 후행음절의 초성자음이 체언의 받침으로 중복되는 표기도 보이는데 이것은 당시 문헌에 광범위하게 나타나던 중철표기로부터 잘못 류추된 결과로 여겨진다.9)

이외에도 "슴호물<슴홈물>(3:11a)"와 같은 표기가 보이는데 이것은 전성토 "-ㅁ"이 붙음으로 인해 체언처럼 쓰이게 된 "슴홈"과 대격토 "올"의 결합으로서 중간본에 와서 중철로 표기된것이다.

중간본에는 체언의 종성이 유성자음이 아닌, 무성자음의 경우에도 토와 결합시 분철 또는 중철로 표기된 례가 보인다.

　(23)　a. 쓰들<뜰을>(16:2b), 지비<집이>(6:43a)
　　　　b. 귓거시<굿것시>(초,8:60b/중,1:21a), 지븨<집븨>(6:22a),
　　　　　외야지<외얏지>(15:20a), 둘기<둙기>(12:8b)
　(24)　a. ∅
　　　　b. 느출<놋출>(12:22a), 그테<굿테>(11:20a),
　　　　　니피<닙피>(11:28b), 부플<붑플>(9:39a),
　　　　　비치<빗치>(11:52a), 알픠<앒픠>(25:56b)

---

9) 용언의 경우에도 "디ᄅ논/디론논(15:10a)"의 비슷한 경우가 발견되는데 김중진(1986), 김상돈(1990)과 같이 이들을 역행중철로 보는 견해도 있다.

(23a)와 (23b)는 체언의 종성이 순한소리 "ㄱ", "ㄷ", "ㅂ", "ㅅ"로 끝
날 때 중간본에서 분철 또는 중철로 표시된 례이다. 이러한 례는 유성자
음의 그것에 비해 드물게 존재하는 편인데, 우에서 든 몇몇 례가 전부이
다. (24a)의 Ø표기는 체언의 종성이 거센소리 "ㅋ", "ㅌ", "ㅍ", "ㅊ"로
끝날 때 중간본에서는 분철표기로 나타나는 례가 없음을 의미한다. 이런
경우, 중간본에서는 (24b)와 같이 부분중철10)로 대신 표기되는데 중복되
을 제외하면 총 18개의 어형이 나타나는것으로 집계된다. 이로부터 17세
기초반 당시 거센소리의 중철표기는 일정한 범위를 가지고 존재했음을
보아낼수 있다.

2.4.1.2 용언어간과 용언토의 결합에서

용언의 어간과 용언토의 결합에서 나타나는 분철, 중철표기는 체언의
그것에 비해 상대적으로 적은 편이다.

   (25) a. 아로몰<알오몰>(16:21a), 여럿고<열엇고>(11:1a),
        그스근<그윽은>(9:6a)
     b. 드로니<들로니>(8:45b)11)
   (26) a. Ø
     b. 그츠니<긋처시니>(12:41a), 기펫도다<깁펫도다>(14:30b),
        스무촌<스뭇촌>(13:4b), 이퍼<입퍼>(11:18a),
        흐러<훗터>(14:30a)12), ᄀ톤<ᄎ톤>(11:8a)

---

10) 홍윤표(1986), 리익섭(1990)에서 나눈바와 같이 "부분중철"이란 체언 혹은 용언의 어간말
    자음과 후행음절의 첫소리자음이 동일한 자음자로 중복된 "완전중철"에 상대하는 개념
    으로써 어간말자음은 7종성법에 의해 조정되어 표기되고 후행음절의 첫소리자음은 본
    래 어간말자음으로 표기된것을 말한다.
11) "드로니"의 원형은 "듣(聞)-"으로서 "ㄷ"불규칙용언에 속한다. 즉 모음으로 시작되는 토
    와 결합될 때 받침 "ㄷ"가 "ㄹ"로 바뀌게 된다.
12) "흐러"는 "ㄷ"불규칙동사 "흗-/흘(散)"의 변형으로서 초간본에서 "흐러"로 표기되였지만

(25a)는 용언어간이 유성자음 "ㄹ"또는 무성자음 "ㄱ"로 끝난 경우, 중간본에서 분철로 표시된것들이다. "그ᅀᅳᆫ<그윽은>"과 같은 례는 극히 제한적이여서 용언어간의 종성이 "ㄱ"외의 다른 무성자음으로 된 례는 보이지 않는다. (25b)는 용언어간이 유성자음 "ㄹ"로 끝나는 경우 중간본에서 중철로 표시된 어형인데, 그 수가 적어 경향성을 보아내기 어렵다.

(26a)의 Ø표기 역시 용언어간이 거센소리 "ㅋ", "ㅌ", "ㅍ", "ㅊ"로 끝날 때 중간본에서는 분철표기로 나타나는 례가 없음을 의미한다. 이런 경우 중간본에서는 (26b)와 같이 부분중철로 표기된다. 이에 해당하는것으로 중간본에는 도합 8개의 어형이 출현한다.

이외에도 "늘그니<늘근니>(6:40a)", "잇ᄂᆞ닌둘<잇논닌둘>(18:18a)"과 같은 변화가 보이는데 이것은 규정토 "-ㄴ"과 불완전명사 "이"가 결합한 경우로서 초간본에서 련철하여 적었던것을 중간본에서 앞 음절의 받침에 "ㄴ"을 더 적어 중철로 표기한것이다.

우의 례가 보여주듯이 분철표기는 무성자음보다도 유성자음으로 끝난 체언 및 용언어간과 토의 결합에서 더 많이 나타난다. 또한 어간의 종성이 거센소리로 끝날 경우, 분철로 나타나지 않고 중철로 표기된다.

이상에서 본바와 같이 이미 15세기후반부터 모습을 드러냈던 분철표기는 주로 체언과 체언토가 만나는 환경에서 이루어지기 시작했는데 중간본에 와서는 용언의 어간과 용언토가 만나는 환경에서도 각각의 단위들을 분리해 적는 경향을 보이고있다. 16세기부터 여러 문헌에 등장하였던 중철표기 역시 이와 비슷한 경향을 보이고있으며 두시언해 중간본에 이르러서는 보다 다양한 형식으로 나타난다.

중간본에 와서는 대부분 "훗터", "흐터" 등으로 바뀌게 되었다.

2.4.1.3 형태소내부에서

분철, 중철표기가 일반화되다보니 중간본에서는 한 형태소내부에서도
분철, 중철표기가 나타난다.

(27) a. 시르미<실으미>(25:52a), 가난<간안>(25:40a)
b. 우케<욱케>(稻, 13:15b), 싁싁기<싁싁기>(6:32b),
ᄀ티<ᄀ치>(14:9a)
c. 브터<븟터>(17:12a)

(27a)는 명사내부에 나타나는 분철표기이고, (27b)는 명사 또는 부사내
부에 나타나는 중철표기이다. "벼"를 뜻하는 "우케"는 중간본에서 "욱케"
로 표기되였고, "씩씩하게", "엄하게"의 뜻을 가지는 부사 "싁싁기"는 "싁
싁기"로 바뀌였으며 부사 "ᄀ티"도 "ᄀ치"로 표기되였다. 뿐만아니라
(27c)의 도움토 "브터"는 동사 "븥다"의 실질형태소 "븥-"에 형식형태소
"-어"가 결합한 어형이 문법형태로 바뀌면서 허사화한것인데 초간본에서
련철로 표기되던것이 중간본에서는 중철로 바뀌였다.

이처럼 15세기후반이래 련철>분철 및 련철>중철경향이 확대되여 17초
반에는 그것이 형태소경계에서 체언과 체언토의 결합에서 큰 비중을 보
이며 나타나는 동시에 용언과 용언토의 결합에도 존재를 드러내고있다.
비중을 따진다면 전자의 위치에서 나타나는 분철, 중철표기가 92%를 점
하는것으로 후자의 위치에 나타나는 분철, 중철표기(8%)에 비해 절대적인
우세를 보이고있다. 이것은 분철, 중철표기가 형태소경계에서 주로 체언
과 체언토의 결합에서 나타나다가 차츰 용언과 용언토의 결합에로 범위
를 넓히게 되였음을 의미한다. 나중에 이런 경향이 확대되여 심지어는 형
태소내부에서도 모습을 드러낸다.

2.4.2 변화의 원인

15세기에 나온 초간본에 비해 중간본에서 분철, 중철표기가 확대되여 나타나는것은 확실히 당시 철자표기법의 혼란상을 어느 정도 반영하고 있으니 이를 근대어 "표기법의 표류"라고 명명한 리기문(1963)의 지적처럼 "15세기 국어의 표기법의 전통을 완전히 벗어나지 못하고 다소간 그 전통을 유지하면서 그 기초우에 표음적이라고 하는 불통일된 노력의 결과였다"[13]라고 할수 있겠다. 하지만 우리는 여기서 그 변화의 원인을 좀 더 검토할 필요성을 갖는다. 우와 같은 해석은 분철, 중철표기의 모든 경우에 다 적용되는것이 아니기 때문이다.

아래 초간본 당시 비교적 확고하게 지켜졌던 련철표기가 왜 17세기로 접어드는 중간본시기에 와서는 분철, 중철과 같은 모습으로 나타나는가 하는것을 넘두에 두고 류형별로 그 원인을 분석해보겠다.

2.4.2.1 분철표기의 경우

우에서 언급한바와 같이 중간본에 나타나는 분철표기의 경향은 초간본을 비롯한 15, 16세기 문헌에서도 어느 정도 찾아볼수 있다. 따라서 분철표기는 중간본시기(17세기초반)에 와서 갑작스레 나타난 현상이 아니라 이미 16세기초에 이르러 15세기의 엄격한 표기법이 와해되면서 나온 현상으로 보아야 한다.

초간본 당시에도 "담올"(11:21a), "긔운이"(3:12a)와 같이 체언의 어간을 고정시키고 이에 격토나 도움토를 련결시키는 표기방식이 더러 보이는데, 중간본시기에 이르러서는 이런 표기가 량적으로 확대되였을뿐만아니라

---

13) 리기문, ≪국어표기법의 력사적연구≫, 한국학연구원, 1963, 145~146쪽.

형태도 다양하여 용언어간과 토의 결합에서, 또는 한 형태소내부에서도 찾아볼수 있다. 이것에 대해 리익섭(1985)은 분철표기를 지향함으로써 형태를 고정시키는 표의주의 표기법을 추구한것이라 보았고 홍윤표(1985)는 표기자의 어간의식(문법의식)에 기인하는것이라 보았다.

"형태의식"과 "문법의식"을 강조한 론의는 물론 분철표기의 출현을 해석함에 있어 바람직한 설명으로 여겨지지만 15세기 체언과 체언토의 결합에서만 나타나던 분철표기가 17세기에 이르러서 다양한 확대양상을 보인다는 사실은 시사하는바가 크다.

중간본에서 분철표기가 확대양상을 보이는 원인은 우선 어간형태소의 자립성 여부에서 찾아야 할것이다. 체언어간 "님금", "구슬", "집"은 어휘형태소이면서 자립형태소이기에 토와 결합시 자립성을 보존할수 있었기에 "님금은", "구슬을", "집이"와 같이 쉽사리 형태를 고정시켜 적을수 있었지만, 용언의 어간 "열-", "그윽-"은 어휘형태소이기는 하나 자립적으로 쓰이지 못하는 의존형태소이기에 토와 결합시 자립성을 보장받을수 없어 체언의 그것과는 달리 쉽게 어간을 분리하여 "알오물", "열엇고", "그윽은"과 같이 분철로 표기하지 못했던것이다.

따라서 처음에는 체언과 체언토의 결합에서만 분철표기를 하던것이 나중에는 하나의 관습적인 경향으로 발전하면서 상대적으로 분리성이 약한 용언과 용언토의 결합에서도 자연스레 분철표기를 하게 되였으며 여기서 한걸음 더 나아가 형태소내부에로 확대된것으로 보여진다.

또한 리기문(1978)에서 언급했듯이 조선어의 한자어는 한자로 표기하는 경우에는 이들과 격접미사(격토)를 분리해서 표기할수밖에 없었는데 "天子ㅣ", "果實은", "欄杆애"와 같은 한자어체언과 격토의 결합으로 된 표기에 류추하여 고유어로 된 체언과 격토 및 도움토의 결합에서도 분철표기를 하기 시작한것도 17세기 철자표기변화의 한 원인으로 작용한다.

이로하여 중간본에서는 체언과 체언토의 결합에서 나타나는 많은 량의 분철표기를 확인할수 있을뿐만아니라 용언과 용언토의 결합에서도, 지어는 형태소내부에서도 분철표기가 나타나는것이다.

2.4.2.2 중철표기의 경우

일반적으로 중철표기는 련철에서 분철로 넘어가는 과정에서의 일종 절충적인 표기현상으로 여겨져 왔다.[14] 15세기이래의 련철표기는 음소적원리에 따라 현실음을 반영할수 있다는 장점을 지니고있지만, 동시에 어간 형태소를 보존하지 못한다는 단점도 가지고 있었다. 비록 이에 대한 해결방법으로 분철표기가 등장하지만 이 또한 발음과 표기간의 거리가 멀어진다는면에서는 한계를 지닌다.

기존의 론의들에서는 그때 당시 발음을 표기에 반영할수 있으면서 동시에 어간의 형식을 보존할수 있는 표기방안을 모색하였을것으로 추정하였다. 즉 이러한 표기방안의 모색과정에서 량자를 모두 만족시킬수 있는 중철표기의 방식이 등장한것으로 여겨왔다. (20b), (21b), (22b), (23b) 및 (25b)의 경우는 이와 같은 해석에 부합된다. 이들은 근대시기 문헌에 잠깐 등장하였다가 나중에 점차적으로 자취를 감추었기 때문이다.

하지만 (24b), (26b) 및 (27)의 일부 례가 보여주다싶이 거센소리의 중철표기는 중간본과 동시대에 속하는 문헌들에서도 많이 발견될뿐만아니라, 그 이후시기 문헌들에서도 지속적으로 나타나며 지어 20세기초반의 문헌에도 등장한다.

---

14) 중철표기를 일종의 절충적인 표기현상으로 보는 견해로는 리익섭(1992)이 대표적이다.

(28) a. 몃츨(박통사, 중:53b), 닷츨(습령, 830), 빗츨(제국신문:1114)

b. 읍플(류합, 칠장사판:21a), 곱프다(동문, 하:28a),

놉푸실샤(가곡:649)

c. 앚티(조훈:2a), 훗터지니(구운몽, 경판본:4a),

붓터(제국신문:1229)

(28)의 례들은 거센소리의 중철표기로서 17중반~20세기초반의 여러 문헌에서 찾은것들이다. 따라서 이들을 모두 련철과 분철의 과도적현상 으로서의 절충적표기로 보기엔 무리가 따른다. 거센소리의 중철표기는 당시 표기자들의 형태의식을 반영했다기보다는 말소리의 음운론적특성을 정확히 기록하려 했던 노력의 결과로 보는것이 더 합리적이다.

왜냐하면 "몃츨", "훗터", "읍플" 등에 나타나는 첫음절의 받침표기 "ㅅ"이나 "ㅂ"은 체언이나 용언어간의 형태를 고정시키는 목적으로 쓰인 것이 아니라 음운론적특성을 반영하는 내파음의 표기로서 뒤에 오는 거센 소리 "ㅊ", "ㅌ"이나 "ㅍ"을 반영하기 위한 표기로 쓰인것이기 때문이다.

조선어에서는 모음과 모음사이에 나타나는 거센소리가 일정한 음운적 조건에서 길게 발음되는 장자음적변종으로 나타날수 있는데 이때 긴 폐 쇄과정을 거치는 장자음은 마치 내파음과 외파음이라는, 두가지 서로 다 른 음의 결합과도 같이 발음되는것만큼 초간본 당시 모음과 모음사이에 서 련철로 표기되던 거센소리 "ㅊ, ㅌ, ㅍ, ㅋ" 등은 중간본에 와서 "-ㅅ ㅊ-, -ㅅㅌ-, -ㅂㅍ-, -ㄱㅋ-"으로 중철표기되었으며 이런 경향은 20세 기 초반까지도 지속되었다.

그런데 이러한 거센소리의 중철표기는 중간본에서도 일정한 경우에만 나타난다. 초간본에 나오는 "가치(鵲)"는 "우케>욱케"와 같이 중간본에서 "갓치"로 바뀐것이 아니라 초간본과 동일하게 표기되었다. 이것은 16, 17

세기의 다른 문헌에서도 역시 마찬가지이다.

왜서 "우케"는 중간본에서 "욱케"로 바뀌였는데 "가치"는 "갓치"로 바뀌지 않은것일가? 이것은 선행음절의 악센트와 관련지어 설명할수 있다. 주지하다싶이 초간본 당시까지만 해도 방점을 사용하여 매 음절의 성조를 표시하였는데 ":됴코", ":가치"와 같이 선행음절에 상성의 표점이 찍힌 경우에는 중간본에서 "둇코", "갓치"로 표기된것이 아니라 초간본의 그것과 같이 련철로 표기되였지만 "그테", "우케", "·니피", "·지츨", 등과 같이 선행음절에 평성(무점) 또는 거성의 표점이 찍힌 경우에는 대부분 "긋테", "욱케", "닙피", "짓츨", 등과 같이 중철로 바뀌게 되었다.

"上聲은 처서미 늦갑고 乃終이 노폰 소리라"라고 한 ≪훈민정음언해≫의 해석에 따르면 상대적으로 짧게 발음되였던 평성과 거성에 비해 상성은 길게 발음되였던것으로 보이는데 선행음절이 상성으로 길게 발음될 경우, 모음과 모음사이에 오는 거센소리가 긴 폐쇄과정을 거칠 필요없이 바로 발음될수 있었다. 이것은 우리 말 음운현상에 부합되는것으로서 현대조선어의 경우에도 그대로 적용된다. 현대조선어에서 만일 선행음절이 평성이나 거성으로 짧게 발음된다면 모음과 모음사이에 오는 거센소리는 필연코 긴 폐쇄과정을 거치게 되므로 "끝에(끗테)", "잎이(입피)"의 가운데 소리는 "-ㅅㅌ-", "-ㅂㅍ-"의 내파음과 외파음의 결합으로 들리게 되는 것이다.

따라서 거센소리의 중철표기는 "형태를 보존"하기 위한것이 아니라 중간본시기 표기자들이 거센소리의 음운론적특성을 문헌표기에 반영하기 위한 노력의 일환으로 보아야 할것이다. 이것은 중간본에 거센소리의 분철표기가 보이지 않는데서도 확인할수 있을뿐만아니라 중철표기에 있어서도 선행음절의 받침은 "8종성법"에 나오는 "ㄱ, ㅅ,[15) ㅂ"를 쓴데서도 확인할수 있다. 만약 체언 혹은 용언의 형태론적특성을 고려했다면 분철표기의 례가 응당 나타나야 할것이며 음운론적특성과 형태론적특성을 모두 반영하려 했다면 "긑테, 닢피, 짖츨"과 같이 완전중철의 방식으로 표기되였을것이다.

이로부터 우리는 중간본에 등장하는 중철현상은 적어도 두가지 서로 다른 원인에 의해 나타났다는것을 알수 있다. 어간의 종성이 유성자음 또는 순한소리일 경우에 나타나는 중철표기는 어간의 형식과 음성을 동시에 밝혀 적으려는 절충적인 표기의식에서 비롯된것이였으며, 어간의 종성이 거센소리일 경우에 생기는 중철표기는 당시 표기자들이 모음과 모음 사이에 나타나는 거센소리의 음성적특성을 문헌표기에 생생히 반영하려는 표음주의의 태도에서 비롯된것이였다. 때문에 중철표기는 "표음문자이자 자모문자인 조선어 글의 특징이 빚어낸, 필연적으로 나타나게 되었던 표기법이였다"[16]고 할수 있겠다.

우의 분석을 정리해보이면 다음과 같다.

첫째, 중간본에서 초간본과 달리 련철표기가 줄어든 대신에 분철, 중철표기가 빈번하게 쓰였다. 체언 및 용언어간의 종성이 유성자음일 때, 분철과 중철의 경향이 높지만 무성자음일 경우에는 상대적으로 적게 나타난다.

둘째, 분철, 중철표기는 형태소경계에서 주로 체언과 체언토의 결합에서 나타나지만 용언과 용언토의 결합에서도 더러 모습을 보이며 지어는 체언과 용언 또는 토에 이르기까지 한 형태소 안에서도 이루어진다. 이는

---

15) 앞에서 서술한바와 같이 음절말에서는 "ㅅ"은 "ㄷ"과 마찬가지로 폐쇄음 /t/의 음가를 지니고있었다. 따라서 이른바 "8종성"이란 단지 표기상의 분류일뿐, 실제로는 7개의 종성만 발음되였다.

16) 리승자, "중철표기법에 대한 검토(2)", 《중국조선어문》 2001년 6호, 21쪽.

분철, 중철표기가 형태소경계에서 형태소내부에로, 체언과 체언토의 결합에서부터 용언과 용언토의 결합으로 점차 확대되여가는 통시적인 양상을 확인시켜 주는것이라 하겠다.

셋째, 분철표기가 나타나게 된것은 기본적으로 당시 표기자들의 "형태, 문법의식"의 심화에 따른것이라 하겠으나 중간본에서 분철표기가 용언과 용언토의 결합보다도 체언과 체언토의 결합에서 훨씬 많이 나타나게 된 원인은 체언과 용언의 어간형태소의 자립성여부와 밀접한 련관이 있는것으로 판단된다.

넷째, 중간본에 나타나는 중철현상은 적어도 두가지 서로 다른 원인에 의해 나타난것으로 보이는데, 어간의 종성이 유성음 또는 순한소리일 경우에 나타나는 중철표기는 어간의 형식과 음성을 동시에 밝혀 적으려는 절충적인 표기의식에서 비롯된것이며 어간의 종성이 거센소리일 경우에 생기는 중철표기는 당시 표기자들이 모음과 모음사이에 나타나는 거센소리의 음성적특성을 문헌표기에 생생히 반영하려는 표음주의의 태도에서 비롯된것으로 여겨진다.

2.5 자음자 "ㅇ"의 표기변화

중간본에서의 "ㅇ"의 변화양상은 초성에서의 변화와 종성에서의 변화로 나누어볼수 있다. 엄밀히 따지면 초성에서의 변화는 ŋ>∅(zero)의 소멸을 반영하는것으로서 종성에서의 그것과는 달리 음운변화의 차원에서 다루어야 마땅하다. 하지만 그 수가 많지 않아 굳이 따로 론의한다는것은 불필요한 혼란을 가져올 여지가 있으므로 여기서는 이 두가지를 함께 다루도록 한다.

2.5.1 초성위치에서의 변화

(29) a. 이어긔<이어긔>(7:14a), 이에<이에>(6:19a),
　　　 시서지이다<시서지이다>(8:3a)
　　 b. 이어긔<이여긔>(8:26b)

(29a~b)는 초간본에서 초성위치에 나타난 "ㆁ"이 중간본에 와서 "ㅇ"으로 적힌 전부의 례이다. 그중 (29a)는 "ㆁ"이 탈락하면서 그대로 "ㅇ"으로 바뀐 경우이고 (29b)는 "ㆁ"이 탈락하면서 후행모음을 변화시킨 경우이다. 초성에서 "ㆁ"은 "-이-", "-에"와 같은 문법형태와 "이어긔"의 개별적인 부사로만 나타나는데, 이것은 15세기중반이래 초성위치에서의 ŋ>Ø(zero)의 급격한 소멸에 미처 합류하지 못한 결과로 나타난 표기일것이다. (29b)와 같은 표기는 "ㆁ"이 소멸하는 와중에 그 흔적을 후행모음에 남긴것으로 리해된다. 따라서 "이여긔"는 중간본시기의 실제 언어모습을 반영하는 표기로 (29a)의 "이어긔"와는 달리 의식적인 수정행위에서 비롯된것으로 볼수 있다. "이어긔"가 중간본에서 "이여기"(8:26b)으로도 나타난다는 사실은 이를 증명해준다. 즉, "ㆁ"이 본래의 음가를 상실한것을 반영하여 "이어긔"가 나타나고 한걸음 나아가 "이여긔", "이여기"까지 등장하게 된것이다.

2.5.2 종성위치에서의 변화

종성위치에서 "ㆁ"은 중간본에서 극소수의 례외를 제외하고 대부분

"ㅇ"으로 대체된다.

(30) a. ᄀ장<ᄀ장>(9:8a), 겨집죵<겨집죵>(7:65b),
     졉동새<졉동새>(25:45a), 즘싱<즘싱>(5:36b),
     복셩곳<복셩곳>(11:20a), 샤공<사공>(3:32a),
     콩<콩>(19:23a), ᄲ나모<ᄲ나모>(4:13a) 쟝괴<쟝괴>(3:6a)
   b. 머에<멍에>(23:36b), 스스이니<스승이니>(16:13b),
     굴허에<굴헝에>(15:37b), 버으러<벙으로>(14:8b),
     당다이<당당이>(6:21b)

(30a)는 종성위치에서 "ㆁ"이 "ㅇ"으로 바뀐 경우이다. 이와 같이 종성에서의 "ㆁ"은 중간본에서 거의 다 기계적으로 "ㅇ"에 의해 대체되었다. (30b)는 초성 "ㆁ"의 변화로 오해하기 쉬우나, 초간본에서 종성 "ㆁ"이 뒤음절로 련철되던것이 중간본에 이르러 중철처럼 나타난것인데 사실상 종성의 표기변화를 반영한것이다.17) 중간본시기에서 초성 "ㆁ"은 자체의 음가를 상실한데 반해 종성의 "ㆁ"은 여전히 실제 발음에 존재하여 애초의 음가를 유지하고있었다는 사실을 고려한다면, 중간본에서의 이와 같은 표기가 오히려 현실발음에 더 부합되였던것으로 보인다.

(31) a. 버으리와다<버으리와다>(6:41a), 버은<버은>(7:7a),
     대로이<대로이>(3:13b), 굴허에<굴허에>(16:56a)
   b. 뎡어긔<져어긔>(11:16b), 잉어긔18)<이어긔>(25:46b)

그러나 중간본에는 (31)과 같이 종성에서 "ㆁ"의 음이 탈락한것과 같

---

17) 조남호(1995)는 이것을 표기 그대로 초성위치에서의 변화로 보았다.
18) 초간본에는 "잉어긔", "이어긔"의 표기가 공존하는데, 15세기문헌에 "이어긔"의 표기가 더 일반적이였다는 사실을 고려할 때, "잉어긔"는 "이어긔"의 과도중철형으로 처리하는 것이 좋을듯하다.

은 표기가 나타난다. (31a)의 례는 뒤음절에 련철된 "ㆁ"이 "ㅇ"로 바뀐 경우를 보여주며 (31b)의 례는 종성 "ㆁ"이 표기에서 아예 사라진 경우를 보여준다. 그러나 (30b)와 같이 련철된 "ㆁ"을 앞 음절의 받침 "ㅇ"로 올려적음으로써 /ŋ/을 표시하는 례가 존재한다는 사실을 감안하면, 이와 같은 례들은 17세기 당시 현실발음의 반영이라고 하기는 어렵다. 오히려 중간본시기 "ㆁ"의 경향성적인 탈락에서 말미암은, 일종의 류추적표기로 보는것이 온당할것 같다.

2.5.3 변화의 원인

"옛이응"이라고도 하는 "ㆁ"에 대해서 ≪훈민정음해례≫에서는 "牙之 ㆁ雖舌根閉喉聲氣出鼻而其聲與ㅇ相似"라 하였는데 흔히 "ㆁ"으로 표기되는 음이 "혀뿌리를 가지고 목구멍에서 입안으로 통하는 통로를 닫고 날숨을 코로 내뿜어 내는 음으로 'ㅇ'과 비슷하다"라는 뜻으로 해석된다. 이밖에 "ㆁ牙音如業字初發聲"[19]라고 하여 "業"자의 한자음 첫소리를 가지고 그 음 가를 설명한것으로 보아 훈민정음창제 당시 "ㆁ"은 /ŋ/음의 표기였던것 이 확실하다.

"ㆁ"은 동국정운식 한자음표기[20]에서 어두의 초성표기에 쓰일수 있었

---

19) 이 구절에 대해 ≪훈민정음언해≫에서는 "ㆁ는 엄쏘리니 業업字쭝 처엄 펴아나는 소리 ᄀᆞᄐᆞ니라"라고 번역하였다.

20) ≪동국정운≫은 세종대에(1448년) 간행된 조선 최초의 운서로서 도합 6권 6책으로 되어 있는데, 집현전학사 신숙주, 최항, 성삼문, 박팽년, 리개, 강희안, 리현로, 조변안, 김증 등 9명에 의해 편찬되었다. 당시 세종의 언어정책의 하나로 간행되었으며, 91운 23자모의 체계를 세우고, 반절(反切) 대신 정음자로 음을 표시함으로써 혼란상태에 있던 조선한자 음을 바로잡아 통일된 표준음을 정하려는데에 목적이 있었다. 그런데, 한자음의 표기를 교정함에 있어서 중국 전통음운학의 리론에 억지로 맞추려 하였으므로 당대의 현실음 과는 괴리를 보이고있었다. 결국 동국정운식 한자음표기는 세조대에 이르기까지의 문헌

으나 고유어에서는 종성과 어중의 초성으로만 쓰이였는데 우에서 살펴본 바와 같이 17세기초반에 이르면서 그 쓰임에 있어서 상당히 큰 변화를 겪게 되였다. 즉, 초간본의 "ㆁ"의 표기는 중간본에 와서는 기계적이라 할만큼 거의다 "ㅇ"으로 바뀐것이다.

여기서 "ㆁ"에 대한 최세진의 설명을 되새겨볼 필요가 있다. 최세진은 ≪훈몽자회≫(1527) 범례에서 "唯ㆁ之初聲 與ㅇ字音 俗呼相近 故俗用初聲則 皆用ㅇ音"이라는 설명을 통하여 이것이 16세기에는 어두나 초성에 쓰이지 않았음을 증언하였으며, "ㅇ"과도 구별이 이루어지지 않았음을 지적하고있다.

훈민정음의 창제시 초성위치에서의 "ㆁ"의 음가는 극히 불안정한 상태에 놓여있었는데 그러한 불안정성이 시간의 흐름에 따라 더욱 심화되여 결국 초성에서 /ŋ/음이 실현되지 않게 된것이다. ≪두시언해≫ 중간본의 표기변화가 바로 이러한 결과의 반영임은 쉽게 짐작가능하다.

표기법상 기존의 "ㆁ"의 표기가 "ㅇ"로 된것은 일종 서사방식의 경제성을 추구하기 위한 노력에서 비롯된것으로 여겨진다. 17세기초반에 들어서서 초성에서나 종성에서 이미 "ㆁ"과 "ㅇ"의 구별이 사라진만큼, 문헌의 기사나 판각에 있어서 굳이 둘을 분간하여 적는다는것은 불필요한 혼란을 가져오기 쉬웠음으로 나중에 "ㅇ"으로 통일되고 말았던것이다.

인 ≪석보상절≫, ≪월인천강지곡≫, ≪훈민정음언해≫, ≪월인석보≫ 등에만 보이며, 성종대에 와서는 일부 불경 언해에만 쓰였을뿐이고, 언해본 ≪삼강행실도≫(1481), ≪불정심타라니경언해≫(1485) 등의 문헌에서는 실제 조선한자음의 표기가 쓰이게 되였다.

제3장

15세기초반~17세기후반 조선어의 음운변화

15세기후반~17세기초반의 조선어는 음운면에서도 비교적 뚜렷한 변화를 보이고있다. 이 장에서는 ≪두시언해≫ 초간본과 중간본의 비교를 통하여 이 기간동안에 이루어진 자음, 모음, 반모음 등에 나타난 중요한 변화를 살피고 그 원인을 분석해볼것이다.

3.1 자음의 변화

15세기후반~17세기초반의 조선어자음은 반치음 "△"의 소멸, 어두자음군 및 순한소리의 된소리화, 거센소리화, 구개음화 등과 같은 변화를 경험하였다.

3.1.1 "△"의 소멸 및 원인

"△"는 본래 훈민정음의 23자모체계중 반치음으로서 불청불탁의 성격을 지닌 소리를 가리키는것이었다. 리숭녕(1956)에 의하면 이 "△"는 유성치음 /z/를 대표하는것으로 실제로 훈민정음창제초기문헌에 정칙적으로 등장하였다.[1] "△"는 15세기후반의 ≪두시언해≫ 초간본에서 약간의 불안정을 보임에도 불구하고 여전히 그 음가를 확고히 유지하고 있었으나 16세기에 들어서면서 본격적으로 동요하기 시작하여 17세기초반에 상당부분 소멸되고만다.

서술의 편리를 위하여 초간본과 중간본에 나타난 "△"의 변화를 초성위치와 종성위치로 나누어 살펴보면서 그 원인도 함께 분석해보겠다.

3.1.1.1 초성위치에서

 (1) a. 두어<두어>(3:16a), 겨슬<겨을>(8:6b),
    프성귀<프엉귀>(13:30b), 나아가<나아가>(3:59b),
    나이<나이>(8:18a), 어버이<어버이>(21:33b),
    요소이<요소이>(8:42b), 므읏<므옷>(10:16a),
    거싀<거의>(6:46a), 이윽고<이윽고>(13:13b)
   b. 몸소<몸소>(6:34a), 우숨<우숨>(6:39a),
    우스며<우스며>(15:53a)

(1a)는 초성위치에서 "△"이 "ㅇ"으로 바뀐 경우인데, 이것은 곧 "△"에 해당하는 음이 z>∅의 변화를 겪었음을 의미한다. (1b)는 초성위치에

---

1) 그러나 박병채(1989:140)는 15세기문헌에 나타난 "△"의 사용실태를 보면 일반적으로 "△"는 어중에 나타나고 "ㅅ"는 어두에 위치하여 서로 상보적인 관계에 있으며, "△"이 쓰인 위치가 "ㅅ"가 유성음화되는 환경이기에 "△"는 "ㅅ"의 변이음일뿐 독립된 음운이 아니라고 해석하기도 한다.

서 "△"가 "ㅅ"로 바뀐것을 보여주는데 중간본의 전체적인 표기경향이 "△"에서 "ㅇ"로 수정한것이 일반적임에도 불구하고 이와 같은 현상이 나타난다는것은 흥미로운 사실이 아닐수 없다. "몸쇼"와 동의관계를 이루고 있는 "손쇼"는 중간본에서 "손소"로 바뀐것이 아니라 "손오"(10:7a), "손오로"(15:13a)[2]의 변화만 보여주는데, (1b)에서 "△"이 "ㅅ"으로 변한것은 당시의 현실발음에서 /s/가 나타났음을 의미한다.

중간본에서 초성의 "△"는 대부분 "ㅇ"로 바뀌지만 그것이 나타나는 환경에 따라 새로운 변화를 보여주고있다.

(2) a. ᄀᆞ술히ᅀᅡ<ᄀᆞ올히야>(11:23b), 늣거ᅀᅡ<늣거야>(16:3b),
올히ᅀᅡ<올히야>(23:18b), ᄒᆞ오ᅀᅡ<ᄒᆞ오야>(16:49a)
b. ᄒᆞ오ᅀᅡ<ᄒᆞ오와>(7:4b)

(2a), (2b)의 례와 같이 초간본에서 모음 "ㅏ"의 앞에 오는 "△"는 중간본에서 "ㅇ"로 변하면서 후행하는 모음 "ㅏ"를 "-야" 또는 "-와"로 바꿔놓기도 한다. 이것은 "△"이 중간본에서 기계적으로 "ㅇ"으로 바뀐것이라는, 단순한 표기변화의 결과로 처리할수 없음을 의미한다.

(2a)에서 "-ᅀᅡ"가 "-야"로 변했다는것은 "△"이 모음과 모음사이에서 철저히 소멸된것이 아니라 그 흔적을 반모음 /j/로 남긴것으로 리해된다. 만약 "△"이 완전히 소멸되였다면 모음끼리 련결될 때 모음충돌이 발생할수 있다. 따라서 중간본시기 현실발음에서는 "△"이 탈락하는 대신 반모음 /j/가 들어가면서 모음충돌을 막으려 했던것이다. (2b)의 "ᄒᆞ오ᅀᅡ"는

---

2) 그러나 김성규(1998)에서는 "손쇼>손오"의 경우는 중앙에서 "손오"가 발음되였다는 증거를 찾을수 없고, "몸쇼>몸소"의 경우를 고려한다면 단순히 "△→ㅇ"원칙을 따른 표기변화로 보아야 하며, "손오"라고 하면 의미가 불투명해지기 때문에 "손쇼"를 "손오로"와 같이 고친 례도 등장하는것이라 한다.

현대어에 "혼자"로 나타남을 고려할 때 "ㅎ오자"로 변한것이 아니라 "ㅎ오와"로 나타나는것이 특이하다. "ㅎ오ᅀᅡ〉ㅎ오아〉ㅎ오와"와 같이 변화의 중간단계에 "ㅎ오아"를 상정함으로써 다시 모음동화를 통해 "ㅎ오와"의 형태가 나타났다고 보는 견해도 있지만,[3] 중간본에는 분명히 "ㅎ오ᅀᅡ〉ㅎ오와", "ㅎ오ᅀᅡ〉ㅎ오야"와 같은 변화도 보이므로 "ᅀᅡ〉와"의 과정에 중간단계를 설정하는것은 무리일듯 싶다. 따라서 "ㅎ오와"형의 출현은 "ㅿ"가 모음 "ㅏ"앞에서 소멸되면서 그 흔적을 /w/에 남긴것으로 리해된다.

이로부터 우리는 17세기초반 초성위치에서의 "ㅿ"은 더이상 /z/로 발음되지 않음으로써 본래의 음가를 상실하게 되였음을 알수 있다. 그러나 중간본에서는 초성위치에서의 "ㅿ"의 소멸을 반영하여 초간본의 "ㅿ"을 대부분 명백한 "ㅇ"으로 수정한것에 반해, 외관상 여전히 "ㅿ"과 비슷하게 표기된 례가 존재한다.

(3) *ᄀᆞᅀᆞᆶ비치(6:1b), *여ᅀᅮ(23:4b), *느저ᅀᅡ(23:47b)

(3)의 례는 초성위치의 "ㅿ"이 중간본에서 "ㅇ"도 아니고 "ㅿ"도 아닌 어중간한 상태로 표기된것인데[4] 이와 같은 현상은 17세기초반 중간본 기사자의 의식속에 "ㅿ"의 흔적이 더러 남아있었기에 가능했을것이다.

3.1.1.2 종성위치에서

초간본시기 음절말에서 "ㅅ"과 "ㅿ"이 중화되는 현상이 있었지만, 종성

---

3) 조남호(1995)에서는 초간본의 "ᄃᆞ토아, 보아"가 중간본에서 "ᄃᆞ토와", "보와"로 바뀐것을 근거로, "ㅎ오와"는 "ㅎ오아"의 동화형을 반영한것으로 본다.
4) 실제로 중간본을 조사해보면 "ㅿ"가 삼각형도 아니고 원형도 아닌 어중간한 상태로 표기된 경우가 많이 발견된다. 그러한 표기는 직접 활자로 옮길수 없기때문에 별표를 붙여 따로 구분하고저 한다.

"△"이 들어간 어형을 련철로 적은것이 아니라 분철로 적은것을 보아서
는 종성위치에서 "△"은 여전히 그 음가를 가지고 있었던것으로 보인다.

　종성위치에서 "△"은 크게 두 방향으로 바뀌였다. 하나는 "△"이 아무
흔적도 남기지 않고 탈락(zero)된것이고, 다른 하나는 "ㅇ"으로 바뀐것이다.

　(4)　a.　앗이<아이>(8:29a), ㄱ애<ᄆ애>(10:33b),
　　　　　긋여<그여>(8:46a), 닛위여<니위여>(22:18b),
　　　　　일벗<일버>(11:53a), 값ㄱ<값ᄀ>(8:67), 눗ㄱ<눈ᄀ>(7:37a)
　　　　b.　앙이<앙이>(22:34a), 긍어<긍어>(14:12a), 긍우믈<긍우믈>20:34b),
　　　　　동오도다<동오도다>(11:13b), 붕어디도다<붕어디도다>(25:7b)

　(4a)는 중간본에서 종성위치의 "△"가 탈락된 례이고, (4b)는 중간본에
서 "ㅇ"으로 변한 례들이다. 중복되는 어형을 제외한다면 전자에 해당하
는 례가 21번, 후자에 해당하는 례가 8번 나타난다. 또한 초간본에서 받
침 "△"이 다음 련철된 "아ᅀl"(8:42b), "녀름지ᅀl"(7:5b)의 례가 있는데, 이
들은 중간본에서 "아이", "녀름지이"로 나타난다. 종성 "△"이 이미 초간
본에서도 련철되여 적힌 례가 존재하고, 중간본시기까지 이 과정이 지속
되였다는 사실로 미루어 볼 때 종성 "△"의 변화방향은 z>∅(zero)이 일
반적이였던것으로 생각된다.

　그럼에도 불구하고 (4b)와 같이 z>ŋ의 변화가 나타나는것은 중간본시
기 종성위치에서의 "△"의 소멸이 철저하지 못했던 사실과 관련이 있다.
안병희(1957), 조남호(1995)에서는 종성 "ㅇ"이 나타남은 "△"이 "ㅇ"에 대
응된다는것을 아는 중간본 기사자가 종성 "△"도 "ㅇ"으로 바꾼 결과에
따른것이라 하였지만, (2a), (2b)의 변화를 고려할 때, 단순히 표기적인
문제에만 국한되는것이 아닌것 같다.

지금까지 살펴본 "△"의 변화를 다음의 표에 정리해보자.

●표2_ "△"의 음가변화

위치	류형	출현수(중복제외)
초성	z>∅	93
	z>j, z>w	7
	z>s	3
종성	z>∅(zero)	30
	z>ŋ	8

<표2>는 중간본시기 반치음 "△"는 초성과 종성위치에서 소멸을 겪었으나, 그 소멸이 철저하지 못했던 사실을 보여준다. 이것은 16세기말~17세기초반의 기타 문헌들에서도 확인할수 있다.

(5) a. 주거야(<주거샤) 미출홀가 식베라(김씨, 66:4),
　　　다쉔만이 모미 시거야(<시거샤)(두창, 상:14),
　　　긔졀ᄒ여 오라거야(<오라거샤)(동신, 렬, 5:42)
　　b. 진지 믈으ᄋ와돈(<믈으ᅀᅡ와돈)(소학, 4:12),
　　　夫子끠 뵈ᄋ와(<뵈ᅀᅡ와)(론어, 3:32),
　　　뵈ᄋ와 (뵈ᅀᅡ와) 안자쩌시니(효경, 1)
　　c. 稼 녀름지을(<녀름지슬) 가(류합초,하, 32),
　　　글지이(<글지ᅀᅵ)롤 ᄒ게 아니홀디니라(소학, 5:6),
　　　아이(<아ᅀᅵ) 형의 지븨(동신, 효, 1:53)

(5)의 례는 17세기초반에 들어와서도 문헌상으로는 "△"의 표기가 남아있었음을 보여준다. 일부에서는 이를 두고 당시에는 "△"음은 이미 완전히 소멸되여 조선어자음체계에서 탈락하였지만 문자표기의 보수성에 따라 그 표기는 여전히 존재하였다고 보기도 한다. 그러나 한 음의 소멸

은 점진적으로 이루어지는것이기 때문에 17세기초반에 "△"이 본래의 음가를 모조리 상실하였다고 섣불리 단정할수는 없다.

3.1.1.3 변화의 원인

그렇다면 이러한 변화가 생겨나게 된 원인은 어디서 찾아야 할것인가?

우선, 허웅(1968, 1985)에서 지적한바와 같이 16세기의 조선어자음가운데 어두에 나타날수 없는것은 "△, ㄹ, ㄴ" 즉 /z/, /l/, /ŋ/의 셋뿐이였는데 그중에서 /z/는 어중에서 자음앞에서도 나타날수 없다는 특성으로 하여 /l/, /ŋ/과도 구별된 존재였다. 당시 자음체계에서 /z/는 /s/와 유성음과 무성음의 대립으로 짝을 이루는데 이 음성적자질은 다른데는 존재하지 않고 오직 이 두가지 음을 분별하는데에만 기능하게 되였으므로 /z/, /s/ 두 음운의 대립은 다른 음운들의 대립과는 고립된 불안정한 관계였던것이다.

그리고 /z/는 본래 /s/가 유성음들 사이에서 유성화한것으로서 어중에서 /s/와의 대립이 선명하지 못하여 그 표현적효과도 그다지 뚜렷하지 않았던것으로 보인다. 또한 유성음들 사이에서의 동화작용이 일반화되여 /z/가 앞뒤의 간극이 큰 유성음에 완전히 동화되면 그 자체의 자음적자질을 잃게 되면서 탈락하고 마는데 그것이 속한 음절은 겨우 모음만이 남게 된다. 이러한 동화작용은 16세기에 들어서서 /z/를 포함한 모든 말에 보편적으로 일어난다. 그것은 "ㅸ"음의 β>w>∅(zero) 변화와 비슷한 과정을 겪으면서 진행되였던것으로 보인다. 초성이나 종성위치에서 /z/가 반모음이나 /ŋ/으로 된것은 그것이 소멸하는 과정의 중간단계를 반영한 표기일것이다.

그런데 초성위치에서의 z>s는 일반적인 변화와 아주 다르다. 15, 16세기에 "△", "ㅅ"은 "두ᅀᅥ~두서", "몸ᄼ~몸소", "한ᅀᅮᆷ~한숨" 등과 같이 표기상 공존(교체형)이 있음을 보게 되는데 이들은 고형과 신형의 공존이 아니라 서로 다른 방언현상의 반영으로 인정된다. 리기문(1998)에 따르면 부동한 방언의 교차가 생기면서 전자와 후자가 생존권을 다투었는데 그 결과 "두ᅀᅥ"와 "두서"에서는 "두ᅀᅥ"가 승리하게 되였으나 "한숨", "한숨"("몸ᄼ", "몸소" 등)을 비롯한 대부분의 경우에는 오히려 "한숨" 등의 승리로 돌아간것으로 보인다. 나중에 "두ᅀᅥ" 등에서는 "△"가 소멸을 겪어 "ㅇ"이 되였지만 경쟁에서 승리한 "한숨" 등은 여전히 그대로 쓰여왔다. 물론 기원상으로는 "△"가 일정한 환경에서 발생한 "ㅅ"의 유성적변종일 수 있으나 이미 이 시기에 "ㅅ"의 유성음화과정이 정지된 조건하에서 이 두가지가 공존한것은 서로 다른 방언형으로 보지 않을수 없다. 때문에 중간본시기 "△"이 "ㅅ"으로 적혔다는것으로부터 /z/가 /s/로 변했다고 보기는 어렵다.

이상의 분석으로 미루어 볼 때, "△"는 시기적으로 16세기말기에 동요되기 시작하여 ≪두시언해≫ 중간본이 나온 17세기초반에는 비록 그 음가가 완전히 사라졌다고는 할수 없지만 변화를 인정할수 있을 정도로 상당히 넓은 범위에서 음가소멸이 이루어졌던것으로 추정된다.

3.1.2 구개음화의 발생 및 원인

구개음화(口蓋音化)란 비경구개음(非硬口蓋音)이 뒤따르는 모음 /i/나 반모음/j/로 시작하는 이중모음의 영향을 받아 구개음으로 동화되는 현상을 말한다. 구개음화에 관한 사적연구는 조선어발달사 연구에서 비교적 큰 비중을 가지며 검토되여 왔다. ≪두시언해≫ 초간본과 중간본은 15세기

후반~17세기초반의 구개음화 진행상황을 가늠해볼수 있는 중요한 자료
가 된다. 그러나 중간본의 성격상 간행지의 방언적요소가 작용한다는 사
실을 잊어서는 안될것이다. 즉, 구개음화현상을 고찰함에 있어서 그것의
공간적인 차이도 고려해야 한다.

아래 초간본과 중간본을 비교함에 있어서, 해당시기 부동한 지역에서
간행된 문헌들을 참고하여 15세기후반~17세기초반에 나타난 모든 구개
음화현상을 하나씩 살펴보겠다.

3.1.2.1 "ㅈ, ㅊ"구개음화

훈민정음창제초기의 언어에서는 "ㅈ", "ㅊ"이 음성적으로 구개음 [tɕ],
[tɕ']가 아니라 치경음(齒莖音) [ts], [ts']로 실현된것으로 보여진다. 훈민정
음의 음운체계에서 "ㅈ"과 "ㅊ"이 모두 "ㅅ"과 같은 "치음(齒音)"으로 규
정된 사실과 ≪사성통고범례≫에서 "我國齒聲ㅅ, ㅈ, ㅊ在齒頭整齒之間"이
라고 하여 "ㅅ, ㅈ, ㅊ"에 대하여 치두음(齒頭音)과 정치음(整齒音)사이라고
규정하였으니 당시의 "ㅈ", "ㅊ"은 치경음이였음을 추정할수 있다.[5] 15세
기에는 "ㅈ", "ㅊ" 뒤에서 "ㅏ, ㅑ", "ㅓ, ㅕ" 등의 대립이 엄격히 지켜졌
었다. 그것은 "저(自)"와 "져(筋)", "초(醋)"와 "쵸(燭)" 등의 구별에서도 보
아낼수 있다. 이와 같은 대립은 "ㅈ", "ㅊ"가 당시 치경음으로 발음되였
기에 가능했던것이다.

하지만 그뒤 치경음으로 실현되였던 "ㅈ", "ㅊ"의 음가에 변동이 생겨
구개음으로 발음되였는데, 음성적으로는 [tɕ], [tɕ']로 나타났던것이다. 다
만 여기서 "ㅈ, ㅊ"는 직접 구개음으로 변화한것이 아니라는 사실을 상기

---

5) 리기문, ≪국어음운사연구≫, 탑출판사, 1977, 65쪽 참조.

할 필요가 있다. 리기문(1977:67)에서는 "ㅈ", "ㅊ"의 구개음화로 "ㅈ"은 /i/, /j/앞에서 [tʃ], [tʃʼ]6)로, 기타 모음앞에서는 [ts]로 발음된 시기가 있었을것으로 추측하고있다. 즉, /i/, /j/앞에 놓인 "ㅈ, ㅊ"가 먼저 구개음화를 겪어 한동안은 "쟈"가 [tʃja]로, "지"는 [tʃi]로 발음되지만 /i/, /j/외의 기타 중성모음앞에서는 여전히 치경음으로 발음되였다는것이다. 례를 들어 "자"는 [tsa]로 발음되였는데 이 [tsa]마저도 [tʃa]로 된 과정은 아마도 [tʃja]가 [tʃa]로 의식되면서 [tsa]와의 구별이 모호하게 된데서 찾을 수 있을것이라 하였다.

물론 구개음화된 "ㅈ", "ㅊ"가 다른 표기로 변한것이 아니라 오직 "ㅈ" 뒤에 련결되는 모음 /i/와 반모음 /j/의 중성표기가 서로 혼기되는 모습을 통해 간접적으로만 반영되기 때문에 단정적인 해석을 내놓기 어렵다. ≪두시언해≫ 중간본에는 다음과 같은 사실이 나타난다.

(6) a. 졔<졔>(時, 15:13b), 저져<저져>(霈, 15:13b),
　　　ᄀᆞ장<가장>(16:13a), 젼ᄂᆞ니<졋ᄂᆞ니>(惧, 21:2a),
　　　즁이<즁이>(9:19a)
　　a´. 졀ᄒᆞᄂᆞ니라<졀ᄒᆞᄂᆞ니라>(11:1a), 져고맛<저고맛>(7:10b),
　　　져지노라<저지노라>(23:42a)
　　b. 즈슴처<즈음쳐>(隔, 21:4b), 주슴쳐셔<주음쳐셔>(夾, 14:16a),
　　　고쳇도다<고쳇도다>(16:42a)
　　b´. 이졔<이졔>(8:16b), 업고져<업고져>(7:14a),
　　　아쳐라<아쳐라>(19:17a)

(6a)와 (6b)에서 보여지듯이 중간본에는 "ㅈ, ㅊ"의 구개음화현상을 부분적으로 반영되고있다. "ㅈ", "ㅊ"에 후행하는 모음 "ㅏ, ㅓ, ㅜ"가 중간

---

6) 리기문(1977:67)에서는 [tɕ], [tɕʼ]를 [tʃ], [tʃʼ]로 표기하고 있다.

본에서 "ㅑ, ㅕ, ㅠ"로 적혔다는것은 이 시기에 "져, 쳐"나 "져, 쳐", "쟈, 챠"나 "쟈, 챠", "쥬, 츄"나 "쥬, 츄"가 구별되지 않았다는 사실을 말해준다. 그런데 16세기에 이러한 현상이 이미 일반화되였다는 사실이 당시 중앙에서 간행된 여러 문헌을 통해 확인된다.

(7) a. 조개(릉엄, 8:55)~죠개(훈몽, 상:20), 몬저(려약, 30)~몬져(려약, 17), 시절(번소, 6:10)~시졀(번소, 6:17)
    b. 거느리쳐(경민, 1)~거느리쳐(경민, 1),
       唐楸子 당추ᄌᆞ(촌가)~楸 ᄀᆞ래 츄(훈몽, 상:6)

(7a), (7b)의 례들을 고려할 때 적어도 중간본이 간행된 17세기이전에도 "ㅈ, ㅊ"의 구개음화현상이 부분적으로 실현되였던것으로 보여진다.

우의 례들에서는 "ㅈ, ㅊ"가 /i/[7]나 /j/와 결합할 때, 음성적으로 구개성변이음으로 실현되고 있으며 그것을 반영하여 "ㅈ, ㅊ"에 뒤따르는 모음 "ㅏ, ㅑ", "ㅓ, ㅕ", "ㅗ, ㅛ"의 표기혼란이 나타난 사실을 보여준다. 이때의 "ㅈ, ㅊ"은 음성적인 차이를 인식할수 있는 정도의 약한 대립성을 가지는 소리로서 그 특성을 정확히 반영하기에는 구개성변이음화(口蓋性變異音化)라는 용어가 더 적합할것 같으나, 기존의 관습에 따라 음성적구개음화(音聲的口蓋音化)라는 표현을 쓴다. (6a~b)와 (7a~b)의 례들을 살펴보았을 때, 이러한 "ㅈ, ㅊ"의 변화는 적어도 17세기초반에는 완성되였던것으로 판단된다.

---

7) 비록 표기에는 드러나지 않지만 "ㅈ, ㅊ"가 원칙적으로 /i/앞에서도 구개성변이음으로 실현되였던것으로 보인다.

3.1.2.2 "ㄴ"구개음화

"ㄴ"구개음화는 어두의 치조음 /n/이 경구개모음 /i/나 경구개반모음 /j/앞에서 구개성변이음[8] [ɲ]로 실현되는 현상으로써 "ㅈ, ㅊ"구개음화와 마찬가지로 음성적변화에 속한다.

초간본이 간행된 15세기후반에까지도 "ㄴ"은 치조음 /n/이였기 때문에 "니(齒), 닞-, 닢, 녀름"과 같이 어두에 올수 있었다. 하지만 17세기초반 경상도지역을 시작으로 "ㄴ"구개음화가 부분적으로 실현되는데 중간본에는 이들을 반영하는 례가 더러 보인다.

(8) 녇도다<열도다>(淺, 3:19b), 녀트리로다<여트리로다>(24:34b),
    녇디 아니ᄒ며<열디 아니ᄒ며>(24:42a), 녇게<열게>(19:22a),
    녀티<여티>(18:7b), 녀트니<여트니>(6:15a)

(8)은 "ㄴ"구개음화와 관련된 례들인데, "녇-"에 한하여 나타난다. "淺"의 뜻을 가지고 자음과 모음앞에서 "ㄷ/ㅌ"교체를 보이는 형용사어간 "녇-"은 중간본에 이르러 대부분 "열-"으로 표기되였다. 즉, 치조음의 /n/이 뒤따르는 /j/에 이끌려 구개성변이음 [ɲ]로 바뀌자 표기상 "ㄴ"이 "ㅇ"으로 적히게 된것이다.

중간본에서는 "ㄴ"구개음화의 역표기형으로 보여지는 유일한 례가 있다. "너기게<녀기게>"(擬, 20:31a)가 그것이다. 여기서 초간본의 "너기-"와 중간본의 "녀기-"의 차이는 단순한 표기차이로 해석되여서는 안될것이다. 다음의 례를 보자.

---

8) 이른바 "구개성변이음(口蓋性變異音)"이란 특정한 음성적환경에 따라 구개음으로 실현된 한 음소의 변이음(變異音, allophone)을 말한다.

(9) a. 左는 왼녀기라(훈언, 13)

　　a´. 方面은 녀기라 ᄒᆞᆺᄒᆞᆫ 마리라(석상, 19:22)

　　b. 憫然은 어엿비 너기실 씨라(훈언,1)

　　b´. ᄠᅳ들 올히 너기샤(월인, 33)

(9)에서 보다 싶에 15세기에 나온 초기문헌들에서는 "너기-"와 "녀기-"가 엄격하게 구별되었다. "너기-"가 "헤아릴 擬"에 해당하는 뜻을 가진데 반해 "녀기-"는 "방향, 쪽"의 뜻을 가지고 쓰였다. 때문에 중간본에서 "너기-"로부터 "녀기-"가 나온 현상에 대해서는 "ㄴ"구개음화의 역표기로 보는 외에 따로 해석할 방법이 없다. 그렇다면 이것은 적어도 17세기 초반의 경상도지역에서는 "ㄴ"구개음화가 완수되었음을 확인시켜주는, 매우 중요한 의의를 지니고있는 례이다. 물론 중간본의 표기에는 "녯"(舊, 18:9b)과 같이 구개음화가 이루어지지 않은것들이 존재한다. 따라서 중간본에 초간본의 규범이 강력하게 작용하였다는 사실은 부인할수 없다.

3.1.2.3 "ㄷ, ㅌ"구개음화

"ㄷ"구개음화는 치조음 /t/가 경구개모음 /i/나 경구개반모음 /j/앞에서 경구개음 /tɕ/로 변하는 현상으로 음운적변화에 속한다. 초간본과 중간본을 비교해보면 중간본시기 상당히 많은 량의 "ㄷ"구개음화가 이루어졌음을 알수 있다. 중간본에 나타난 "ㄷ"구개음화 현상을 그것이 나타나는 환경에 따라 분류해보자.

(10) a. 가마오디<가미오지>(7:5a), 검디<검지>(23:8b),

　　　먹디<먹지>(17:19a), ᄆᆞᄅᆞ디<ᄆᆞᄅᆞ지>(6:5b),

　　　잇디<잇지>(有, 7:14a), 너기디<너기지>(7:11b),

　　　아디<아지>(知, 7:17a), 절ᄒᆞ디<절ᄒᆞ지>(17:4a),

어딘<어진>(25:32b), 모딘 버미<모진 버미>(16:37a),
닙디<닙지>(8:68a), 티딜엇고<티질엇고>(冲, 21:9b)
b. 디위<지위>(節, 7:32a), 디펫노라<지펫노라>(倚, 8:37a),
딕먹ᄂᆞ니<직먹ᄂᆞ니>(啄, 11:21b), 디나ᄃᆞ록<지나ᄃᆞ록>(17:18b),
디놋다<지놋다>(落, 12:31a), 됴호미<죠호미>(3:38a),
뎌리<져리>(寺, 9:17b), 뎌주우메<져주우메>(8:55b),
뎌른<져른>(12:29a)

(10a)는 비어두에서, (10b)는 어두에서 치조음 /t/가 구개음화를 일으
켜 /tɕ/로 변한 경우이다. 중간본에는 량적으로 전자의 변화가 후자의 변
화보다 더 많이 발견된다.

(10b)의 "ㄷ"구개음화는 또다시 "디위<지위>", "디펫노라<지펫노라>"
와 같이 /i/앞에서 실현된것과 "됴호미<죠호미>, 뎌리<져리>"처럼 /j/앞
에서 실현된것으로 갈라볼수 있다.

구개음화는 일반적으로 고유어에서 일어나는 현상임에 반해 중간본에
는 "댱샹<쟝샹>"(常常, 8:28a)"과 같이 한자어의 경우에도 "ㄷ"구개음화가
나타남을 발견할수 있다. 하지만 이들만을 토대로 구개음화가 17세기초
반에 경상도를 비롯한 동남지역에서 완수되였다고는 판단할수 없다. 그
런데 중간본에는 아래와 같은 "ㄷ"구개음화의 역표기형이 등장하고있다.

(11) a. 가딘<가딘>(持, 17:10b), 가지<가디>(枝, 17:5b),
오직<오딕>(7:12a), ᄒᆞ고져<ᄒᆞ고뎌>(11:36b),
훈가지<훈가디>(16:33a), 고지<고디>(花, 15:6b),
드리고져<드리고뎌>(11:28b), 저지고<저디고>(11:24b),
가쥬리라<가듀리라>(攜, 8:34a)
b. 지븨<디븨>(9:14a), 지ᄂᆞᆫ<디ᄂᆞᆫ>(負, 7:39a),
짓ᄂᆞᆫ<딧ᄂᆞᆫ>(作, 9:39a), 디로다<지로다>(15:26b),
져그니<뎌그니>(14:20a), 지튼<디튼>(羽, 15:33b)

(11a)와 (11b)는 각기 (10a), (10b)의 변화로부터 류추된 역표기형이다. 이것은 당시 중간본 기사자가 초간본을 옮겨적으면서 의고(擬古)적표기를 지향한데 말미암은것으로서 비록 과도수정의 결과로 나타나지만, 이와 같은 오기의 례에서 우리는 중간본이 나온 당시 적어도 동남방언에서 이미 "ㄷ"구개음화가 완수되였음을 판단할수 있다. "ㅈ"이 "ㅣ"나 반모음 앞에서 "ㅊ"으로 적혔다는 사실은 이미 구개음화가 전반적으로 완수되여 중간본 기사자의 문자의식에는 "가지", "지븨"의 "지"와 "가디", "지츤"의 "디"가 서로 전등(全等)한 음절, 즉 /tɕi/를 표기하기 위한 기호로 의식하고 있었음을 전제하여야 하며, 그러한 문자의식을 가진 사람만이 "디"를 "지"로 적을수 있었고, 반대로 "지"를 "디"로 쓸수 있었을것이기 때문이다.[9]

그럼에도 불구하고, 중간본에는 "ㄷ"구개음화가 되지 않은 례가 상당히 많다.

(12) a. 모딘 새(17:11a), 두디 몯ᄒ면(17:24b), 니ᄅ디 말라(17:24b),
　　　　妖怪ㅣ롭디 아니ᄒ니(3:60a), 닐위디 못ᄒ리로소니(3:59a),
　　　　업디 아니ᄒ니(7:35b), 足디 몯ᄒ니(17:21b)
　　　b. 디나가디(17:20b), 디내니(17:23a), 딕먹게 ᄒ야(17:1b),
　　　　디는 나래(17:18b), 됴ᄒᆫ 짜해(1:57a), 뎌른 술윗(1:27b)

(12a), (12b)는 각각 비어두와 어두에서 "ㄷ"구개음화가 실현되지 않은 경우이다. 이것은 당시 중간본을 만들면서 초간본에 충실하려는 문헌기사자의 태도와, 문자가 가지고 있는 보수성의 한계에 따른것이라 하겠다.

"ㅌ"구개음화는 치조음 /t'/가 경구개모음 /i/나 경구개반모음 /j/앞에서

─────────────
9) 이에 관해서는 안병희(1957)의 견해를 참조하였다.

경구개음 /tɕʻ/로 변하는 현상으로서 사실상 "ㄷ"구개음화의 변종이다.

 (13) a. 고텨<고쳐>(23:30a), 애와텨<애와쳐>(憤, 24:8a),
    담 ㄱ티<담 ㄱ치>(25:52b), 무텨<무쳐>(點, 15:12b),
    고티이노라<고치이노라>(11:33a), 브텨<브쳐>(11:5b),
    노티<노치>(放, 8:32b), 됴티<됴치>(3:50b),
    두위텨<두위쳐>(飜, 3:11a), 거텻ᄂᆞ뇨<거쳇ᄂᆞ뇨>(卷, 3:36a),
    기틸가<기칠가>(眙, 6:44a)
   b. 티고<치고>(打, 11:14a)
   c. 壯티 몯ᄒᆞ도다<壯치 몯ᄒᆞ도다>(17:9a),
    蕃盛티 몯ᄒᆞ얫도다<蕃盛치 몯ᄒᆞ얫도다>(8:32b),
    議論티 몯ᄒᆞ리로다(8:12a)

 보다싶이 "ㅌ"구개음화는 (13a)와 같이 대부분 비어두에서만 발견되는데, 특별한 리유가 있다기보다는 조선어에 워낙 "티", "텨" 등으로 시작하는 형태가 드물기 때문일것이다. (13b)처럼 어두에서 발견되는 경우는 아주 드물다. 또한 (13c)와 같이 한자로 표기된 한자어 아래에서도 "ㅌ" 구개음화가 발견되는데, 이것은 (13a)의 변화가 일반화되면서 생긴 현상으로 간주된다.

 (13a~c)를 종합하면, "ㅌ"구개음화도 t'→t'ɕ/_i, t'→t'ɕ/_j로 실현되는데, 거센소리 "ㅌ"이 "ㄷ"+"ㅎ"으로 이루어졌기에, "ㅌ"구개음화는 사실상 "ㄷ"구개음화와 같은 성질의것으로 분류된다. 여기서 전자의 변화가 먼저 생겨났음은 주지의 사실이다.

 "ㄷ"구개음화의 그것과 마찬가지로 중간본도 "ㅌ"구개음화가 완수되였음을 보여주는 과도역표기가 존재한다.

 (14) a. ᄉᆞᄆᆞ치ᄒᆞ놋다<ᄉᆞᄆᆞ티ᄒᆞ놋다>(通, 11:24a),

스치노라<스티노라>(想, 11:34a), 횟비츨<횟비틀>(7:3a),
ᄀᆞ숪비치<ᄀᆞ숪비티>(25:25b), ᄀᆞᄅ쳐<ᄀᆞᄅ텨>(引, 22:52a),
아쳐러ᄒᆞᄂᆞ다<아텨려ᄒᆞᄂᆞ다>(厭, 25:22b)
b. 칩디 아니ᄒᆞᆯ식<팁디 아니ᄒᆞᆯ식>(14:71a),
청ᄒᆞ거든<텽ᄒᆞ거든>(請, 11:11b)

(14a)와 (14b)는 각기 비어두와 어두에서 나타나는 "ㅌ"구개음화의 과도
역표기현상이다. 아래 (15)의 례를 념두에 두면, 이들은 모두 중간본에서
초간본을 수정하면서 의고적표기를 지향한데서 비롯된것으로 파악된다.

(15) a. 百姓 ᄀᆞᄅ치시는 正ᄒᆞᆫ 소리라(훈언,1)
　　a′. ᄀᆞᄅ칠 교 敎(훈몽, 하:32)
　　b. 流通ᄋᆞᆫ 흘러 ᄉᆞ마춘씨라(훈언, 1)
　　b′. 므레 ᄉᆞᄆᆞ촌 돐비치 ᄀᆞᆮᄒᆞ야(몽법, 43)

따라서 당시 현실발음에 부합되는 표기는 중간본의 표기가 아니라 초
간본의 표기임을 알수 있다.

물론, "ㄷ"구개음화의 경우와 마찬가지로 중간본에는 "ㅌ"구개음화가
실현되지 않은 례가 상당수 존재한다. "ᄀᆞ리텨(遮, 17:9b)", "便安티(18:14a)"
와 같은 례들이 많이 발견되는데 여기서는 일일이 라렬하지 않겠다. 이들
도 문자의 보수성과, 되도록이면 원본에 충실하려는 기사자의 의도에서
비롯된것임은 더 말할나위가 없다.

3.1.2.4 "ㄱ"구개음화와 "ㅎ"구개음화

"ㄱ"구개음화는 연구개음 /k/이 경구개모음 /i/나 경구개반모음 /j/앞에
서 경구개음 /tɕ/로 변하는것으로서 일종 방언적인 현상이다. "ㄱ"구개음
화는 ≪촌가구급방≫(1571~1573)에서 처음 나타나고 ≪두시언해≫ 중간

본, 《미타참략초》의 《넘불보권문》(1704), 《현씨행적》(1776), 《림종정넘결》(1741) 등의 경상도에서 간행된 문헌에서 잇달아 발견된다. 그중 《두시언해》 중간본에는 오직 2개의 례만 발견(그중 하나는 역표기형이다)되는데, 그 수가 적음에도 불구하고 17세기초반 경상도지역에서 "ㄱ"구개음화의 진행상황을 반영하는 중요한 자료가 되고있다.

(16) a. 봄과 겨스레<져으레>(冬, 7:28b)
　　 b. 기르마 지흔<기흔> ᄆᆞ롤(鞍, 11:31b)

(16a)는 어두의 연구개음 /k/가 뒤따르는 반모음 /j/에 동화를 입어 경구개음 /tɕ/로 변한 사실을 보여주고 있으며 (16b)는 모음 /i/앞에서의 k>tɕ역표기형을 보여준다. 이와 같은 사실은 중간본 전후시기에 경상도에서 간행된 기타 문헌들에서도 확인된다.

(17) a. ᄀᆞ을과 져을과(넘불:4), 젼줄 듸 업고(넘불:4)
　　 b. 사ᄃᆞ새지롬(油, 쵼가), 주검을 지ᄃᆞ리며(림종:2)

우와 같은 례들을 통해 우리는 중간본시기 해당지역에서 "ㄱ"구개음화가 /i/나 /j/앞에서 모두 실현되였음을 알수 있다.

"ㅎ"구개음화는 모음 /i/나 반모음 /j/앞에서 후음 /h/가 구개음 /ɕ/로 바뀌것으로서 역시 방언적인 현상이다. "ㅎ"구개음화는 16세기말의 전라도방언을 반영한 《사법어록》(송광사판, 1577)에 처음 모습을 드러내면서 《두시언해》 중간본, 17세기문헌인 《첩해신어》(1676), 《역어류해》(1690) 등과 18세기문헌인 《현씨행적》(1776), 《한청문감》(1779) 등에 잇달아 등장한다.

"ㅎ"구개음화 현상과 관련하여서는 중간본에 단 하나의 례만 발견될뿐이다.

(18) 나모지는 길흐로 혀<셔>가고(引, 14:30a)

우의 례는 어두의 /h/가 /j/앞에서 동화를 입어 /ɕ/로 바뀐 경우를 보여주는데, 이것만을 갖고서는 중간본시기 "ㅎ"구개음화 현상의 전모를 제대로 파악할수 없다. 때문에 우리는 동일한 현상을 반영하고있는, 중간본이외의 기타 문헌들을 살펴볼 필요가 있다.

(19) a. 유로셩셩뎨(有老成兄弟, 사법어,15),
        샹을 쑬고(燒香, 현씨, 3), 션젼아미타불(現前阿彌陀佛, 현씨, 3)
     b. 館中도 심심ᄒ매(첩해, 9:11), 실흠ᄒ다(역어, 하:23),
        부체임 심으로(현씨, 3)

(19a)와 (19b)는 각각 /j/, /i/앞에서의 "ㅎ"구개음화 현상을 보여준다. 이들 례가 나타나는 해당 문헌의 간행순서로부터 우리는 "ㅎ"구개음화가 16세기후반 내지 17세기초반에 전라도, 경상도를 중심으로 한 남부방언에서 발생하여서 점차 중부방언에로 그 영향을 넓혀나갔음을 추정할수 있다. ≪역어류해≫ 등과 같이 중부방언을 반영한 문헌들에는 17세기후반에 이르러서야 "ㅎ"구개음화의 례가 나타난다는 사실이 이것을 증명해준다. 즉, 중간본이 간행된 17세기초반의 남부방언에는 "ㅎ"구개음화가 존재하였으나 서울을 중심으로 한 중부방언에는 아직 이런 현상을 모르고 있었던것이다.

지금까지 우리는 ≪두시언해≫ 초간본과 중간본의 비교를 중심으로 15세기후반～17세기초반사이의 구개음화현상의 진행상황에 대해 살펴보았다. 구개음화는 일부 방언에서 발생하여 시간과 공간에 따라 조금씩 다른 모습을 보이면서 점차 그 영향을 넓혀갔다. 적어도 17세기초반에 ≪두시언해≫ 중간본에는 "ㅈ, ㅊ"구개음화와 "ㄴ"구개음화, "ㄷ, ㅌ"구개음화, "ㄱ"구개음화, "ㅎ"구개음화 등이 모두 반영되고 있음을 알수 있었다.

3.1.2.5 변화의 원인

구개음화는 동화현상의 일종으로 입말에서 발음의 경제성을 추구하기 위한 노력에서 비롯되었다. 그동안 구개음화 현상과 원인에 종합적인 연구가 많이 진행되였으므로, 여기서는 중간본시기 구개음화현상에 대해 왜서 지역적차이를 가지고 존재하는지, "ㄷ, ㅌ"구개음화는 어두에서나 비어두에서 다 실현되는데 왜 "ㄱ"구개음화, "ㅎ"구개음화, "ㄴ"구개음화는 어두음절에서만 실현되는지에 대해 집중적으로 살펴보고저 한다.

앞에서 본바와 같이 중간본시기 구개음화에 관해서는 심한 지역적차이가 존재한다. "ㅈ, ㅊ"의 구개음화는 17세기초반에 서북지역을 제외한 거의 모든 지역에서 이미 일반화되였으나, "ㄷ, ㅌ"구개음화는 당시 경상도를 중심으로 한 동남방언에서 완성되였지만 아직 기타 지역에까지 그 영향을 넓히지 못했던것으로 짐작된다. "ㄱ"구개음화는 16세기후반~17세기초반에 함경도방언과 경상도방언에서 모습을 드러내기 시작하였는데, 그 영향을 아직 중부방언에까지 미치지 못하였다. "ㅎ"구개음화는 전라도, 경상도방언에만 존재했던것으로 보여진다.

그렇다면 구개음화는 이러한 지역적차이를 갖고 존재하게 되는것일까? 특히 평안도를 비롯한 서북방언에서는 오늘날까지도 "ㄷ, ㅌ"구개음화가 실현되지 않는데 그 리유는 무엇일까?

이것은 주로 사회언어생활의 변화와 같은 언어외적인 요인과 관련되는것으로 생각된다. 16세기이래 상품화폐경제가 점차 발전하게 되고 새로운 문물에 접촉하게 되면서 사회생활에서 일정한 변화가 일어나게 되었는데, 봉건적인 지역적분산성과 폐쇄성이 깨여지기 시작하고 봉건적인 신분제도가 흔들리기 시작함에 따라 일반 언중들의 언어생활에서도 차츰 변화가 일어나게 되였다. 장시를 비롯한 상업활동이 발전함에 따라 활발해진 주민들의 접촉과 류동은 지역적방언들의 교차를 가져오게 하였는데 그것은 일련의 언어적변화를 낳게 하였다.

특히 1592년부터 1598년사이 두차례에 걸친 임진왜란은 조선시대 최대 사건으로 정치, 문화 경제와 일반 백성들의 생활과 언어, 풍속에 이르기까지 막대한 영향을 끼쳤는데 전쟁으로 인하여 외래민족과의 접촉이 불가피하게 되였고, 따라서 외래어와 고유어간의 접촉이 전례없이 활발해지게 되였다. 전국적범위에서 의병활동과 피난행렬이 속출하는 등 대규모적인 인구이동이 발생하였으며 사회적으로 방언의 접촉과 융합이 끊임없이 일어나면서 언어변화가 가속되였던것이다. 구개음화현상이 지역성을 띠게 된것은 특정한 력사적시기 사회문화적인 요소와 갈라놓을수 없다.

다만 평안도를 비롯한 서북방언에서는 아직까지 "ㄷ, ㅌ"구개음화가 실현되지 않는데 그 리유는 이들 지역에서 자음 "ㅈ", "ㅊ"가 여전히 [ts], [ts']로 발음되기 때문인것으로 보인다.10) 앞에서 언급했듯이 16세기에 들어서면서 "ㅈ", "ㅊ"는 치조음 [ts], [ts']에서 구개음 [tɕ], [tɕ']로 변하였는데, 서북방언에서는 "ㅈ", "ㅊ"의 구개음화조차 진행되지 않았기

---

10) 그런데 한영순(1956)은 평안북도 의주, 피현 지방의 말에서는 서북방언의 일반적특성과는 달리 "ㅅ", "ㅈ"가 [ɕ], [tɕ]로 조음된다는 사실을 보고한다. 그는 /ɕ/는 대체로 /s/에 합류하였는데, "전통적인 특성을 보유한 늙은 주민들에게서만 불규칙적으로 남아있는 잔존적음운"이라 하였으며, "ㅈ"에 대해서는 이 방언의 [ts]에 서울지방의 [tɕ]가 대응하는것으로 보고있다.

때문에 17세기는 물론 오늘날까지도 "ㄷ, ㅌ"의 구개음화가 일어나지 못하는것이다.

앞에서 "ㄷ, ㅌ"구개음화는 비어두음절과 어두음절에서 다 실현되는데 반해 "ㄱ"구개음화, "ㅎ"구개음화와 "ㄴ"구개음화는 어두에서만 실현된다는 사실을 확인하였다. 주목해야할것은 "ㄷ, ㅌ"의 구개음화는 어두와 비어두음절중, 후자의 위치에서 더 많이 발견된다는것이다.

사실 비어두와 어두에서의 "ㄷ, ㅌ"구개음화는 17세기초반에 비로소 나타나는것이 아니라, 16세기문헌에서도 간혹 발견되는데 전체적인 경향을 보면 여전히 비어두음절에서 더 많이 나타난다.

> (20) a. 띄쟝가리(촌가), 오직(계초, 2/사법어, 5)
> b. 지혜(몽산, 42), 인과 쳔과롤(人天, 사법어, 25)

"ㄷ, ㅌ"구개음화는 맨처음 비어두음절에서부터 일어나 점차 어두음절에까지 확대된것이다. 이와 같이 구개음화가 어두음절에서보다 비어두음절에서 먼저 일어났다는 사실은 다음과 같이 한 문장내에 "ㄷ, ㅌ"구개음화가 일어날수 있는 조건을 갖춘것들이 어두음절과 비어두음절의것이 동시에 출현할 때의 표기현상을 보아서도 쉽게 확인할수 있다. 중간본에서 례를 찾아보면 다음과 같다.

> (21) a. 내의 病 됴치 못호몰 어엿비 너겨(3:50b)
> b. 길 녈 사르미 디나가지 아니ᄒ야셔(6:41b)
> c. 노폰 城을 디나놋다...블근 여르믄 時로 뼈러뎜직ᄒ니(6:16b)
> d. 冠을 고치이노라... 시내롤 조차 디거늘(11:33b)

(21)의 밑줄 그은 례들을 보면, 한 문장내에 "ㄷ, ㅌ"구개음화될수 있

는 조건을 갖춘것들이 2개 이상 출현할 때에는 비어두음절의것이 구개음화된 표기로 나타나지만, 어두음절의것은 구개음화가 실현되지 않은 표기로 나타난다. 이것을 단순히 중간본 기사자들의 표기의식에 비롯된것이라고할수는 없을것이다.

"·"의 비음운화, "스, 즈, 츠>시, 지, 치"의 전설모음화 등과 마찬가지로 "ㄷ, ㅌ"구개음화는 비어두음절에서부터 어두음절에로의 확산을 경험하였는데, 이는 조선어음운변화에서 일반적인 현상이였다. 맨처음 비어두에서 일어나던 "ㄷ, ㅌ"구개음화는 력사적인 시간선상에서 발음은 좀 더 쉽게 내기 위한 노력에 의해, 어두위치로까지 확대였던것이다.

그런데 "ㄱ"구개음화, "ㅎ"구개음화, "ㄴ"구개음화가 어두음절에만 일어난다는것은 음운변화의 일반적인 경향에 벗어나는것처럼 보인다. 이것을 해석하기에 앞서 우리는 먼저 이들 구개음화의 출현순서를 되짚어볼 필요가 있다. 우선 음운변화로서의 "ㄷ, ㅌ"구개음화, "ㄱ"구개음화는 "ㅈ, ㅊ"구개음화를 전제로 한다. 즉 치음 [ts], [ts']가 구개음 [tɕ], [tɕ']로 실현되여야만 기타 구개음화현상도 비로소 생겨날수 있는것이다. 다음, 구개음화현상은 거의다 방언에서 시작되였는데 앞서 언급했듯이 "ㄷ, ㅌ"의 구개음화는 "ㄱ"구개음화, "ㅎ"구개음화, "ㄴ"구개음화보다는 좀 더 이른 시기에 생겨난것으로 보인다. 구개음화현상을 일련의 규칙변화로 설명한 홍윤표(1985)는 "ㄷ, ㅌ"구개음 비어두음절에서 시작되어 어두음절로 적용령역이 확대된 단계에서 "ㅎ"구개음화규칙과 "ㄱ"구개음화규칙이 발생하였기 때문에 "ㅎ"구개음화규칙과 "ㄱ"구개음화규칙의 적용령역은 어두음절로 한정될수밖에 없었다고 해석한다. 이에 따르면, 방언에서 나온 "ㄷ, ㅌ"구개음화는 어느 한 력사적시점에 비어두보다 어두에서 오히려 더 큰 생산성을 가지고 나타났는데, 후기적발생인 "ㄱ"구개음화나 "ㅎ"구개음화는 이에 류추되여 일반적으로 어두에서만 실현되었다고 볼수 있다.

"ㄴ"구개음화에 대해서는 좀 더 설명을 해둘 필요가 있다. 조선어의 음절구조는 "CVCVC"구조, "CVCVV"구조나 "VCVCV"구조가 일반적임에 비해 "CVVVV"와 같은 구조는 드물게 존재한다. 그것은 성절음인 모음이 앞뒤로 이어진다면 련속되는 성대의 진동으로 발음이 불편할뿐만아니라 그 표현적효과도 떨어지기 때문이다. 비록 /n/이 /i/나 /j/앞에서 음성적변이를 거쳐 [ɲ]로 실현되었다고 하지만 그 [ɲ]는 음운론적 변별력이 약한 구개성비음이기에 비어두위치에서는 앞뒤 모음과 쉽게 구별이 이루어지지 않았다. 때문에 "ㄴ"의 구개음화는 발음상의 편리와 변별력을 확보하기 위해서도 어두위치에서만 일어나게 되었던것이다.

3.1.3 된소리화, 거센소리화의 확대 및 원인

3.1.3.1 된소리화의 확대

된소리는 어중에서 순한소리의 변종으로 고대조선어에도 존재하였다.[11] 하지만 그것이 어두에서 자립적음운의 자격을 가지고 순한소리와 대립하게 된것은 후기적현상이다. 15세기에 나온 훈민정음의 문자체계에는 엄연히 "ㄲ, ㄸ, ㅃ, ㅉ, ㅆ, ㆅ"이 반영되어 있어 당시 된소리가 조선어자음체계에서 순한소리와 확고한 대립관계를 보이며 독자적인 계렬을 형성하였을것이란 판단을 할수 있다. 그러나 "ㄲ, ㄸ, ㅃ, ㅉ, ㅆ, ㆅ"은 주로 한자교정음의 표기에 사용되었으며 이중에서도 "ㄲ, ㄸ, ㅃ, ㅉ"은

---

11) 리기문(1998)은 고대어에서도 속격의 "ㅼ(ㅅ)"이나 동명서어미의 "ㅭ(ㄹ)"뒤에 오는 단어의 두음 "ㅂ, ㄷ, ㅅ, ㅈ, ㄱ" 등이 된소리로 발음되였던것으로 추측하고있다.

어두에 독립적으로 존재한 일이 없으며 간혹 쓰였다면 어중에서 다른것과의 등가관계로 쓰였다는 사실을 상기한다면, 당시 된소리는 하나의 계렬을 이룰만큼 전면적인것이 아니였던것으로 파악된다.

그런데, 앞의 2.2에서 어두합용병서의 변화를 다루면서 언급한바 있지만 ≪두시언해≫ 중간본의 경우, 초간본에 비하여 "ㅴ>ㅺ", "ㅴ>ㅲ" 및 "ㅲ>ㅺ", "ㅳ>ㅼ" 등의 표기상변화가 있었다. 초간본의 강력한 영향아래 있었으리라 추정되는 중간본에서 비록 소수의 례라고는 하지만 이러한 변화는 시사하는바가 크다. 즉, ≪두시언해≫ 초·중간본에 드러난 변화야말로 15세기후반~17세기초반의 현저한 언어사실을 최소한으로 반영한 것이라고 볼수 있다는것이다.

또한 15세기문헌에 "ᄭᅩ리, ᄯᅡᇂ, ᄲᅧ", "ᄢᅢ니, ᄣᆞ리니"로 나타나던것들이 그뒤 "꼬리, 땅, 뼈", "깨니, 때리니"로 나타나는것을 보아서는 17세기에 당시"ㅅ"계 어두자음군의 된소리화가 이루어진것으로 판단된다. 만약 "ㅅ"계 어두자음군이 중간본시기 된소리로 발음되였다면 중간본에서 "ㅴ>ㅺ", "ㅴ>ㅲ" 및 "ㅲ>ㅺ", "ㅳ>ㅼ" 등의 표기상변화는 "ㅄ"계 및 "ㅂ"계 어두자음군도 "ㅅ"계의 그것과 마찬가지로 된소리로 발음되였음을 강력히 암시하고있다. 특히 "ㅺ"과 "ㅲ"이 구별없이 쓰였다는 사실은 "ㅴ, ㅺ, ㅲ" 등이 모두 동일음으로 완전히 된소리화하였음을 시사한다. 중간본에는 비록 "ㄲ"의 표기가 나타나지 않지만, 그 시기에 어두의 "ㅲ", "ㅴ", "ㅺ" 등이 발음상 구별되지 않았다는점에서도 이들이 사실상 된소리 "ㄲ"에 대한 표기상 변종으로 쓰였다는 사실을 보아낼수 있다. 마찬가지로 "ㅳ, ㅼ"도 중간본시절에는 된소리로 발음되였던것이다. 또한 초간본의 "ㅽ"이 중간본에서 "ㅃ"으로 바뀐것이라던지, "ㅄ"이 "ㅆ"으로 표기된 것을 통해서도 당시 이들이 [p'], [s']로 발음되였다는 사실을 알수 있다.

대부분의 어두자음군은 현대조선어에 와서 모두 된소리로 바뀌였는데 이들 어두자음군은 그 마지막 자음만이 공고하게 유지되는 동시에 그것이 상응하는 된소리로 변하고있다. 따라서 "ㅴ"이나 "ㅳ"과 같은 표기가 점차 "ㅺ"이나 "ㅼ"과 같은 표기로 넘어가는 현상은 곧 어두의 자음결합으로 나타나던 각각 하나의 된소리로 변한것이라 추정할수 있다.

비록 15세기의 초기문헌들에서 간혹 "스다~쓰다(寫)", "소다~쏘다(射)"와 같이 어두의 "ㅅ"이 "ㅆ"으로 교체되는 례가 나타나지만, 순한소리의 본격적인 된소리화는 그뒤 15세기후반부터 이루어졌다.

(22) 그ᅀᅥ<ᄶᅳ서>(19:28b/8:66b)

(23) a. 쇗도다<ᄲᅫᆺ도다>(射, 25:50b), 소니<ᄲᅩ니>(射, 24:33a),
쇗도다<ᄲᅫᆺ도다>(25:50b)

b. 스즈니<쓰스니>(拭, 24:19a), 사이슈미<싸이슈미>(疊, 24:6b),
스고<쓰고>(戴, 15:6b)

(24) a. 디허<ᄯᅵ허>(搗, 초간본, 7:37a/태산, 31)

b. 구지저<ᄭᅮ지저>(초간본, 20:32b/권념, 23)

(22), (23)은 ≪두시언해≫ 초·중간본에 직접적으로 확인되는 순한소리의 된소리화현상이다. 특히 "ᄶᅳᇫ-"의 형태는 이미 초간본에도 나타나는데, ≪법화경언해≫(3:156), ≪선종영가집언해≫(하:7), ≪구급간이방언해≫(3:17) 등 15세기후반의 문헌들에서도 확인된다. (24)의 변화는 ≪두시언해≫에 직접 드러나는것이 아니라, 초간본과 17세기초반의 기타 문헌들의 비교를 통해서 확인된다. 중간본의 의고적인 표기방식으로 인하여 겉으로 표현되지 않았을뿐, 된소리화현상이 분명히 내재되여 있었던것이다.

이와 같이 15세기후반~17세기초반에 본격적으로 확대된 어두자음군의 된소리화와 순한소리의 된소리화는 중간본의 ≪두시언해≫ 간행될 무렵, 조선어자음체계에서 된소리계렬이 확고한 위치를 가지고 전면적으로 확립되는데 결정적인 역할을 하였다.

3.1.3.2 거센소리화현상의 확대

거센소리화는 고대조선어의 후반기에 발생하였는데 처음에는 어중에서 만 존재하던것이 점차 어두위치에서까지 나타나게 됨으로써 고려시기부 터는 그것이 순한소리와 대립하는 음운으로서 하나의 계렬로 확립되였 다.12) 그러나 조선어발달사에서 거센소리의 등장은 어디까지나 후기적발 생인것으로서 초간본이 간행된 당시에도 거센소리는 어중에서 많이 나타 날뿐, 어두에서는 "ㅌ, ㅊ"으로 된 어형이 더러 존재한것 외에, "ㅋ, ㅍ" 을 가진 어형은 불과 몇몇에 지나지 않았다. 그러나 그뒤의 력사적과정을 거치는 사이에 거센소리화현상은 꾸준히 확대되여 중간본시기에는 보다 광범위한 분포를 보여주게 되였다. ≪두시언해≫ 초간본과 중간본을 비 교해보면 다음과 같은 변화가 드러난다.

(25) a. 갈과<칼과>(6:5b), 갈홀<칼홀>(24:12a)
　　 b. 녁<녁>(9:4b), 녑<녑>(24:15a), 곳<곶>(15:33a),
　　　　 이스랏<이스랒>(15:23b)

(25a)와 (25b)는 각각 초성과 종성위치에서 일어난 거센소리화현상을 보여주고있다. 그중 "녁>녁"의 변화는 중간본에서 두드러지게 발견되는

---

12) ≪계림류사≫(1103~1104)에는 "乘馬曰轄打", "大曰黑根", "深曰及欣", "扇曰孛采"의 례가 나 타나는데, 여기서 "轄打", "黑根", "及欣", "孛采"은 각각 "타다", "큰", "기픈", "부치"의 표 기로서 고려시기에 "ㅋ, ㅌ, ㅍ, ㅊ" 등 거센소리는 이미 어두와 어중에서 음운으로서 계 렬을 이루고 존재하였음을 보여준다. "ㅋ"의 경우에는 다른것보다 뒤늦게 등장하여 조 선한자음체계가 확립될 당시 그것이 반영되지 않았지만 고려시기에는 엄연히 음운으로 서의 자격을 가지고 어두에까지 나타나게 되였던것이다.

데 굳이 례를 들 필요도 없이 여러 권차(卷次)에서 고루 모습을 드러낸다. "갈>칼"의 변화는 16세기문헌에도 나타나는데 그뒤로 계속 확대되여 나타난다. 초·중간본의 용례가 충분치 못하기에 기타 문헌의 용례를 더 제시한다.

(26) a. 肒 풀 걸(<불, 훈몽, 상, 25), 胘, 풀 굉(<불, 훈몽, 상, 26),
풀히 미면(<불, 분문, 7), 鼻 코 비(<고ㅎ, 신증, 상, 20),
鞘 칼가풀 쵸(<갈ㅎ, 류합, 상, 31) , 칼히(<갈ㅎ, 선가, 하, 94)
b. 칼(<갈ㅎ, 동신, 렬, 3:1/태산, 25/역어, 상, 66 등),
코(<고ㅎ, 가례, 2:7/경민, 10/로걸대, 하, 17/박통사, 중, 47 등),
탓(<닷, 두창, 상, 37/현풍, 8-4/첩해, 6:9),
풀무(<블무, 역어, 상, 20/박통사, 하, 29)

(26a)는 16세기문헌에 나타난 거센소리화현상을 보여주며, (26b)는 17세기의 문헌에서 거센소리화현상을 보여준다. 이로부터 조선어음운체계에서 거센소리화현상은 비록 비교적 이른 시기에 확립되였지만 그것이한 시대의 특징으로 볼수 있을 정도로 확산된것은 16, 17세기의 일이였던것이다. 거센소리화현상은 ≪두시언해≫ 중간본과 같은 시대에 간행된 ≪동국신속삼강행실도≫, ≪가례언해≫ 등에서는 이미 상당한 세력을 가지고 나타난다. 다만 ≪두시언해≫ 중간본에서는 거센소리현상이 상대적으로 위축된 모습을 보이는데 그것은 초간본의 기준에서 자유로울수 없었던, 보수적인 표기태도에 말미암은 것이다.

3.1.3.3 변화의 원인

3.1.3.3.1 된소리화의 확대원인

먼저 어두자음군이 된소리화된 원인에 대해 보겠다. 15세기이래 어두합용병서의 다양한 표기를 보이며 잔존한 어두자음군은 원칙적으로는 조선어의 음절구조가 용납하지 않는 매우 거북한 존재였다. 멀리는 알타이제어가 갖는 특징중의 하나가 바로 이 어두자음조직의 제약이다.

훈민정음창제이래 여러 문헌에 무수하게 나타난 어두자음군은 불안정하나마 어느 한 시기 조선어어두에 자음군이 존재했음을 알려주는것이었다. 그러나 어두자음군은 음절적으로 "CCVCV"구조, 심지어는 "CCCVCV"구조를 가지고 있어 조선어고유의 음절구조인 "CVCVC"구조, "CVCVV"구조, "VCVCV"구조 등과 필연적으로 상충하게 된다. 즉, 어두에서 자음이 련달아 놓이는것은 조선어의 일반적인 음절구조에는 어울리지 않는 불안정한 현상이였던것이다. 따라서 중세이래, 그와 같은 불안정한 상태에서 벗어나고저 했던 움직임이 일어났는데, 그런 모색이 곧바로 어두자음군의 된소리화로 이루어졌던것이다. 어두자음군의 된소리화는 제일 먼저 "ㅅ"계에서 시작으로 되였던것으로 보인다.

17세기에 완성된 어두자음군의 된소리화는 이후 각자병서의 표기로 현대조선어에 련결된다. 그러나 중간본이 간행된 17세기초반에는 여전히 어두에서 합용병서로 나타났으며 표기상 "ㅄ"계는 "ㅂ"계로, "ㅂ"계는 "ㅅ"계로 합류되였다.

계속하여 순한소리의 된소리화현상에 대해 알아보겠다. 대개 순한소리의 된소리화현상은 언어변화에 작용하는 표현성의 원리로 해석될수 있다. 즉, 순한소리를 강하게 발음함으로써 심리적으로 강세화를 표현하려는 욕구가 바탕이 된다. 원래 순한소리형과 된소리형의 짝으로 존재하던 어형들은 16, 17세기이래 된소리형만 남게 되였다. 그외, "겨다>쩌다", "갖다>깟다", "곳고리>꾀꼬리", "덧덧이>쩟쩟이", "둧두시>쏘쏘시" 등의 변화형도 발견되는데 이러한것들은 역행동화현상으로 설명될수 있다. "곳고리"의 경우, 먼저 내파음 /t/의 음가를 가진 받침 "ㅅ"은 후행하는 "ㄱ"을 된소리화시켜 "고꼬리"가 되게 하였는데 여기서 파생된 둘째 음절 "꼬"의 영향으로 첫음절의 "ㄱ"도 "ㄲ"로 된소리화된것이다. 따라서 순한소리의 된소리화현상은 넓은 의미에서는 모두 언어전달가운데에 나타난 강화현상의 결과라고 본다.

3.1.3.3.2 거센소리화의 확대원인

애초에 거센소리가 처음 발생하게 된것은 고대조선어에서 마찰음 /h/를 널리 사용된 사실에서 비롯되였다. 그 어떤 거센소리를 막론하고 /h/음의 영향으로 순한소리가 거센소리로 바뀐다. 순한소리가 "ㅎ"과의 결합적변화에 의해서 거센소리로 바뀌는것은 15세기문헌에서도 흔히 찾아볼 수 있는 일이다. 례를 들어 "걷ㅎ-"(월석, 2:53)가 "ㄱ틑"(월석, 2:55)로 된것은 종성 "ㄷ"과 뒤음절의 초성 "ㅎ"의 련속이 생기면서 거센소리로의 결합적변화가 일어난 경우이고, "됴하다"(선종, 서:9)가 "됴타"(구급간, 1:27)로 변하는것은 모음탈락에 의해서 "ㅎ"이 뒤의 순한소리와 련속하게 되면서 거센소리화가 일어나게 된것이다. 이러한 거센소리화 현상은 모두 어중에서 일어난것이라는 공통점이 있다.

중간본시기에는 어두위치에서도 거센소리화가 많이 이루어졌는데, 이것은 16세기이래 "ㅎ"종성체언의 "ㅎ"탈락[13]현상이 일어난 사정과 관련이 있다. 즉, "갈ㅎ"는 "칼"로, "고ㅎ"는 "코"로, "불ㅎ"은 "팔"로 된것은 "ㅎ"종성체언들에서 "ㅎ"이 탈락하는 과정에, 그 흔적을 어두순한소리에 남김으로써 이루어진것들이다. 다만 "넉ㅎ, 이스랏ㅎ, 녑ㅎ"의 경우에는

---

13) "ㅎ"종성체언의 "ㅎ"탈락현상에 대해서는 아래 5.1.1에서 다루게 될것이다.

"ㅎ"의 체언의 받침과 직접 결합하여 "녘, 이스랗, 녚"로 되였는데, 이들의 받침은 대개 뒤음절에 련철됨으로써 거센소리로 발음되였던것으로 보인다.

총적으로 15세기후반~17세기초반에 이루어진 거센소리화의 확대현상은 순한소리가 "ㅎ"과 만나는 자리에서, 그것과 축약됨으로써 발음을 간편하게 하기 위한 노력의 일환이였던것이다.

3.2 단모음의 변화

3.2.1 "·"의 변화

"·"의 변화와 관련하여서는 그동안 학계에서 다양한 측면에서 연구가 진행되였다. 안병호(1982:184)는 16세기부터 비어두음절에서 "ㅡ"를 비롯한 기타 모음들과 혼기되던 모음 "·"가 17세기후반에 어두음절에서 "·>ㅏ"로의 변화를 경험했는데, 18세기중반이후에는 일반화되였다고 하였다. 宣德五(1985)에서도 모음 "·"는 근대조선어시기 상당한 혼란을 겪다가 18세기에 소멸의 길을 걸었다고 한다.

이러한 "·"의 변화에 대해 일반적으로 비어두음절에서의 변화와 어두음절에서의 변화라는, 두개 단계에 걸친 과정을 경험하였다고 보는데 리기문(1969, 1972)은, 제1단계변화는 16세기후반에, 제2단계변화는 18세기중반에 일어난것으로 판단한다.[14]

───────────────

14) 리기문(1969, 1972)은 "변화" 대신 "소실"이라는 용어를 쓴다. 그것은 "·"가 력사적으로 비어두음절에서의 "·>ㅡ", 어두음절에서의 "·>ㅏ"를 거쳐 결과적으로 모음체계에서

그러나 문헌상 "·"의 변화를 보여주는듯한 례는 15세기에도 산발적으로 나타난다. 다음은 초간본이전시기의 일부 문헌에서 "·"가 표기상 다른 모음들과 교체되여 나타나는 례들이다.

(27) a. 논호아(석상, 9:19)~난호아(석상, 13:37),
　　　 츠린~차려(구급방, 상:73)
　　 b. 뽀로(석상, 6:7)~또로(원각, 서:2),
　　　 두외야(석상, 9:16)~도외어든(구급방, 하:38)

(27)에 제시된 례를 통해 15세기중반의 일부 문헌에서 어두음절의 "·"가 더러 "ㅏ, ㅗ"로 교체되고있음을 알수 있다. "·"의 변화가 비어두음절에서 어두음절로 이행한다는 사실을 고려할 때, (27a~b)에서 볼수 있는 "·"의 교체현상은 어두음절에 집중되여있다는 특징으로 나타난다. 그러나 우의 례들은 "·"의 교체가 특정한 모음을 향해 일정한 방향성을 보이는것이 아니라 일부 린접모음으로만 교체되는 모습을 보이고 있을뿐더러 문헌상에서도 극히 개별적인 현상으로만 존재한다. 따라서 이들은 "·"변화의 일반경향을 대표하는것으로 보긴 어렵다. 그러나 후기적문헌으로서 좀 더 현실적인 표기법을 지향한 초간본은 15세기후반 당시 "·"의 모습을 제대로 반영하는것은 물론, 중간본과의 비교를 통해 15세기후반~17세기초반 "·"의 변화를 추정할수 있는 기초를 마련해주기도 한다.

탈락(비음운화)하고 말았다는 사실을 나타내기 위함이다. 하지만 본 론문에서는 "·"는 전체적으로 조선어모음체계에서 탈락하는 과정에 놓여있지만, 해당 위치에서 단순한 소멸(loss)을 겪은것이 아니라 일부 린접모음으로 바뀌여 나타나고있는 사실을 반영하여 "변화(change)"라는 표현을 사용한다.

3.2.1.1 "ㆍ>ㅡ"변화

이 시기 대부분의 "ㆍ"의 변화는 비어두음절에서의 "ㆍ>ㅡ"를 반영하
는데 이들은 다시 형태소경계에서 나타나는것과 형태소내부에서 나타나
는것으로 대별된다. 초간본과 중간본에서 이와 관련된 례들을 찾아보이
면 다음과 같다.

(28) a. 자브면<자브면>(8:4a), 이른<이른>(6:52b),
　　　 몰근<몰근>(6:29b), 마ㄱ라<防, 16:19b>,
　　　 머리를<머리를>(17:22b), 알프로<알프로>(13:17a),
　　　 玉으로<玉으로>(15:32b), 東方으로<東方으로>(11:49a),
　　　 丹鳳은<丹鳳은>(18:15b), 變化호믈<變化호믈>(17:5a),
　　　 祭호믈<祭호믈>(11:9a)
　　 b. ㅎ믈며<ㅎ믈며>(21:33a), 셜흔<셜흔>(16:38a),
　　　 석자 남즉<석자 남즉>(18:13b), 하늘<하늘>(9:37b/10:44b)

(28a)는 비어두음절의 형태소경계에서 발생하는 "ㆍ>ㅡ"의 례들이다.
보다싶이 이와 같은 변화는 고유어와 토의 결합은 물론, 한자어와 토의
결합과 전성토 "-ㅁ"과 체언토의 결합에서도 모습을 드러낸다. (28b)는
비어두음절의 형태소내부에서 발생하는 "ㆍ>ㅡ"의 례들이다. 형태소내부
의 "ㆍ>ㅡ"는 형태소경계의 그것에 비해 상대적으로 적은데, 일반적으로
음운변화는 형태소경계에서 형태소내부에로 확대된다는점을 념두에 둘
때, 이것은 자연스러운 현상으로 간주된다.
　중간본에서 발견되는 대개의 례들이 우와 같은 변화를 보여주고있다는
점에서 비어두음절에서의 "ㆍ>ㅡ"의 변화를 짐작할수 있다. "ㆍ>ㅡ"의
역표기현상을 반영한 다음의 례들이 이러한 추정을 가능하게 해준다.

(29) a. 므를<므롤>(10:8a), 부드로<부드로>(6:11a),
　　　아자비는<아자비논>(8:31a), 늦므를<늦믈롤>(8:17b),
　　　方丈은<方丈온>(9:30b), 音律을<音律올>(8:49b),
　　　漢水를<漢水롤>(17:31a), 天闕山은<天闕山온>(9:27b)
　　b. 버드리<버드리>(6:5b), 슬프도다>슬프도다(6:30a),
　　　수픐<수픐>(15:56a), 서르<서르>(8:37a),
　　　서늘히<서늘히>(14:16a), 비느리<비느리>(17:26a)

　(29a)는 (28a)에 해당하는 "·>一"의 역표기형이다. 당시의 실제발음
과 15세기의 엄격한 모음조화현상을 고려할 때 "·"에 관한 표기는 당연
히 초간본을 따라야 했을것이나 중간본기사자들은 일부러 이들을 수정하
여 역표기형을 만들어내였던것이다. (29b)의 형태들은 원래 형태소자체에
모음 "一"가 들어있었지만 중간본에서 "·"로 적혀있는것을 보아서는
(28b)에 해당하는 "·>一"의 역표기현상임이 분명하다.

　역표기는 대개 의고적표기를 지향한 과도류추에서 비롯됨을 앞에서 지
적하였다. (29)와 같이 비어두음절과 어두음절에 나타난 "·>一"역표기
형들을 통해 우리는 초간본을 옮겨적은 중간본기사자들의 의식속에는 적
어도 비어두음절에서는 이미 "·>一"의 변화가 확고히 자리잡고있었음
을 알수 있다.

　비어두음절에서의 "·>一"변화는 앞에서 서술한 구개음화처럼 중간본
이 간행되였던 경상도지역에만 국한된것이 아닌것으로 보인다. 그것은
동일한 변화가 16세기를 시작으로 경상도뿐만아니라 중앙에서 간행된 여
러 문헌에서도 나타난다는 사실을 통해서 확인된다.

(30) a. 사름(<사룜, 속삼강, 효:4), 비릇(<비룻, 번소, 24),
　　　다으디(<다ᄋ디, 15), 다슴아븨(<다숨아븨, 이륜, 19),

마슬(<마술, 번소, 9:49), ᄀ득(<ᄀ독, 악장, 28)

b. 여둛(<여듧, 속삼강, 효:19), 거름(<거름, 속삼강, 효:19),
서릇(<서르, 분문, 17), 며느리(<며느리, 번소, 9:55),
녀름지이(<녀롭지이, 이륜, 2), 여슷(<소학, 5:5)

(30a)와 (30b)는 16세기에 간행된 여러 문헌들에서 발견한, 비어두음절 형태소내부의 " · >ᅳ"의 변화와 그 역표기형을 반영한 례들이다. 형태소 경계에서의 변화는 이 시기에 일일이 례를 들기 어려울만큼 상당한 정도로 보편화되었다. 특정 음운변화의 완성시기를 알려주는 중요한 현상가운데 하나로 알려진 역표기가 ≪이륜행실도≫ 등과 같이 경상도에서 간행된 문헌들과 ≪번역소학≫ 등의 중앙지역에서 간행된 문헌들에서 모두 발견된다는 사실에 비추어보면, 비어두음절에서의 " · >ᅳ"는 이미 16세기에 들어서서 급격히 진행되였으며, 중간본이 간행된 17세기초반에는 " · "의 1단계변화가 완성되였음을 알수 있다. 이를 통해 우리는 " · "의 변화와 관련된 리기문(1977) 등의 론의에서 16세기말에 비어두음절에서의 " · "의 비음운화가 이루어졌다는 기존의 주장을 검증할수 있다.

중간본이 간행된 17세기초반에는 " · "의 1단계소실을 반영하는 비어두음절에서의 " · >ᅳ"의 변화가 대부분인데, 소수에 불과하지만 어두음절에서도 " · >ᅳ"의 례가 발견되기도 한다.

(31) a. 터 닷가 돈<든> 집(3:39a), 프릭고<프릭고>(6:1a),
프론<프른>(7:36b), 홀글<홀글>(14:17b)
b. 프른<프른>(6:48b)

(31a)는 어두음절에서의 " · >ᅳ" 변화를, (31b)는 그 역표기형을 반영하고있다. 특히 "프론<프른>"의 경우는 어두음절과 비어두음절에서 모두

"ㆍ>ㅡ"가 실현된것으로서 특별한 주목을 끈다.

소수에 불과하지만, 이와 같은 변화는 다른 지역에서 간행된 동시대의 여러 문헌들에서도 확인된다.

(32) a. 흙(<ᄒᆞᆰ, 가례, 1:44), 붉고(<ᄇᆞᆰ고, 벽온, 6),
　　　ᄡᅳᄌᆞ며(<ᄡᆞᄌᆞ며, 동신, 렬:87)
　　 b. 프른(<프른, 마경, 하:73), 볼근(<블근, 동의, 1:16)

(32a), (32b)는 (31a), (31b)에 해당하는 례들이다. 그 수가 적기에 본격적인 변화로 인정할수 없지만, 적어도 17세기초반에 "ㆍ>ㅡ"는 어두음절에도 반영되고있었음을 보아낼수 있다.

3.2.1.2 "ㆍ>ㅏ", "ㆍ>ㅓ"변화

우에서 보다싶이 대부분의 "ㆍ"는 "ㆍ>ㅡ"의 변화를 경험했는데, 중간본에는 "ㆍ>ㅏ", "ㆍ>ㅓ"를 반영하는 소수의 례가 발견된다.

(33) a. 帷幄ᄒᆞ암직ᄒᆞ니아<帷幄하얌직ᄒᆞ니아>(6:31b),
　　　求ᄒᆞ아<求하야>(9:12a), 바ᄅᆞ랫<바라앳>(海, 8:25a),
　　　ᄇᆞᄅᆞ매<ᄇᆞ라매>(風, 11:19a), 나눌<나날>(9:16b),
　　　ᄀᆞ숨아랏도다<ᄀᆞ암아랏도다>(21:27b),
　　　디ᄂᆞ돈뇨매<디나돈뇨매>(15:4b)
　　 b. ᄒᆞ니<하니>(多, 9:29a/1:16b), ᄌᆞ모<자못>(17:5b),
　　　ᄐᆞ노라<乘, 탓노라>(3:39a)

(33a)는 비어두음절의 형태소경계와 형태소내부에서의 "ㆍ>ㅏ"를 보여주는데, 앞음절에 "ㅏ"나 "ㆍ"와 같은 모음이 들어있어, 모음동화로 간주될 가능성을 지니고있다. 하지만 "가온디<가온대>(6:34b)", "半만<半ᄆᆞᆫ>

(16:64a)"과 같이, 이중모음 "·ㅣ"가 "ㅐ"로 바뀐 형태나, "·>ㅏ"의 역표기형이 등장하는것을 보아서는 이들을 모두 앞음절에서 영향받은것이라 생각하기엔 무리가 있다. 비록 (33a)를 모음동화로 본다고 하더라도 비어두음절에서 발생한, "·>ㅏ"변화의 초기적현상으로 간주할수 있을것이다. 다만, 후술될바와 같이 이때의 "·>ㅏ"는 같은 위치에서의 "·>ㅡ"보다 시기적으로 늦은, "·"의 2단계변화에 속하는것으로 파악된다. (33b)는 어두음절에서의 "·>ㅏ"를 보여준다. 기존의 론의에 따르면, 어두음절에서의 "·>ㅏ"는 "·"의 2단계변화를 반영하는 대표적인 현상으로 간주된다.

그런데 "·>ㅏ"의 례는 다음과 같이 이미 16세기의 문헌에도 등장한다.

(34) a. 가온대(<가온ᄃᆡ, 소학, 2:39), ᄀᄆᆞ니(<ᄀᄆᆞ니, 분문, 19)
     b. 가ᄅᆨ(<ᄀᄅᆞ, 소학, 범례:1), 마술(<ᄆᆞ술, 번소, 9:49), 마ᄃᆡ(<ᄆᆞᄃᆡ, 훈몽, 하:13), 팔다(<ᄑᆞᆯ다, 15)

(34a)는 16세기의 문헌에서 비어두음절의 형태소경계와 형태소내부에 나타난 "·>ㅏ"의 변화를 반영한것들이다. (34b)는 어두음절의 "·>ㅏ"를 반영한것인데, 이와 같은 례들이 16세기초의 문헌에서 다수 발견된다는 사실은 송민(1986)의 주장보다 좀 더 이른 시기부터 "·>ㅏ"가 시작된것임을 말해준다. 이것은 "ᄉᆞᄅᆞᆷ(스룸, 륙조, 1:73)"과 같은 어두음절에서의 "·>ㅏ"역표기형을 통해서도 짐작할수 있다(중간본에서는 이와 같은 역표기형을 찾기 어렵다). 다만 중간본과 16세기문헌의 례를 모두 합해도 그 수가 얼마 안된다는 사실을 생각하면, 중간본시기는 "·"의 2단계변화로서의 "·>ㅏ"변화가 일반화된것이 아니라, 그 변화의 조짐이 일어난 시기였다고 볼수 있겠다.

(35) 더울둣호<더울덧훈>(11:18b), 님금 받줍둣<받잡덧>(17:3b), 어름 녹둣
     <녹덧>(24:13b)

(35)는 비어두음절에서의 "·> ㅓ"를 반영하는데 모두 형태소경계에서
나타난다. 중간본시기 문헌들에는 어두음절에서의 "·> ㅓ"가 나타나지
않는다. 전광현(1971)에 따르면 어두음절에서의 "·> ㅓ"는 18세기말에 가
서야 나타나는데, 비록 어두음절은 아니지만 17세기초반에 간행된 중간
본에서는 비어두음절에서 개별적으로 "·> ㅏ"가 실현된 례들이 발견된
다. 하지만 그에 관한 역표기현상은 좀처럼 찾아보기 어렵다.

3.2.1.3 "·>ㅗ"변화

중간본에는 초간본시기의 "·"가 "ㅗ"로 바뀐 례가 다수 보인다.

(36) a. 잇ᄂ니<잇노니>(11:26b), 드ᄂ니<드노니>(入, 23:2b),
        아니ᄒᄂ뇨<아니ᄒ노뇨>(22:13a)
     a´. 뫼ᄒ로<뫼호로>(15:44b), 못ᄃ록<못도록>(9:15b),
        바도ᄆ로브터<바도모로브터>(11:6b),
        ᄀ올ᄒ로<ᄀ올호로>(24:44a)
     b. 다못ᄒ야<다못ᄒ야>(與, 15:6b), 바ᄅᆳ<바롨>(海, 21:27b)
     b´. 도ᄅ혀<도로혀>(19:25b), 도ᄐ랏<도토랏>(藜, 13:49a),
        뫼야ᄒ로<뫼야호로>(18:23b), 갓ᄀ로<갓골고>(倒, 6:2b)

(36a)와 (36b)는 비어두음절의 형태소경계와 형태소내부에서 발생한
"·>ㅗ"의 변화를 나타낸다. 이들 경우는 "·"이 동화를 입어 "ㅗ"로 변
할만한 음운환경이 마련되지 않은 상태에서 "·>ㅗ"를 보여주기에 특별
히 주목을 끈다. (36a´), (36b´)과 같은 경우는 선행음절이나 후행음절의
모음 "ㅗ"에 의한 동화현상에 의한것으로 판단할수 있다. 하지만 그러한

동화현상도 결국은 "·"의 음가불안에서 오는것으로서, 중간본시기의 "·"변화를 반영하고있다. 이와 같은 사실은 "노혼노혼<노훈노훈>(10:9a)", "아노미오<아느미오>(18:12a)"와 같은 역표기형을 통해서도 확인할수 있다.

(37) 호올로<호올로>(6:1b), 두외도다<도외도다>(15:2b),
　　　두토고<도토고>(25:48a), 논횃더니<논횃더니>(6:29b)

(37)은 어두음절에서 발생한 "·>ㅗ"의 변화를 나타낸다. (36a´), (36b´)과 마찬가지로 모음동화현상에 의한 변화로 볼수 있지만, 이들도 결국 어두음절에서의 "·"동요와 관련이 있는것으로 짐작된다. 아쉽게도 여기에 해당하는 역표기형은 발견되지 않는다.

"·"의 변화와 관련하여 지금까지 살펴본바를 표에 정리(중복된 어형은 제외)하면 다음과 같다.

●표3

류형	실현환경		출현수
·>ㅡ	비어두	형태소경계	105
		형태소내부	21
	어두	형태소내부	5
·>ㅏ	비어두	형태소경계	3
		형태소내부	4
	어두	형태소내부	3
·>ㅓ	비어두	형태소경계	3
		형태소내부	0
	어두	형태소내부	0
·>ㅗ	비어두	형태소경계	8
		형태소내부	14
	어두	형태소내부	4

<표3>에서 보다싶이 15세기후반~17세기초반 "·"의 변화는 주로 비어두음절에서 일어나는데, 그중에서도 형태소경계에서의 변화가 더 일반적이였다. 하지만 중간본에는 비어두음절의 형태소내부에서도 "·"의 변화가 보일뿐만아니라 어두음절에서도 그와 관련된 변화가 나타난다. 따라서 17세기초반의 "·"는 1단계변화를 완성한 기초상에서 2단계의 변화를 시작하는 교체기에 처해있었다고 할수 있다. 전체적으로 "·>ㅡ"가 가장 많은 비중을 보이고있으며, 그다음으로 "·>ㅗ", "·>ㅏ", "·>ㅓ"의 순으로 나타난다.

3.2.1.4 변화의 원인

"·"에 관한 연구는 15세기이래의 모음체계와 관련된 연구에서 큰 비중을 차지하는데 종래의 조선어음운사 연구에서 줄곧 쟁점이 되여 왔으며, 그동안 많은 연구가 루적되여 그것만으로도 연구사가 수립될만큼 방대한 분량을 이룬다. 여기서는 기존의 연구성과들을 바탕으로 중간본에 나타난 "·"의 변화에 대해 모음체계와 관련시킴으로써, 그러한 변화가 두개 단계를 거쳐 상이한 방향으로 일어나게 된 원인을 검토하고저 한다.

"·" 변화원인에 대해서는 종전의 학설들은 단지 "·>ㅡ"의 사실에만 관심이 있었고[15] 그 원인이 무엇인가는 제기된바 없으나, 최초로 관심을 보인 론고는 리기문(1969)에서였다. 이 연구에서는 "·"의 변화(소실)에 대해 다음과 같은 모음체계의 변화로 설명하는데, 12, 13세기경의 모음체계(그림1A)에서 전설위치에 놓여있던 "ㅓ"가 후설쪽으로 이동하게 되면서 14, 15세기경의 모음체계로 넘어간데(그림1B) 기인한다고 하였다.

---

15) 대표적인 론의로 리숭녕(1940), 허웅(1965, 1985) 등이 있다.

• 그림1

즉, e>ə의 변화가 있었고 이 중설화에 밀려 "ㅓ→ㅡ→ㅜ→ㅗ→·" 의 련쇄적인 모음추이가 발생하면서 "A→B"와 같은 변화가 나타났는데, 14세기에는 모음추이가 완성되면서 전반 모음체계를 바꾸어놓았는데 이 련쇄적변화의 끝에서 "·"가 궁지에 몰리면서 안정성을 잃게 되어 결국 비어두음절에서 1단계변화(소실)를 겪게 되였다고 하였다. 어두음절에서 이루어진 2단계변화(소실)에 대해서는 자세한 언급은 하지 않았으나, 1단계변화의 연장선에서 리해하고있다.

그런데 이 연구에서와 같이 모음추이라는 모음체계의 변화가 15세기이전에 이미 완료되였다면 "·>ㅡ", "·>ㅏ"라는 이중의 변화가 왜서 200여년의 긴 시간적차이(16세기~18세기)를 보이며 나타나는지 해석하기 어렵다. 또한 <그림1B>의 체계에서 "·"의 1단계변화인 비어두음절에서의 "·>ㅡ"를 해석하고저 할 경우 모음체계도상 두 모음사이의 거리가 너무 멀다는 문제가 존재한다.16) 모음체계가 음운변화에 의해서만 결정되는것은 아니겠지만 음운변화는 음운체계의 외적실현이라는 측면에서 <그림1>의 체계는 문제점을 안고있지만, 후술할바와 같이 체계내에서 "·"가 불안정한 모음이였다는것은 리해할수 있다.

---

16) 박창원(1986)은 이에 대해 모음변화라는 측면에서 볼 때, 후설저모음과 중설고모음이 중화를 일으킬수 있는 량면대립관계를 형성하지 못한다는점에서 "·>ㅡ"는 중화의 개념에 위배된다고 지적하였다.

김완진(1963, 1971)은 ≪훈민정음해례≫의 기술에 충실하여 15세기모음
체계를 <그림2A>와 같이 재구하였는데 김완진(1978)에서는 이를 수정하
여 <그림2A´>의 체계로 상정하였다.

● 그림2

A. 15세기	A´. 15세기		B. 17세기
ㅣ ㅜ ㅗ	ㅣ ㅡ(ㅜ)		ㅣ ㅡ ㅜ
ㅡ ㆍ	ㅓ ㆍ(ㅗ)	→	ㅓ ㅗ
ㅓ ㅏ	ㅏ		ㅏ ㆍ

<그림2A´>의 체계[17]에서 모음들간의 사선적대립은 15세기의 모음체
계를 축(縮) 즉 조음위치와 개구도에 의한 사선적대립으로 파악한것에 말
미암는다.[18] 따라서 김완진(1963, 1971, 1978)은 리기문(1969)과는 달리 모음
추이라는 모음체계의 변화가 근대시기에 와서야 일어난것으로 보았는데,
"ㆍ"의 변화는 "ㆍ"가 변화하는 시기의 모음체계를 반영하고, 그것이 시
대에 따라 변화방향을 달리하는것은 시대에 따라 모음체계가 달랐기때문
으로 리해한다. 이러한 관점에서 "ㆍ"의 1단계변화는 <그림2A´>에서 서
로 대립관계를 이루는 "ㆍ", "ㅡ"두 모음의 중화로 보고, 2단계변화는 근
대시기 <그림2A´>에서 <그림2B>에 이르는 모음추이의 결과 "ㆍ"와
"ㅏ"의 새로운 대립관계에 따라 나타난것으로 보고있으나 그 과정에 대

---

17) 이러한 체계는 나중에 박창원(1986)에 의해 계승, 발전된다.
18) 김완진(1978)은 김완진(1963)과 달리 축(縮)이 혀의 위치와 동일한것이 아니라고 보면서,
   진정한 설불축(舌不縮)은 오직 모음도상의 좌상우에 위치하는 "ㅣ"에게서만 발견할 있
   는 속성이요, 후설쪽으로 옮아가면서 "축"의 정도가 증대될뿐만아니라, 개구도의 증대에
   따라서도 "축"의 정도가 비례적으로 늘어난다는 사실은 "축"이라는 자질이 모음도를 사
   선적으로 달리며 작용하는것임을 말해주는것으로 보았다.

한 기술은 제대로 이루어지지 않았다. <그림2>의 체계는 "·"의 1단계변화에만 한정해서 볼 때, 적어도 "·>ㅡ"의 1단계변화를 체계내적으로 설명하는데 있어서 리기문(1969)의 체계가 안고있던 문제점을 극복할수 있다.

반면에 백두현(1992)은 "·"의 1, 2단계의 변화가 상이함은 음절위치에 따른 모음체계가 서로 달랐기 때문으로 본다. 즉, "·>ㅡ"를 유발하는 비어두음절의 모음체계와 "·>ㅏ"를 유발하는 어두음절의 모음체계가 각각 달랐다는데 음절위치의 경우, 어두가 강위치이며 비어두가 약위치라는 가정아래 "·>ㅡ"는 약위치에서의 약모음으로의 변화로, "·>ㅏ"는 강위치에서의 강모음의 변화로 설명한다. 하지만 어두음절과 비어두음절이 어떤 특성으로 인해 모음체계를 달리 할수 있는지에 대해서는 자세한 언급이 없다.

이상의 론의들에서는 "·"의 변화를 대체로 체계안에서 그와 상관적관계를 맺고있는 다른 모음들의 추이와 시기에 대한 추정에 따라 달리 해석하거나, 음절위치에 따른 체계의 차이로 해석하고있는데, 그것은 결과적으로 "·"자체보다는 그 외부적요인에 초점을 맞춘 해석이 되었다. "·"의 변화는 그 모음 자체의 성격과 무관하지 않다.

훈민정음창제시 "·"는 천(天), 지(地), 인(人) 세가지 요소가운데 천에 해당하는 뜻에서 점으로 표현되어 모음자중에서 가장 먼저 만들어졌으며, 모음순서에서도 맨 앞자리를 차지했다. 그 시기 "·"가 어떤 성격의 음이였냐에 대해선 아직 확실한 증거가 없지만 문헌을 통해 추정이 가능하다.

≪훈민정음해례≫에서 설축(舌縮), 즉 혀가 오그라진 정도를 제1기준으로 두고 모음을 설명하고있고, "舌縮而聲深"이라 하여, 혀가 오그라져 그 소리가 깊다고 설명한다. 그외 모음들은 "·"의 위치에서 입모양만 바뀌거나 혀가 덜 오그라진다거나 하는식으로 설명되어 있는데, 이를 종합하

면, "·"는 모음들 중 혀가 가장 깊게 뒤로 당겨진 소리였던것으로 보여진다. 또한 "ㅏ與·同而口張"("·"에서 입을 크게 벌리면 "ㅏ" 소리가 된다)이라든지, "ㅗ與·同而口蹙"("·"에서 입술을 오그라뜨리면 "ㅗ"가 된다)라든지 하는 설명으로 보아 "·"는 혀가 당겨진 정도를 "ㅏ" 또는 "ㅗ"와 비슷하게 해서 발음하는 음이였을것이라는 판단을 할수 있다. 또 "ㅓ"와 비교했을 때, "ㅓ與ㅡ同而口張"("ㅓ"는 "ㅡ"의 혀위치에서 입이 커지면서 나는 소리)라는 설명에 근거하면 "·"는 "ㅓ"보다도 더욱 혀가 오그라져 나는 소리였던것으로 추정된다. 거기에다 다른 모음들과는 달리, 입 모양에 대한 특별한 언급이 없기 때문에 비원순모음일 가능성이 크다.19) 때문에 많은 학자들은 중세조선어에서 "·"가 나타내는 음이 "ㅏ"와 "ㅗ"의 중간발음, 즉 /ʌ/에 가까운 음이였던것으로 보고있다.

그런데 이와 같은 추정이 맞다면, 당시의 "·"는 극히 불안정한 모음이였을것이다.20) ≪훈민정음해례≫에 나온 설명과 같이 "·"를 발음하려면, 당시에도 어지간한 노력을 기울이지 않으면 정확히 발음하기 어려웠던것으로 짐작된다. 발음이 힘들다는 약점은 "·"의 기능부담량에도 영향을

---

19) 물론 ≪훈민정음해례≫의 설명이 워낙 애매모호하고, 또 훈민정음창제당시의 "ㅏ, ㅗ, ㅡ, ㅓ" 등의 음가에 대하여서도 학자들 사이에서 의견이 분분하기에, 이것은 어디까지나 추정일뿐이다. 애초에 해례본의 설명만으로는 모음의 앞뒤위치에 관해서는 어렴풋이 추측할수 있다 해도 정작 그 자세한 성격을 알기가 힘든데다, 높낮이여부는 설명조차 되여있지 않아 "·"의 음가를 제대로 파악하기 어렵다는 부분도 있다.

20) 조선 영조때의 학자였던 신경준(申景濬, 1712~1781)은 "·"에 대하여 ≪훈민정음운해≫(1750)에서 "我東字音以·作中聲者頗多, 而ᆢ則全無, 惟方言謂八曰ᆞ돏此一節也"라고 설명하였다. 즉, 조선글에는 "·"로 중성을 표기하는것이 상당히 많은데, "ᆢ"는 방언어휘 "ᆞ돏"을 제외하면 하나도 없다는것이다. 그러나 순조때의 학자 류희(柳僖, 1773~1837)는 ≪언문지≫(1824)에서 "東俗不明于·, 多混于ㅏ, 如兒事等字從·, 今誤呼如阿些, 亦或混一, 如흙土 今讀爲흙土"라 하여 조선어에서 "·"와 "ㅏ"가 섞갈려 "兒", "事"는 "·"를 써야 하는데 "阿", "些"와 같이 "ㅏ"를 쓰고있으며 또한 "·"와 "ㅡ"가 섞갈리고있어 "흙(土)"을 써야 할 곳에 "흙(土)"으로 쓰고있는 경우가 있다고 한다. 어쨌거나 이러한 설명은 그때 당시 "·"음이 발음상 불안정을 겪었던 사실을 증명해주기에 부족함이 없다.

주었던것으로 보이는데, 이것은 중세시기문헌에 "·"는 자음의 뒤에만 나타날뿐 단독으로 어두음으로 쓰이지 않는다는 사실로도 증명된다.

또한 "·"는 원순모음도 아니였기에 발음시 입술모양을 고정시키기 어려움으로, 발음상 안정성을 보장받지 못했을것이다. 그리고 훈민정음창제시기의 모음체계를 놓고 보면 전부모음이 "ㅣ"하나밖에 없는데 비해, 후부모음은 "ㅡ, ㅜ, ㅓ, ㅗ, ㅏ, ·"의 여섯개나 되므로 체계상 전자에 비해 후자가 무거워 균형을 유지하기 어려우므로 자연히 체계적압박을 받을수밖에 없었다. 그러한 압박이 체계상 부자연스러운 "·"에 집중되자 "·"가 압력을 이겨내지 못하고 체계안에서 린접모음들에 의해 아래로 밀리기 시작하였는데, 그 영향이 체계내부에 련쇄적으로 파급되면서 일련의 모음추이가 발생하였고 결국엔 새로운 모음체계가 형성되기에 이른것이다. 그러나 새로 형성된 모음체계도 여전히 불안정성을 내포하고있었기에 "·"는 점차 련쇄적변화의 끝에서 궁지에 몰리게 되면서 그뒤 18세기에 이르러서는 조선어모음체계에서 완전히 탈락하고만다.

이러한 인식에서 출발하여 여기서는 사선적대립체계로서 음성실현을 비교적 충실하게 반영한것으로 보이는 김완진(1978)의 체계를 수용하여 보다 안정성있는 체계로 재해석함으로써 초간본이 간행되였던 15세기후반의 모음체계를 <그림3A>[21]와 같이 상정하고, 그러한 체계가 점차 변화하여 <그림3B>로 표시되는 17세기초반의 모음체계로 넘어간것으로 본다. 물론 <그림3B>의 체계는 모음추이가 완성된 상태의것이 아니라 아직도 진행중에 있는, 과도성적인 체계로서 안정성을 확보하지 못했을것이다.

---

21) (3A)에서 "ㅡ"와 "ㅜ", "·"와 "ㅗ"가 사선방향의 상하위치로 령역을 달리 하고 있는것은, 음성상으로는 원순모음 "ㅜ", "ㅗ"가 평순모음 "ㅡ", "·"보다 약간 높았을것이라는 추정을 반영한데 말미암는다.

• 그림3

A. 15세기후반   B. 17세기초반

이와 같이 보는 리유는 다음과 같다. 우선 <그림3A>의 15세기모음체계에서 "ㅡ"와 "ㅜ", "ㆍ"와 "ㅗ"의 조음령역이 부분적으로 겹치는 상황에서 보다 정확한 변별력을 확보하기 위한 노력으로 상대적으로 불안정한 모음이였던 "ㆍ"의 구개도가 커지면서 어느 정도 원순성을 확보하게 되여 "ㅗ" 아래의 후설저모음의 위치로 떨어지고, 그로 인해 보다 안정된 자리를 확보하게 된 "ㅗ"가 그와 짝을 이루던 "ㅜ"를 견인함으로써 사선적 대립으로부터 수직적 대립이라는 새로운 대립관계를 형성하였는데, 이러한 대립관계가 체계전반에 영향을 미치면서 17세기초반에는 <그림3B>의 체계가 이뤄진것으로 추정한다. 물론 실증적인 자료가 제시되여 있지 않은한, 이것은 어디까지나 추측에 불과하다.

그런데 15세기후반~17세기초반의 모음체계가 <그림3A>→<그림3B>의 변화를 겪은것으로 본다면 중간본에 드러나는 "ㆍ"의 일련의 변화현상에 대해 매우 쉽게 설명할수 있다.

우선, 비어두음절에 나타나는 "ㆍ>ㅡ"변화는 모음추이로 인한 체계변화의 결과에 따른것이 아니라 "ㆍ"의 자체가 갖는 불안정성으로 인해 발생한것인데, 사실상 이러한 변화는 15세기 당시의 <그림3A>의 체계에서 시작되였다고 볼수 있다. 즉, "축"에 의한 사선적대립의 짝을 이루고 있었던 "ㆍ:ㅡ"에서 "ㆍ"모음자체의 불안정성으로 인해 기존의 평형관계가 파괴되기 시작하였는데, 이러한 결과 그뒤 16세기를 시작으로 비어두음절에서 "ㆍ"가 부분적으로 "ㅡ"에 흡수되면서 "ㆍ>ㅡ"의 변화가 일어났던것으로 보인다. 앞에서 보다싶이 비어두음절에서의 "ㆍ>ㅡ"는, 중간본에서 대량으로 발견되는데, 이것은 곧 17세기초반에 이르러 그러한 변화가 일반화되였음을 보여주는 증거가 된다. 따라서 어두음절에서의 "ㆍ>ㅡ"도 결국 비어두음절에서의 그것이 확대됨에 따라 발생한 현상이였던것이다.[22]

"ㆍ>ㅗ"의 변화도 <그림3A>의 체계에서 간단히 설명될수 있다. 즉, 원순성에 의한 대립의 짝을 이루고 있었던 "ㆍ:ㅗ"에서 "ㆍ"가 흔들리게 되자, 그 비례관계가 파괴되면서 "ㆍ"가 "ㅗ"로 적히게 되였던것이다. 따라서 "ㆍ"는 우선 그것이 처한 음운환경에 따라 동화를 입어 "ㅗ"로 바뀌다가, 나중에는 동화주의 도움이 없이도 비어두음절과 어두음절에서 차례로 "ㆍ>ㅗ"의 자생적변화를 실현하였던것으로 보인다.

"ㆍ>ㅏ"의 변화는 <그림3A>의 모음체계가 일련의 모음추이를 거쳐 <그림3B>로 넘어간 뒤에, "ㆍ:ㅏ"라는 새로운 대립관계가 형성됨으로써 나타난 후기적변화로 여겨진다. 표에서도 볼수 있는바, 중간본시기 "ㆍ>ㅏ"변화가 앞서 살펴본 "ㆍ>ㅡ"에 비해 적게 나타나는데 이것은 17세기 초반 "ㆍ>ㅏ"는 "ㆍ>ㅡ", "ㆍ>ㅗ"와 달리 일반화되지 않았다는 사실을 말해준다. 물론 "ㆍ>ㅏ"도 비어두음절에서 시작하여 점차 어두음절에로 옮아갔다는 사실은 그 이전단계의 "ㆍ>ㅡ"나 "ㆍ>ㅗ"와 별반 다름이 없다.

비어두음절에서 드물게 나타났던 "ㆍ>ㅓ"는 해당시기 문헌들에서 전광현(1971)에 따르면 어두음절에서의 "ㆍ>ㅓ"는 18세기말에 가서야 나타나는데, 비록 어두음절은 아니지만 17세기초반에 간행된 중간본에 비어

---

22) 리기문(1969)에서는 어두음절에서의 "ㆍ>ㅡ"를 18세기후반에 일어났다고 하면서, 그것을 어두음절에서의 "ㆍ>ㅏ"와 같이 제2단계의 소실로 보고있다.

두음절에서의 "ㆍ>ㅓ"가 나타난다는것은 시사하는바가 크다. "ㆍ>ㅓ"는 "ㆍ>ㅡ"가 완결된 다음에 발생한, "ㆍ>ㅏ"와 비슷한 시기에 생긴것으로서 "ㆍ"변화의 말기적현상으로 보아야 한다. 따라서 "ㆍ>ㅓ"도 <그림 3B>의 체계에서 설명되여야 할것이다. 당시 "ㆍ"는 비록 저모음의 위치로 이동하였다고 하더라도 여전히 불안정한 모음이였던것으로서, 새로 형성된 "ㆍ:ㅏ"의 비례관계가 평형을 유지하기 어렵게 되면서 "ㆍ>ㅏ"는 물론, "ㆍ>ㅓ"의 변화도 나타날수 있었던것이다.

그런데 여기서 한가지 문제가 제기될수 있다. 초간본에 나온 "사룸"(3:18b 등), "ᄇᆞ룸"(3:2b 등)과 같은 형태들은 비어두음절에서의 "ㆍ>ㅡ"의 일반적경향을 따른다면, "사름", "ᄇᆞ름/바름"또는 "사름", "ᄇᆞ름/바름"으로 변해야 할것인데 왜서 "사람", "바람"으로 바뀌게 되였는가 하는것이다. 이와 같은 례를 유심히 살펴보면 비어두음절의 "ㆍ"가 대부분 유성음 사이에서 변화를 거부하였던 사실을 발견할수 있는데, 어떠한 변화에도 저항이 있기 마련이듯 비어두음절의 "ㆍ"는 유성음환경에서 변화를 거부하다가 <그림3B>의 체계가 이뤄짐에 따라 뒤늦게 변화를 입음으로써, 2단계변화의 "ㆍ>ㅏ"에 뒤늦게 합류하였던것이다. 15세기문헌에 나오던 "다ᄆᆞᆫ"(석상, 3:9)이 17, 18세기에는 "다만"(가례:1:33)으로 변하는데 그러한 변화의 중간시점에서 일시적으로 "다믄"(소학, 5:108/동신, 충:177)의 형태를 보인다는 사실이 그 증거로 될수 있다.

3.2.2 모음조화파괴 및 원인

"ㆍ"의 변화는 결국 모음조화의 파괴를 초래하게 되였는데, 중간본시기에 이르러 양성모음은 양성모음끼리, 음성모음은 음성모음끼리 어울린다는 중세이래의 전통은 더이상 엄격히 지켜지지 않았다.

모음조화는 형태소경계에서 뚜렷하고, 형태소내부에서도 일어나는것이 원칙이다. "나는, 너는, 막으니, 먹으니, 굴봐쓰다(竝書), 너서쓰다(連書)"와 같이 어간과 토의 결합에서는 물론, "ᄀᆞ술(秋), 겨슬(冬)"과 같은 형태소내부에서도 잘 지켜졌다. 비록, 초기문헌에도 "스ᄀᆞ울(響), 녀토시고(淺)" 등처럼 모음조화에 어긋나는 쓰임이 없지 않으나 15세기후반의 초간본 당시에는 비교적 엄격하게 지켜졌다. 그러나 그 뒤로 갈수록 조금씩 흔들리기 시작한 모음조화는 중간본시기에 와서는 급격히 문란하게 되였는데 이것은 "ㆍ"음의 변화와 밀접한 련관이 있는것으로 보인다.

중간본에서 대부분의 "ㆍ"가 "ㅡ"로 변함에 따라 초간본시기의 모음조화가 파괴되는 현상을 앞에서 더러 보았다. 그런데 "ㆍ"의 변화가 심화됨에 따라 그것과 린접한 모음사이에서도 상호교체현상이 일어나면서 기존의 조화관계가 무너지는데 그 대표적인 례로는 양성모음 및 중성모음과 어울리던 "ㅗ"와 음성모음 및 중성모음과 어울리던 "ㅜ"가 서로 교체되는 현상을 들수 있다.

3.2.2.1 "ㅗ~ㅜ"교체

(38) a. 아니ᄒᆞ도다<아니ᄒᆞ두다>(11:27a), 다못<다뭇>(21:32a/19:44a),
　　　아홉<아훕>(3:8a/18:15b), 이옷<이웃>(9:9b/9:15b)
　　b. 무로더<무루더>(22:41a), 두고가라<두구가라>(15:28a)

(38a)는 초간본에서 양성모음 및 중성모음과 어울리던 "ㅗ"가 중간본에서 음성모음 "ㅜ"로 교체되면서 모음조화가 파괴된 경우이고, (38b)는 초간본에서 이미 모음조화가 파괴되였던것들이 중간본에서 되려 교정이 이루어진 례들이다. 이와 같은 변화가 당시의 현실발음을 정확히 반영했

는지는 확인하기 어려우나 적어도 "ㅗ~ㅜ"교체로 인한 모음조화파괴는 비교적 이른 시기에 발생하였음을 짐작할수 있다.

> (39) a. 일홈<일훔>(15:28a), 어즈러운<어즈러온>(11:32b),
>   더운<더온>(23:13b), 어위커<어외커>(103a),
>   셔욿<셔욿>(25:31b), 이울오<이올오>(枯, 11:14a),
>   누룩<누록>(15:40b), 어루믈<어로믈>(25:46a)
> b. *글워롤<글외롤>(23:21a), *들워<들외>(穿, 11:19b),
>   *어려워ᄒ놋다<어려외ᄒ놋다>(23:33a),
>   *비 ᄲ드워<비 ᄲ드외>(23:32a)

(39a)는 초간본시기 음성모음 및 중성모음과 어울리던 "ㅜ"가 양성모음 "ㅗ"로 교체되면서 모음조화가 파괴된 경우이다. 초간본에도 "어로(<어루, 6:22a)", "구롬(<구룸, 10:22a)"와 같이 "ㅗ"가 "ㅜ"로 교체된듯한 례가 간혹 보인다. (39b)의 변화는 일반적인 표기경향을 벗어난것들이다. "글월~글욀" 등에서 음성모음 "ㅡ"와 어울리던 "ㅜ"가 "ㅗ"로 바뀌면서 "욀"과 같은 특이한 표기가 생겨났는데, 만약 이것이 중간본시기의 현실발음을 적은것이라면 [oə]의 발음 표기한것으로 된다. 그런데 "글워를"에서의 "워"는 "ᄫ>워"의 변화, 즉 β>w를 거쳐 나왔으므로 중간본에 나타난 "욀" 등은 실제 발음을 적은것이라 볼수 없다. (39b)와 같은 현상은 결국, 모음조화파괴가 보편적으로 발생함에 따라 나타난 과도역표기로 리해된다.

이와 같이 후설원순고모음 "ㅗ"와 "ㅜ"사이의 상호교체는 15세기후반에 모습을 드러내기 시작하여 17세기초반의 중간본에 이르러서는 일정한 정도의 규모를 갖추고 나타난다.

3.2.2.2 "ㅏ～ㅓ"교체

모음조화의 파괴는 또한 "ㅏ"와 "ㅓ"의 교체에서도 확인되는데, "ㅏ"가 "ㅓ"로 바뀌는 경우가 일반적이다.

(40) a. 너기가니<너기거니>(10:46b),
　　　　놀라다니<놀라더니>(25:16a),
　　　　너기간마른<너기건마른>(10:46b),
　　　　아니ㅎ가니와<아니ㅎ거니와>(123:33a),
　　　　疑心ㅎ다니<疑心ㅎ더니>(15:46b)
　　　b. 저칸마른<저컨마ᄂ>(11:51b),
　　　　져타니<져터니>(3:22a),
　　　　받고져칸마른<받고져컨마른>(22:19a)

(40a)는 초간본에서 양성모음, 중성모음과 어울리던 "ㅏ"가 중간본에서 "ㅓ"로 교체된 례이고 (40b)는 초간본시기 이미 "ㅏ"가 "ㅓ"로 바뀜에 따라 모음조화가 파괴되였던것이 중간본에서 교정되여 다시 모음조화를 이루는 례다. 물론 "니러나더라(<니러나ᄃ라, 3:1a), 댱컨마른(<댱칸마른, 3:32b), 다ᄋ건마른(<다ᄋ간마른, 15:39b), ㅎ거니(<ㅎ가니, 22:14a)" 등과 같이 초간본에서 모음조화가 파괴되였던 형태가 중간본에서도 그대로 답습되는 경우도 있다.

(41) 그르메<그르매>(7:10b), 새베<새배>(3:25a/3:38b),
　　　번게<번개>(17:30b), 城에<城애>(23:22a),
　　　구루멘<구루맨>(23:11a), 늘구메<늘구매>(11:53a),
　　　거러가메<거러가매>(25:41a)

(41)의 례들은 반대로 음성모음, 중성모음과 어울리던 "ㅔ"가 중간본에서 "ㅐ"로 교체된 경우를 보여준다. 이중모음 "ㅔ"는 "ㅓ＋ㅣ", "ㅐ"는

"ㅏ+ㅣ"로 되여 있다는 점을 감안한다면, 여기서 "ㅔ"가 "ㅐ"로 바뀐것은 사실상 "ㅓ"가 "ㅏ"로 바뀐것으로 리해될수 있다.

이상에서 우리는 15세기후반~17세기초반에 일어난 "·"의 변화와 그로 인한 모음조화의 파괴현상에 대해 살펴보았다. 17세기초반에 이르러서는 "·>ㅡ", "·>ㅏ", "·>ㅓ", "·>ㅗ" 등의 다양한 변화를 보여주는데 그중 "·>ㅡ", "·>ㅏ", "·>ㅗ"는 어두음절과 비어두음절에서 모두 나타나지만, "·>ㅓ"는 비어두음절에서 나타남을 볼수 있었다. 또한 "·"가 기타 모음으로 변화함에 따라 "·"는 물론 그것과 린접한 모음들사이에서도 상호교체현상이 일어나면서 17세기초반에 들어서면서 기존의 모음조화가 심하게 파괴되였음을 알수 있었다. "·"의 변화와 모음조화의 파괴는 15세기 당시 어간과 토의 규칙적인 결합관계를 깨뜨림으로써, 중세조선어에 정칙적으로 나타나던 문법형태의 여러 이형태들을 단순화되는 결과를 야기시키기도 하였다.[23]

3.2.2.3 변화의 원인

모음조화파괴의 선결적요인은 "·"의 동요 및 모음추이로 인한 모음체계의 변화에 있다. "·"의 변화와 직접적으로 관련된 모음조화파괴현상은 물론, 앞에서 본 "ㅏ~ㅓ"교체나 "ㅗ~ㅜ"교체 등도 그림(3B)의 체계에서 설명되여야 할것이다.

"·"의 계속되는 변화는 "· : ㅏ"는 물론, "·"와 "ㅗ"의 관계에도 영향을 주게 되였는데, "· : ㅗ"와 비례적관계를 가진 "ㅏ : ㅓ"의 대립을 동일한 환경에서 동요시키는 결과를 낳게 되였다. 즉 17세기초반에 새로 형성된

---

23) 이와 관련하여서는 4.1.1과 4.1.2에서 다시 언급될것이다.

"·:ㅗ"의 고저대립도 결국 안정적인 비례관계를 유지하지 못했던것으로 보이는데, "·:ㅗ"의 불안정한 관계가 체계내에서 "ㅏ:ㅓ"에 비례적으로 파급됨으로써 양성모음, 중성모음과 어울리던 "ㅏ"가 동일한 환경에서 음성모음 "ㅓ"로 교체되는 현상이 일어났던것이다.

마찬가지로 "·:ㅗ"의 동요는 또한 그들과 상관적관계를 맺고있던 "ㅗ:ㅜ"의 대립에도 영향을 주게 되면서, 양성모음, 중성모음과 어울리던 "ㅗ"가 동일한 환경에서 음성모음 "ㅜ"로의 교체가 발생하였다.

모음조화파괴에 작용하는 원인은 이외에도 몇가지가 더 있다.

어근에 붙는 "-마다, -과(와), -도, -드려, -손디, -브터, -뎌로" 등의 체언토와 어간에 붙는 "-ㄴ다, -노라, -놋다, -도다, -고, -쇼셔, -관대, -디, -드록" 등 용언토가 "-논/-는, -롤/-를, -아/-어" 등과 같이 음성모음과 양성모음의 이중형태가 아닌 단일형태로 되여 있다는점도 모음조화파괴에 원인을 제공한다.

또한 "비(腹)＋브르다(滿)＝비브르다(飽)"와 같은 복합어가 형성되면서 양성모음을 가진 어간과 음성모음을 가진 어간이 기계적으로 결합되는 현상과 "서늘(凉)＋ᄒ다(爲)＝서늘ᄒ다(凉)"와 같이 음성모음을 가진 어근에 "-ᄒ다, -롭다, -답다, -ㄹ외다(<ㄹ뵈다)"와 같은 양성모음읟 접미사가 기계적으로 어울리면서 파생어를 형성하는 방식도 모음조화가 지켜지지 않게 된 원인으로 작용한다.

한편 모음조화파괴는 모음체계의 변동을 가속시키는 반작용을 일으키기도 하였다. 례를 들어 "·"와 "ㅡ"의 대립에 의해서 선택되였던 토들이 "-올, -ᄋᆞ로, -이"와 "-을, -으로, -의" 등의 대립으로부터 "-을, -으로, -의" 등에 의해서 고착되여가는 과정은 "·"의 기능약화에 영향을 미치지 않을수 없었다. 그리하여 "·"의 변화는 모음체계의 변동을 초래하였을뿐만아니라, 모음조화현상의 변화에 큰 영향을 주었으며 또한 모음조화현상의 변화는 모음체계의 변동에 반작용을 일으켰던것이다.

3.2.3 원순모음화와 그 원인

순음 "ㅁ, ㅂ, ㅍ"에 평순모음 "ㅡ"가 이어질 때, "ㅡ"가 "ㅜ"로 변하여 "므, 브, 프"가 "무, 부, 푸"로 바뀌어 소리나는것을 원순모음화라고 한다. "믈(水)", "물(郡)"과 같이 훈민정음창제초기 순음아래의 "ㅡ"와 "ㅜ"의 대립은 뚜렷한 변별성을 가졌었다. 그러나 이와 같은 대립관계에서 "ㅡ"가 보다 안정적인 원순모음으로 자리를 옮기려는 움직임이 관찰되는데, 초간본이 간행된 15세기후반에도 그러한 례들이 몇몇 출현한다.

하지만 본격적인 원순모음화는 문헌상으로는 ≪두시언해≫ 중간본을 거쳐 ≪역어류해≫를 비롯한 17세기의 문헌들에서 활발하게 나타난다. 중간본에서 원순모음화는 형태소경계와 형태소내부에서 모두 나타나는데, 아래 그 현상을 정리해보고 류형별로 검토해보기로 한다.

3.2.3.1 "ㅡ>ㅜ"

≪두시언해≫ 초간본과 중간본을 비교해보면 다음과 같은 변화를 확인할수 있다.

(42) a. 뿌믈<뿌물>(21:25a), 쿠믈<쿠물>(大, 9:37b),
　　　수므며<수무며>(隱, 17:36b), 글우믈<글후물>(7:17a),
　　　늚믈<늚물>(20:27a), 우믈<우물>(15:40a)
　　b. 지블<지불>(7:16a), 구블식<구불식>(曲, 21:29a)
　　c. 노폰<노푼>(7:20a, 7:23a)

(42)는 초간본에서 순음 "ㅁ, ㅂ, ㅍ" 뒤에 오던 비원순모음 "ㅡ"가 중간본에서는 원순모음 "ㅜ"로 바뀐 례를 보여주는데 모두 형태소경계에서의 변화이다. 이중에서 (42c)의 "노푼"은 "노폰"에서 "·>ㅡ"를 통해 나온 "노픈"이 다시 원순모음화를 입은것으로서 중간본에 빈번하게 나타난다. 그런데 (42)의 변화를 유심히 살펴보면, "ㅁ, ㅂ, ㅍ" 뒤의 "ㅡ>ㅜ"는 문법형태소의 앞음절에만 적용되는것을 보아낼수 있다. 거기에는 아마도 비원순모음 "ㅡ" 앞에 놓인 입술자음과 함께(다만 "지불"의 경우는 제외된다), 앞 음절의 원순모음의 영향도 일정한 정도로 작용했을것이다.

이와 같은 현상들은 중간본과 비슷한 시기에 간행된 기타 문헌들에서도 발견된다. "셰슛물(<셰슷믈, 가례, 5:20)", "불무질(<블무즐, 동의, 1:19)" 등의 례를 들수 있겠다.

    (43) a. 머물리오<머믈리오>(11:18b), 묽겨를<믉겨를>(11:39a)
         b. 갓브레<갓브레>(膠, 4:9b), 굿브로니<긋브로니>(11:30a)
         c. 수프리<수프리>(7:16b)
    (44) a. 믈<믈>(9:3b), ᄆᆞ롤 브려<브려>(15:49b)
         b. 브두미<브두미>(托, 4:2a)

(43a~c)는 형태소내부에서 순음 "ㅁ, ㅂ, ㅍ" 뒤에 오던 비원순모음 "ㅡ"가 원순모음 "ㅜ"로 바뀐 례를 보여주는데 모두 비어두음절에서 일어난 경우이다. 형태소경계에서의 원순모음화가 (42)에서처럼 문법형태소의 앞음절에서만 일어나지만 형태소내부에서의 원순모음화는 그러한 제약이 없다.

(44)는 형태소내부의 어두음절에서 일어난 원순모음화의 례이다. 어두음절에서 원순모음화된 례는 비어두음절에서의 그것에 비해 상대적으로

적은 수를 보이고있는데, 원순모음화 역시 비어두음절에서 일어나 어두음절로 옮겨갔음을 말해준다.

3.2.3.2 순음아래의 "ㅡ>ㅗ"

그런데 중간본에서는 원순모음화의 일반적인 경향에 어긋나는 례도 나타난다.

> (45) a. 올마돈니돗호몰<올마돈니돗호몰>(15:23),
>   臨호몰<臨호몰>(15:44b), 決斷호몰<決斷호몰>(3:66b),
>   도라오몰<도라오몰>(6:39b), 대지뵌<대지뵌>(竹齋, 20:38a)
>   b. 머므로라<머모로라>(15:18), 일로브터<일로보터>(22:49),
>   수프레<수포레>(25:4a), 늦므롤<늦모를>(23:4a)

(45a)는 형태소경계에서, (45b)는 형태소내부에서 순음뒤의 "ㅡ"가 원순모음 "ㅗ"로 바뀐 경우인데 일반적으로 "ㅡ"가 "ㅜ"로 변하는것과는 달리 특이한 모습을 보인다. 그중 초간본의 "올마돈니돗호몰"은 "ㆍ>ㅡ"의 변화를 통해 "-호몰>-호믈>-호몰"로 변화된것이다.

중간본에는 또 "불여<블여>(11:3a)", "붓그리노니<븟그리노니>(16:6a)", "부러<브러>(故, 17:18a)"와 같은 역표기현상이 발견되는데, 이들은 원순모음화현상에 대한 당시 문헌기사자의 뚜렷한 인식을 보여준다.

개별적이긴 하지만 순음 "ㅁ"의 앞에 놓인 모음 "ㅡ"가 역행동화를 입어 원순모음으로 변화한 례도 눈의 띄인다.

> (46) 님금<님굼>(11:37a), 님그미<님구미>(6:18a),
>   님긊 뜨들<님굼 뜨들>(11:23a), ㅂ른매<ㅂ루매>(3:20a/3:1b),
>   ㅁ숨미<ㅁ오미>(9:23a/9:24a)

(46)의 례들에서 "ㅡ"에 후행하는 "ㅁ"이 동화주의 기능을 담당한것으로 여겨지는데 그것은 "ㅁ"이 기타 원순자음에 비하여 상대적으로 큰 동화력을 갖고 있었다는 사실을 암시해준다.

≪두시언해≫ 초·중간본에 드러난 원순모음화현상을 표에 정리하면 다음과 같다(중복되는 어형은 통계에 반영하지 않았다).

● 표4

류형	실현환경		출현수
ㅡ->ㅜ	어두	형태소내부	3
	비어두	형태소경계	11
		형태소내부	12
ㅡ->ㅗ	어두	형태소내부	0
	비어두	형태소경계	5
		형태소내부	4

이상의 고찰을 통해 다음과 같은 사실을 알수 있다. 우선 중간본시기 대부분의 원순모음화는 "ㅁ, ㅂ, ㅍ"에 뒤따르는 평순모음 "ㅡ"가 원순모음 "ㅜ"로 바뀌면서 이루어졌는데 동일한 환경에서 "ㅡ"가 "ㅗ"로 된 경우는 상대적으로 적은 수를 보인다. 또한 형태소경계에서 실현되는 원순모음화의 례와 형태소내부에서 실현되는 원순모음화의 례가 비슷한 비중으로 나타나는데, 형태소경계에서는 문법형태소의 앞음절에만 나타나지만, 형태소내부에서는 앞음절과 뒤음절에서 다 일어난다.

3.2.3.3 변화의 원인

이러한 원순모음화는 사선적대립으로 이루어진 모음체계상에서는 쉽게 실현시킬수 없었던 초간본시기의 상황과는 달리 중간본시기의 모음체계에서 평순모음 "ㅡ"와 원순모음 "ㅜ"가 원순성의 유무를 변별적자질로 하는 새로운 대립관계를 형성하기 시작하여 점진적으로 확립되였을것으로 파악된다. 즉, 체계(3B)에서 평순모음 "ㅡ"가 원순적기능을 지닌 순음 "ㅁ, ㅂ, ㅍ" 등에 의하여 보다 쉽게 원순모음 'ㅜ'로 바뀔수 있었는데 이 것은 일종의 동화(同化)현상이다. 주지하다싶이 동화는 말의 속도를 빨리 하고 음성기관의 부담을 줄임으로서 경제성을 얻으려는 노력에서 비롯된다. ≪훈민정음해례·제자해≫에서는 "ㅜ與ㅡ同而口蹙"이라고 하여 모음 "ㅜ"를 설명하였는데 이것을 해석하면 "ㅜ"음은 "ㅡ"와 비슷하나 다만 입술을 오므리는 소리인데, 중간본시기의 모음체계에서는 순음 "ㅁ, ㅂ, ㅍ" 등에 "ㅡ"가 린접되면 자음의 영향을 받아서 "口蹙(입술이 오므라지는)" 자질을 획득함으로써 "ㅜ"로 넘어갈수 있었던것이다.

(45)와 같이 순음뒤의 "ㅡ"가 "ㅗ"로 바뀐것도 같은 맥락에서 해석되여야 하는바, "ㅜ"대신 "ㅗ"로 나타나는것은 아마도 17세기초반, <그림 3B>의 불안정하고 류동적인 모음체계에서 고저대립을 이루고있었던 "ㅜ"와 "ㅗ"의 비례관계가 동요되면서 생긴 결과일것이다.

비교대상이 된 초간본과 중간본의 방대한 분량에 비하면 원순모음화를 실현한 례들이 많지 않은 편이지만, 중간본이 초간본의 강력한 영향아래에 있었다는점과 그에 따른 표기의 보수성을 고려할 때, 이들 례는 결코 적은 량이 아닐것이다. 해당시기 여러 문헌들가운데서 중간본에 나타난 원순모음화의 례가 가장 많다. 구개음화와 마찬가지로 중간본의 원순모음화에도 간행지의 방언적요소가 어느 정도 반영되였을것으로 짐작된다. 15세기후반부터 산발적으로 등장하던 원순모음화는 17세기초반에 이르러 일정한 정도로 확대되였는데,[24] 그것은 먼저 경상도를 비롯한 동남방언에서는 일반화된 다음, 그 지역을 방사원점으로 하여 기타 지역으로 퍼져

나가게 되였다.

문헌에 나타나는 원순모음화의 량을 보아서는 적어도 중간본시기 경상
도지역에서는 그 변화가 완수되였음을 결론할수 있지만, 중부지방을 비롯
한 기타 지역들에서는 아직도 진행중에 있거나 금방 변화를 시작하는 단
계에 놓여있었던것으로 보인다.

3.3 반모음의 탈락과 첨가

15세기후반~17세기초반에는 반모음 /j/, /w/의 탈락과 첨가현상이 나
타나 모음, 삼중모음이 단모음, 이중모음으로 되거나 단모음, 이중모음이
이중모음, 삼중모음으로 되는 현상이 빈번하게 일어났는데 ≪두시언해≫
초간본과 중간본에 그러한 변화가 잘 반영되여 있다. 여기서는 초간본과
중간본을 중심으로 15세기후반~17세기초반 조선어모음체계에 나타난 반
모음 /j/, /w/의 탈락 및 첨가현상에 대해 살펴보면서 그 발생원인에 대
해서도 함께 검토해볼것이다.

3.3.1 /j/의 탈락

/j/의 탈락은 "j+모음"의 구조로 된 상향이중모음(또는 삼중모음)과 "모
음+j"의 구조로 된 하향이중모음에서 반모음 /j/가 탈락하면서 생긴 변
화를 가리킨다. 중세조선어에는 반모음 /j/와 모음의 결합으로 된 상향이

---

24) 원순모음화가 중부방언에서 일반화된 시기는 17세기말엽인것으로 알려졌다. 이와 관련
하여서는 리기문(1998:213), 박병채(1998:237)를 참조할수 있다.

중모음으로 "ㅑ, ㅕ, ㅛ, ㅠ, ㅒ, ㅖ"25) 등이 있었고 모음과 반모음 /j/의 결합으로 된 하향이중모음(또는 삼중모음)으로는 "ㅐ, ㅔ, ㅚ, ㅟ ㅢ, ㅖ" 등이 있었는데, 16세기를 거쳐 17세기초반에 이르는 사이 일부 어형에서 반모음 /j/가 탈락하면서 발음상 비교적 큰 변화를 보이고있다.

먼저 상향이중모음(또는 삼중모음, "j+모음" 구조)에서 반모음 /j/가 탈락한 례들을 보기로 한다.

> (47) a. 가비야이<가비아이>(25:51a)
>   b. 그려기<그러기>(24:23b), 어렵거니와<어럽거니와>(23:9b),
>   뎌<더>(笛, 15:33a), 뎌주숨<더주움>(6:32a),
>   빈혀<빈허>(潘, 10:7a), 뼈<뻐>(骨, 3:72b/4:5b)
>   c. 녜<네>(昔, 16:5a), 녜<네>(古, 11:15b),
>   엇뎨<엇데>(10:42a), 샹녜<샹네>(常, 3:43b/13:6b),
>   혜아룜<헤아룜>(11:4a)

(47)의 례들은 상향이중모음(또는 삼중모음)에서의 /j/의 탈락을 보여준다. (47a)는 초간본의 상향이중모음 "ㅑ"가 중간본에 와서 단모음 "ㅏ"로 바뀐 례인데, 반모음 /j/가 탈락하면서 생긴 ja>a의 변화를 반영하고있다. (47b)는 초간본의 상향이중모음 "ㅕ"가 중간본에서 단모음 "ㅓ"로 바뀐 경우인데, 역시 /j/가 탈락하면서 생긴 jə>ə의 변화에 해당한다. (47c)는 사실상 삼중모음이던 "ㅖ"가 중간본에서 "ㅔ"로 된것인데 /jəj/에서 모음 /ə/앞의 /j/가 탈락하면서 생긴변화이다. 이들가운데서 "그러기(기러기), 더 (>저)" 등의 변화형은 오늘날 일반화되여 표준어로 인식되는데 비해,26) "어럽-, 네, 빈허(>비녀)" 등은 일부 방언에서만 유지되고있다. 아마도 이

─────

25) 이중에서 "ㅖ"는 /jəj/로 상향성과 하향성을 동시에 가지는 삼중모음이다.
26) 현대조선어에서 "그러기"는 "기러기"로, "笛"에 해당하는 한자음 "뎌"는 "적"으로, "뎌주움" 의 지시대명사 "뎌"는 "저"로 되였는데, 기본적으로 /j/탈락에 의한 변화형을 유지하고있다.

들은 당시 보편적이던 /j/의 탈락에 류추되여 한때 쓰이다가 나중에 모습을 감춘것으로 여겨진다.

현대조선어의 동남방언에서 자음뒤의 /j/가 탈락하는 현상이 일반적인데 (47a~c)의 /j/탈락이 오늘날 방언의 /j/탈락과 직접적인 상관관계에 놓여있다고 단정하기 어려우나, 부분적으로 관련이 있음은 부인할수 없다.

"가비아이", "써" 등을 제외하면 "ㄹ, ㄷ, ㄴ"와 같은 치조음뒤에서 /j/의 탈락이 많이 이루어졌음을 알수 있다. 그것은 "ㄹ, ㄷ, ㄴ"의 조음위치와 반모음 /j/의 조음위치가 린접함에 따른 일종의 축약현상이다. "ㄹ, ㄷ, ㄴ"의 뒤에서 /j/의 탈락이 가장 먼저 시작된 다음, 그 적용령역이 점차 넓어지면서 현재의 상태에 이르렀을 가능성이 있다.

다음은 하향이중모음(또는 삼중모음)에서 반모음 /j/가 탈락된 경우이다. 하향이중모음(또는 삼중모음)에서의 /j/탈락은 그 환경에 따라 두 종류로 나누어지는데 하나는 통합관계에서 앞음절말의 /j/와 뒤음절초의 /j/가 직접 련결될 때 앞의 /j/가 탈락한것이고, 다른 하나는 두 /j/가 직접 련결되지 않는 환경에서 /j/를 탈락시킨것이다.

(48) a. 벼개예<벼가예>(22:40a)
    b. 헤여딜<허여딜>(24:12b), 에여<어여>(避, 6:15a)
    c. 굴히요미<굴ᄒ요미>(24:34a),
       히야ᄇ리디<ᄒ야ᄇ리디>(25:14b),
       가비얍도다<가ᄇ얍도다>(14:8a),
       히여디디<ᄒ여디디>(16:28b)
    d. 뮈여<무여>(20:20a)
    e. 구틔여<구트여>(25:29a), 쁴여[27]<쁘여>(2:5a/23:10a)

---

27) "쁘여"는 중간본 권2에서 발견되는 어형이다. 초간본 권2가 아직 발견되지 않았기에 섣부른 단정은 할수 없지만, 15세기의 경향을 고려하면 초간본에서 "쁴여"로 적혀있던것이 중간본에 이르러서 "쁘여"로 바뀐것으로 보인다.

f. 머리 셰유믈<머리 셔유믈>(25:50a),
  볘여쇼매<벼여시니>(3:20a), 혜여<혀여>(10:12a)

(48a~f)는 초간본의 하향이중모음 "ㅐ, ㅖ, ·ㅣ, ㅟ, ㅢ, ㅖ"가 중간본에
서 각기 "ㅏ, ㅓ, ㅣ, ㅜ, ㅡ, ㅕ"로 변한것을 보여주는데, /aj/, /əj/, /ʌj/,
/uj/, /ij/, /jəj/에서 /j/가 탈락한 례에 해당된다. 이러한 변화는 음절경계
에서 /j/가 련속되면서 생기는, 동음충돌을 피면하기 위한것으로서 발음
상 경제성을 추구하려는 노력에서 비롯되였다. 초간본에서도 더러 나타
나며 그 이후시기에는 점차 확대양상을 보인다.

계속해서 후자의 경우를 살펴보자.

(49) a. 새뱃사롤<사뱃사롤>(8:44b), 새뱃비치<새밧비치>(11:52a)
   b. 혜덧느니<혀덧느니>(20:3a), 네모<너모>(方, 11:25a)
   c. 희마다<ㅎ마다>(10:40b), 보비ㄹ원<보ㅂㄹ원>(寶, 3:73a)
   d. 괴외ㅎ고<괴오ㅎ고>(24:19b), ㄷ외디<ㄷ오디>(10:20a),
     뫼히(모히)<11:28a>, 새ㄹ외니<새ㄹ오니>(11:17a)
   e. 귀미티오<구미티오>(21:16b), 귀향<구향>(16:5a),
     귓거시<굿거시>(6:29b/12:39b)
   f. 머리 셴 한아비<머리 션 한아비>(11:30b),
     개옛<개엿>(浦, 11:41b), 만리옛<만리엿>(15:8a),
     人世옛<人世엿>(3:34a), 스이옌<스이연>(7:14b),
     沙塞옛<沙塞엿>(24:19b)

(49a~f)는 초간본의 하향이중모음 "ㅐ, ㅖ, ·ㅣ, ㅚ, ㅟ, ㅖ"가 중간본에
서 각기 "ㅏ, ㅓ, ·, ㅗ, ㅜ, ㅕ"로 변한것을 보여주는데, /aj/, /əj/, /ʌj/,
/oj/, /uj/, /jəj/가 /j/와 직접 련결되지 않은 상황에서 /j/를 탈락시킨 례
에 해당된다. 따라서 이런 경우, /j/의 탈락은 음절을 개입시켜 설명될수
없으므로 순수한 의미에서의 반모음 /j/탈락이라고 할수 있는데 중간본시

기에 활발하게 이루어졌다.

3.3.2 /j/의 첨가

중간본에는 모음앞에 /j/가 첨가되어 상향이중모음(또는 삼중모음)을 이루는 경우도 눈에 띄인다.

(50) a. 너기디<녀기디>(25:55a), 너겨<녀겨>,
　　　　벌어즥<벼러즥>(16:74b)
　　b. 비례<비례>(崖, 6:46b)

(50a)는 초간본에서 단모음 "ㅓ"로 나타나던것들이 중간본에서 상향이중모음 "ㅕ"로 변한 경우인데, 반모음 /j/가 첨가되면서 생긴 ə>jə의 변화를 보여주고 있으며, (50b)는 이중모음 "ㅖ"가 삼중모음 "ㅖ"로 바뀐 례인데, 이중모음 /əj/의 앞에 반모음 /j/가 첨가되면서 생긴, əj>jəj의 변화를 보여준다. (50a), (50b)를 앞에서 언급한 (47a~c)와 묶어 생각하면 중간본이 간행된 17세기초반에는 초간본시기와는 달리, /j/에 의한 상향이중모음(또는 삼중모음)의 발음이 불안정했을것이란 추정이 가능하다.

계속하여 중간본시기 모음 또는 이중모음뒤에 반모음 /j/가 첨가되어 하향이중모음 또는 하향삼중모음을 형성한 례들을 보겠다.

(51) a. 님자히오<님재히오>(6:8a), 사괴눈<새괴눈>(交, 11:5b),
　　　　놀라노니<놀래노니>(6:9a), 방핫고<방햇고>(7:18b),
　　　　가마<가매>(11:17b), 가야미<개야미>(17:14b)
　　b. 뻐뎌<뻬뎌>(6:5b), 사라신 저긔<사라신 제긔>(15:38a),
　　　　젓긔<젯게>(霽, 10:23b), 엇데<엣데>(10:5b),

c. 가슥면<가익면>(富, 16:73a), 바러<바ᄅ>(海, 9:29b/17:12a)
   몯ᄒᆞ얏도소니<몯희얏도소니>(8:4b)
d. 곳고리<굇고리>(6:3b), 구트여<귀틔여>(11:28b)
e. ᄲᅳ렛도다<ᄢᅵ렛도다>(抱, 6:5b), 프놋다<픠놋다>(14:7a),
   이른<이릔>(10:2b/1:22a), 나그내<나긔내>(6:49a),
   어느<어늬>(10:17b), 드트리<듸ᄐᆞ리>(11:16b)
f. 빈혓머리<빈혯머리>(20:38a), 펴뎻ᄂᆞᆫ<펴뎻ᄂᆞᆫ>(15:17a),
   녀매<녜매>(行, 20:2b), 열웻도다<옐웻도다>(薄, 10:38b),
   날회여<날회예>(17:10a), 몃귀여<몟귀여>(塡, 7:3a),
   여희여<예희여>(別, 6:51b)

(51a~e)는 /j/의 첨가로 인해 단모음이 하향이중모음으로 된것이고,
(51f)는 이중모음이 삼중모음으로 변화한것이다. 모음뒤의 /j/의 탈락은
초간본에도 부분적으로 나타나는 현상임에 비해서 같은 위치에서의 /j/의
첨가는 초간본에서 "녜며"(行, 23:19b)만 발견될뿐 대부분 중간본에서 나타
난다는 사실이 주목된다. 후자의 변화는 전자의 그것에 비해 늦은 시기에
이루어졌던것이다. 우의 례들중에서 "곳고리>굇고리", "개야미>개미"는
그 변화형이 널리 받아들여져 현재 표준어로 인정되고있는 반면, 기타의
변화형들은 방언들에서만 부분적으로 유지된다.

3.3.3 /w/의 탈락

중간본에는 상향이중모음에서 반모음 /w/가 탈락하는 경우가 드물게
존재한다.

(52) a. 말왐<말암>(24:57a)
    b. 누워이슈니<누어이슈니>(25:13a)

(52a)는 초간본에 나온 상향이중모음 "ㅘ"가 중간본에서 "ㅏ"로 바뀐 례인데, 반모음 /w/가 탈락되면서 생긴 wa>a의 변화를 보여주고있다. 중간본의 "말암"은 앞에서 본 /j/의 탈락과 같은 환경에서 나타났다. (52b)는 초간본의 "ㅘ"가 중간본에서 "ㅓ"로 바뀐 례로써 반모음 /w/가 탈락되면서 생긴 wə>ə의 변화를 보여주고있다.

3.3.4 /w/의 첨가

(39) a. 흐오ㅿ<흐오와>(24:28a), 흐ᄋ와<흐ᄋ와>(24:40b),
　　　 마조보아<마조보와>(25:38a), 마초아<마초와>(15:2b/19:4a),
　　　 조햿도다<조햿도다>(淨, 11:13b)
　　b. 수수어리미<수우워리미>(21:10a)

(39a)는 초간본에서 "ㅏ"로 나타나던것들이 중간본에서 "ㅘ"로 변한 경우인데, 모음앞에 반모음 /w/가 첨가되면서 생긴 a>wa의 변화를 보여주고있다. "조햿도다"의 경우는 표기상 "조하잇도다"의 축약형으로서 실제로 뒤음절의 "잇"과는 상관없이 "ㅏ"가 "ㅘ"로 변한것으로 보아야 한다. (39b)는 모음 "ㅓ"가 "ㅝ"로 바뀐 례인데, /ə/앞에 반모음 /w/가 첨가되면서 이중모음 /wə/가 생성된 경우이다.

3.3.5 변화의 원인

3.3.5.1 /j/의 탈락과 첨가

먼저 반모음 /j/의 탈락원인에 대해 검토해보겠다. 우에서 서술한바와 같이 /j/는 중간본시기 상향이중모음(또는 삼중모음)과 하향이중모음(또는 삼중모음)에서 탈락양상을 보였다. 상향이중모음(또는 삼중모음)에서의 탈락은 "가비아이", "쎄" 등을 제외하면 주로 "ㄹ, ㄷ, ㄴ"와 같은 특정 자음뒤에서 이루어졌다. 여기서 우리는 "ㄹ, ㄷ, ㄴ"의 조음위치에 주목할 필요성이 있다. ≪훈민정음해례≫에서 "ㄹ"에 대해서는 "ㄹ半舌音如閭字初發聲"이라 하고, "ㄴ"에 대해서는 "ㄴ舌音如那字初發聲"이라 하고, "ㄷ"에 대해서는 "ㄷ舌音如斗字初發聲"이라하여 설음으로 분류해놓았다. 현대음운론의 립장에서 본다면 "ㄹ, ㄷ, ㄴ"는 모두 혀끝과 이몸사이에 나는 치조음인데, 이들뒤에 조음위치가 비슷한 반모음 /j/가 린접되면 비슷한 음성자질이 서로 겹치면서 일종의 축약현상이 생기게 된다. "ㄹ, ㄷ, ㄴ"의 뒤에서 /j/의 탈락이 가장 먼저 시작된 다음, 그 적용령역이 점차 넓어지면서 현재의 상태에 이르렀을 가능성이 있다.

하향이중모음(또는 삼중모음)에서의 탈락은 앞에서 본바와 같이 두가지 양상으로 나타난다. (48)의 경우는, 상향이중모음(또는 삼중모음)에서의 그것과 비슷한데 앞뒤음절에 /j/가 련속됨으로써 발음이 불편해지자 앞음절의 /j/를 탈락시킴으로써 음절경계에서 동음충돌을 피면한 현상이다. 즉, "벼개예", "헤여딜", "굴희요미", "셰유믈"의 "aj+jəj", "əj+jə", "ʌj+jo", "jəj+ju"에서 앞음절의 /j/를 탈락시킴으로써 발음상의 편리를 가져오게 되였던것이다. 그런데 (49)의 경우는 앞뒤의 /j/가 련속되지 않는 환경에서 일어난것으로써 음절을 개입시켜 설명할수 없으므로 반모음 /j/의 단순한 탈락이라고 할수 있는데, 그 배경에 대해서는 정확한 해석이 어렵다. 현재 일부 방언에서만 그 변화형이 유지된다는 사실을 고려한다면, 이와 같은 변화는 중간본시기 보편적으로 나타나던 (48)의 변화로부터 류추된 현상이 아닌가 한다.

계속하여 먼저 반모음 /j/의 첨가원인에 대해 알아보겠다. 모음이나 이중모음앞에 /j/가 붙어서 상향이중모음이나 상향삼중모음을 이루는 현상은 /j/의 탈락이 일반적이던 당시의 경향에 위배되는것으로서 관심을 끈다. 당시의 입말에서 변화의 물결에 저항하려는 심리적인 요소가 작용했으리라는 추정을 할수 있다.

단모음과 이중모음뒤에 반모음 /j/(on-glide j)가 첨가되는 례들을 유심히 살펴보면, "님재, 새괴는, 뻬녀, 픠렛도다, 괏고리" 등은 앞뒤음절에서 i, j의 영향으로 동화를 입음으로써 나타난 변화[28]인데 반해, "놀래-, 방햇고, 가매" 등은 특별한 환경이 주어지지 않은 상황에서 /j/가 첨가된것으로 류형을 달리한다. 전자의 경우는 발음의 편리 및 경제성추구라는 측면에서 쉽게 리해할수 있지만 후자의 경우는 해석이 곤란하다. 이들 형태가 현재의 남부방언에서 흔히 나타나는것으로 보아, 후자의 례는 중간본이 간행된 경상도지역의 방언현상을 반영했을 가능성이 높아보인다.

반모음 /j/의 탈락과 첨가는 17세기초반 "ㅕ, ㅖ" 등은 물론 "ㅐ, ㅔ, ㆎ" 등도 이중모음이였다는 사실[29]을 전제로 시작된것인데, 반대로 그 시기 하향이중모음(또는 삼중모음)이 음운론적단위로서 갖는 지위가 불안정해지면서 상당한 변화를 겪게 되는 상황에 놓여있었다는점을 시사해준다.

3.3.5.2 /w/의 탈락과 첨가

/w/의 탈락은 류형에 따라 달리 해석된다. "말왐>말암"에서 /w/의 탈락은 상향이중모음에서 /j/의 탈락과 마찬가지로 "ㄹ"을 비롯한 치조음뒤에서 발생한것으로서 조음위치가 비슷한 반모음 /j/가 린접되면 비슷한

---

28) "곳고리>괏고리"의 경우는 마지막음절 "리"에 의한 역행원격동화에 속한다.
29) 리기문(1969), 김영황(1978), 박병채(1989) 등 연구는 "ㅐ, ㅔ"의 단모음화는 그뒤 18세기 말 19세기초에 완성되였고 "ㅚ, ㅟ"의 단모음화는 그보다도 더 늦은 시기에 일어난것으로 보고있다.

음성자질이 서로 겹치면서 일종의 축약현상이다. 그런데 "누워>누어"는 소실자음 "ᄫ"와 관련이 있는것으로서 초간본에 나타난 /w/은 원래 "누ᄫ>누워>누어"와 같이 순경음 "ᄫ"이 변화하여 생긴 흔적으로 중간본시기에 와서 완전히 탈락하게 되였는데, β>w>∅변화의 말기적현상으로 파악된다.

/w/의 첨가는 선행원순모음 "ㅗ/ㅜ"가 지닌 원순성이 후행모음에 전이되여 성립된 조건적변화로서 /j/첨가에 비해 뚜렷한 음운론적동기를 지니고있다. "ᄒ오ᅀᅡ"의 경우, 중간본에서 "ᄒ오와, ᄒᆞ와" 등으로 달리 나타나는데, 이것은 중간본기사자들이 당시 발음에 /w/가 첨가되는 현상을 명확히 인식하고 있었으며 그것을 표기에 반영하기 위한 시도에서 비롯된것이다.

우에서 언급한 내용외에도 중간본에는 "ㅡ"가 "ㅣ"로 변화한, 전설모음화를 반영한듯한 례가 부분적으로 나타나는데 이와 관련하여서도 잠깐 살펴볼 필요가 있다. 전설모음화가 대체로 "ㅅ, ㅈ, ㅊ"아래에서 비전설모음 "ㅡ"가 전설모음 "ㅣ"로 변하면서 이루어진다는 기존의 인식과는 달리 중간본의 "ㅡ>ㅣ"는 주로 "ㄹ"의 앞뒤에서 발생하였다는점이 눈길을 끈다.

(54) a. 그르메<그리메>(影, 13:21b/9:34a),
     아룻다온<아리다온>(6:12a)
    b. 게을어<게일어>(7:1b)

(54a)는 "ㄹ"의 뒤에서 생긴 "ㅡ>ㅣ"변화를 반영한 례이고 (54b)는 반대로 "ㄹ"의 앞에서 생긴 "ㅡ>ㅣ"를 보여주는 례이다. (54a)에서 "그리메>그리메"와 같은 변화는 초간본에서도 확인할수 있는것처럼 비교적 일찍 발생한 변화이다. "아룻다온"의 경우는 "ㆍ"의 1단계변화인 "ㆍ>ㅡ"

가 적용된 뒤에 "ㄹ"뒤에서 "ㅡ"가 "ㅣ"로 바뀐것이다.

이러한 변화는 "ㄹ"이 가진 음성적특질에 따른 일종의 동화현상을 반영한 표기상 변화이다. 조음위치상 전부위치(前部位置)에서 발음되는 "ㄹ"에 비전설모음인 "ㅡ"가 이끌려 전설모음 "ㅣ"로 실현된것으로 파악된다. 비록 이와 같은 동화는 중간본시기 보편적으로 이루어진것이 아니라 일부 개별적인 어형에 한정되었다. 16세기후반에 간행된 ≪류합≫(초간본)에도 "嬌 아릿다울 교"(하:31)와 같은 례가 나타난다는것을 상기할 때, "ㄹ"과 관련된 "ㅡ>ㅣ"변화는 단순한 방언적현상으로 처리하기는 어려울것이다. "ㄹ"의 앞뒤에서 일어난 "ㅡ>ㅣ"가 "ㅅ, ㅈ, ㅊ"아래의 "ㅡ>ㅣ"와 어느 정도 상관성을 맺고 있는지는 앞으로 더 검토해볼 일이지만, 전설모음화의 맹아가 이미 17세기초반에 움튼것은 확실하다.

그동안의 론의들에서는 전설모음화에 대하여 대체로 자료의 류형에 따라서 19세기이전으로 소급되는것으로 본다. 특히 방언과 관련하여 많은 학자들은 19세기후반 남부방언 자료에 "ㅅ, ㅈ, ㅊ" 뒤의 "ㅡ>ㅣ"가 광범위한 령역에 걸쳐 생산적으로 나타나고 있는것을 보아 남부방언에서는 19세기이전에 이미 시작되었으리라 추정하였다. 또한 백두현(1992)은 간행년도 1518~1939년에 이르는 52권의 령남문헌에서 18세기후반에 나타난 치음 뒤 "ㅡ>ㅣ"는 단 몇개의 례, 가령 "구슬>구실"로 "쓸(若)>씨울" 등 소수에 지나지 않더라도 령남어에서는 18세기부터 "ㅡ>ㅣ"현상이 시작되였음을 주장한다.

그런데 ≪두시언해≫ 중간본에는 "ㄹ"뒤 "ㅡ>ㅣ"와 더불어, "ㅈ"에 뒤따르던 "ㅣ"가 "ㅡ"로 되바뀌는 현상이 나타난다.

(55) 그첨직ᄒ니<긋첨즉ᄒ니>(11:35b),

ᄒ얌직ᄒ니<ᄒ얌즉ᄒ니>(11:6b),
슬험직ᄒ도다<슬험즉ᄒ도다>(25:46a),
우염직ᄒ도다<우염즉ᄒ도다>(25:15b),
머므럼직ᄒ도다<머므럼즉ᄒ도다>(22:1b),
ᄃ람직ᄒ도소니<ᄃ람즉ᄒ도소니>(16:52b),
받ᄌ왐직ᄒ니<받ᄌ왐즉ᄒ니>(7:13b),
늘검직<늘검즉>(16:22b)

　동일한 현상이 ≪번역로걸대≫, ≪소학언해≫, ≪론어언해≫ 등의 16세기문헌과 ≪시경언해≫, ≪가례언해≫ 등의 17세기초반의 문헌들에도 발견되는데, 만약 그시기에 "즉>직"의 변화가 존재했다고 상정한다면, 중간본에 나타난 "직>즉"은 "즉>직"의 경향에서 류추된 과도역표기형이 아닐까한다. 그렇다면 "스>시, 즈>지, 츠>지"에서 "즈>지"는 가장 먼저 발생한것으로서 "르"의 그것과 더불어 적어도 17세기에 이미 변화를 시작하였던것으로 보인다.

　"즈름길>지름길", "즘싱>즘승>짐승", "승겁->싱겁-", "츩>칡" 등의 확산파장이 오늘날의 지역방언에까지 지속되고있다는 사실로부터 조선어 발달사에서 전설모음화의 내적전개와 공간의 확대과정이 오랜 시일을 소요하였음을 알수 있는데, 거꾸로 그 변화의 싹은 이미 오래전부터 태동하고있었음을 짐작가능하다.

제4장

15세기초반~17세기후반 조선어의 문법변화

17세기의 문헌들을 보면 그 언어가 15세기의 문헌들의 그것과는 상당히 달라졌음을 보아낼수 있다. 그것은 표기, 음운적측면에서 발생한 력사적변화외에도, 문법적측면에서 나타난 변화로 확인된다. 이것은 주로 15세기후반부터 일어난 변화의 움직임이 16세기를 걸치면서 확대된 결과이다. 17세기초반의 문법체계는 이전시기의 그것에 비해 보다 정밀하고 간소화된 체계를 지향하면서 발전한다. 그것은 문법형태의 여러 이형태들이 량적으로 간소화를 이루고, 문법형태의 용법이 단순해지였으며 문장구성이 전에 비해 보다 뚜렷하고 정밀하게 변하는 등 일련의 변화로부터 확인된다.

이 장에서는 ≪두시언해≫ 초간본과 중간본사이에 보이는 문법형태의 차이를 통하여 해당 기간에 일어난 문법변화의 특징적인 모습을 살피고 그 원인을 분석해보고저 한다.

4.1 이형태의 간소화

훈민정음창제이래 문법형태는 그것이 붙는 어간의 음성형태에 따라 달리 선택됨으로써 여러 이형태로 실현되였는데, 중세로부터 근대로 넘어가는 력사적과정을 거치면서 점차 간소화의 방향으로 발달하였다. 이형태의 간소화는 주로 격토와 도움토를 비롯한 체언형토에서 나타난다.

4.1.1 체언형태의 간소화

훈민정음이 창제된 15세기중반 격토는 모음조화에 따라 대응하는 쌍을 이루며 규칙적으로 나타나고 있었으나 초간본이 간행된 15세기후반부터 "·"의 변화와 모음조화파괴에 따라 그러한 규칙에 어긋나는 조짐을 보이고있었다. 16세기에 들어와서는 양성과 음성선택이 규칙적인것으로 되지 못하고 자의적으로 되는 현상이 본격적으로 나타나기 시작하였다.

    (1) a. 사름은(내훈, 1:21), 흙은(금강경, 2:32), 도즈글(삼강, 충:22)
        b. 믈을(번소, 9:71), 말솜을(소학, 4:26), 무음을(맹자, 14:21)

이러한 현상은 시간이 갈수록 더 심해지였는데 17세기초반에는 기존의 음양대칭현상의 존재가 무의미하게 되면서 사실상 여러 격토의 이형태가 간소화를 경험하게 되였다. 아래 초간본과 중간본에서 그에 해당하는 례를 들어보이면 다음과 같다.

    (2) a. 大戎올<大戎을>(6:50b), マ른믈<マ롬을>(7:1a),
          이룰<이를>(15:54b), 天機룰<天機를>(9:14b)
        b. 龍읜<龍의>(6:8b), 公翰읜<公翰의>(22:40a),

무수미<무우믜>(22:20a), 魯公의<魯公의>(6:19b)

c. 巴東애<巴東에>(16:16a), 올에<올애>(15:17b)

d. 알픠셔<알픠셔>(22:31b), 바믜셔<바믜셔>(16:6a)

e. 남ᄀ로<남그로>(12:2a), 東ᄋ로<東으로>(3:11a/11:76b),
　　玉ᄋ로<玉으로>(8:24a/25:17b), 東方ᄋ로<東方으로>(11:49b)

　　(2a)는 대격토 "-을/-를, -올/-롤"에서 양성형태인 "-올/-롤"이 중간본에서 음성토 "-을/-를"로 넘어감으로서 간소화를 이룬 경우이며, (2b)는 속격토 "-의/-의"에서 양성형태인 "-의"가 중간본에서 음성형태 "의"로 넘어감으로서 간소화를 이룬 경우이다. 마찬가지로 (2c)는 15세기후반에 양성과 음성형태로 나타나던 여격토 "-애/-에"가 중간본시기에 와서 음성형태인 "-에"로 간소화를 이룬 사실을, (2d)는 위격토의 두 이형태 "-의셔/-의셔"가 음성형태 "의셔"로 넘어간 사실을, (2e)는 조격토 "-ᄋ로/-으로"가 "-으로"로 간소화된 사실을 보여준다.

　　그러나 여격토의 경우는 단지 (2c)에서처럼 음성형태와 양성형태의 간소화만 진행된것이 아니다. 15세기에는 "-애/-에"외에도 선행음절이 /i/, /j/로 끝난 경우에 붙는 "-예"가 더 있었는데 "ᄃ리예(3:21b)", "자리예(3:25b)"에서처럼 쓰일수 있었다. 따라서 15세기후반까지도 "-예"는 "-애/-에"와 더불어 음운론적으로 조건된 이형태로 명확히 인식되였다. 그런데 17세기에 이르러 "-예"에서 반모음 /j/(on-glide j)가 탈락[1]하면서 점차 "-에"로 간소화되는 움직임이 일어났다.

　　(3) a. 머리예<머리에>(20:34), 소리예<소리에>(3:12a),
　　　　　萬里예<萬里에>(3:57a), 史記예<史記에>(19:42a)
　　　b. 바회옌<바회엔>(11:31b), *霸業옛<霸業옛>(3:10a)

---

1) 반모음 /j/의 탈락에 대해서는 3.3.1에서 언급한바 있다.

(3a)의 례들은 "예, 에"의 이형태가 "에"로 단일화되는 과정을 보여준다. 또한 (3b)와 같이 "-예" 뒤에 "-ㄴ"이 붙은 형태와, "-엣"이 "-옛"으로 적힌 역표기형이 나타난다는 사실은 "-예>-에"의 간소화가 중간본 당시에 일정한 정도로 진행되였음을 추정케한다.

도움토 "-ㅇ/-은"도 역시 "-은"으로 통합되여 간소화의 방향으로 발전하였다.

(4) 몰곤<몰곤>(11:27b), 바ᄃ라오믄<바ᄃ라오믄>(14:22a)
講堂온<講堂은>(6:22a), 보믄<보믄>(11:44a)

중세시기 도움는 "-ㅇ/-은"외에 "-ᄂ/-는"도 있었으나 문헌상 "-ᄂ/-는>-는"의 간소화를 보이는 례는 "婢ᄌᄂ(가례, 5:15)", "손ᄌᄂ(곽씨, 160-5)"의 몇몇에 불과하다. 비어두음절에서 "ㆍ>ㅡ"의 변화가 완수된 사실과 모음조화의 파괴현상이 나타난것을 고려할 때, 17세기초반에는 "-ᄂ/-는>-는"의 간소화가 이미 상당한 정도로 진행되였음을 짐작할수 있다. 이러한 양상은 그뒤 18세기문헌들에서 더욱 일반화된다.

(5) 부ᄌ는(완월, 147:21), 효ᄉ는(완월, 46:13),
궁ᄌ는(을병연, 11:7), 혹ᄌ는(완월, 49:30)

4.1.2 용언형태의 간소화

이형태의 간소화는 규정토와 시간토를 중심으로 한 용언형태에서도 이루어졌는데 체언형태의 그것과는 달리 문헌상으로는 극히 부분적으로 확인된다.

(6) a. 나믄<나믄>(餘, 16:49b), 몰근<몰근>(6:7a),
　　　 불근<불근>(22:23b)
　　 b. 아다니<아더니>(知, 25:29b), 즐기다니<즐기더니>(16:32b),
　　　 疑心ᄒ다니<疑心ᄒ더니>(15:46b),
　　　 ᄃᆞ니다라<ᄃᆞ니더라>(行, 24:51b),
　　　 旺盛ᄒ다니라<旺盛ᄒ더니라>(16:36b)

　(6a)는 초간본시기의 규정토 "-ㅇᆞᆫ"이 중간본시기에 "-은"으로 바뀜으로써 나타난 "-ㅇᆞᆫ/-은>-은"의 간소화경향을, (6b)는 초간본시기의 시간토 "-다-"가 중간본에서 "-더-"로 넘어감으로써 생긴 "-다-/-더->-더-"의 간소화경향을 보여준다. 여기서 "-다-/-더-"는 과거의 어떤 시간을 기준으로 하여 아직 완료되지 않는 행동을 나타내는 과거지속의 의미를 표시하는, 일종의 과거시간토로서 음성토와 양성토로 나뉘여져 있었다. 그러나 이들은 중간본에서 대부분 "-더-"로 통일되여 나타난다. 이러한 사실은 "·"변화 및 모음조화의 파괴와 밀접한 관련이 있다.

　이형태의 간소화양상을 다음의 표에 정리해보자.

● 표5

토	15세기후반				17세기초반	
	양성		음성		간소화	
	개음절	폐음절	개음절	폐음절	개음절	폐음절
대격토	-ᄅᆞᆯ/-ㄹ	-ᄋᆞᆯ	-를/-ㄹ	-을	-를/-ㄹ	-을
속격토	-ㅇᆡ	-ㅇᆡ	-의	-의	-의	-의
여격토	-애	-애	-에/-예	-에/-예	-에	-에
위격토	-ㅇᆡ셔	-ㅇᆡ셔	-의셔	-의셔	-의셔	-의셔
조격토	-로	-ᄋᆞ로	-로	-으로	-로	-으로

토	15세기후반				17세기초반	
	양성		음성		간소화	
	개음절	폐음절	개음절	폐음절	개음절	폐음절
도움토	-ᄂᆞᆫ	-ᄋᆞᆫ	-는	-은	-는	-은
규정토	-ㄴ	-ᄋᆞᆫ	-ㄴ	-은	-ㄴ	-은
시태토	-다	-다	-더	-더	-더	-더

4.1.3 변화의 원인

우의 <표5>에 정리된바와 같이 이형태의 간소화는 어간종성의 류형과 상관없이 음양대립의 소실에 따라 양성토가 음성토로 넘어가면서 진행되였다. 따라서 이것을 양성토계렬이 음성토계렬로 합류된것으로 볼수도 있다. 어찌되였거나 문법형태의 여러 이형태가 음성토계렬로 간소화된 원인은 근본적으로 "·"음의 변화와 그에 따른 모음조화의 파괴에 있는데, 이에 관해서는 모음의 변화를 서술할 때 언급한바 있으므로 구태여 중복할 필요가 없다.

그런데 여기에 한가지를 더 보탠다면 조선어의 발전단계가 중세에서 근대로 넘어가는 과정에 대중들의 문법의식이 보다 높은 수준으로 발전하게 된것도 변화를 가속시키는 촉매제로 작용하였다는 사실이다. 문법형태에 대한 리해가 깊어짐에 따라 언중들은 점차 기존 문법형태의 여러 이형태들을 명확히 인식하게 되었는데, 더불어 효과적인 언어사용을 위해 이들을 줄여서 좀 더 간단히 표현하고저 하는 심리적인 욕구도 일게 되였던것이다.

조선어토는 어간과 결합할 때, 어간의 종성이 개음절이면 여전히 개음절성토가 선택되였고, 어간의 종성이 폐음절이면 폐음절성토가 선택되는 규칙을 따라야 한다. 어간종성의 개폐성여부에 따른 토의 선택은 조선어 음적특성에 따른것으로서 현대조선어의 경우에도 그대로 적용되는 현상이다. 이러한 사실은 17세기초반에도 변함이 없었다. 때문에 당시 하나의 문법형태가 양성토와 음성토, 폐음절성토와 개음절성토의 4개의 이형태를 갖는것은 아주 일반적인 현상이였던것이다.

그러나 실제 언어에서 이처럼 많은 이형태가 쓰인다는것은 언어의 경제성이라는 측면에서 볼 때, 분명히 번거롭고 불필요한 현상이였을것이다. 한 형태소가 음성조건에 따라 이형태로 나타나지만 이들사이의 의미나 문법기능이 완전히 동일하기 때문에, 언어사용자의 립장에서는 문장을 표현함에 있어서 최소한의 이형태를 사용하는것이 보다 편리하고 효과적이였던것이다. 이러한 욕구가 당시 "·"음의 변화와 모음조화의 파괴 등과 맞물리게 되면서 이형태의 간소화라는 현상은 빠른 속도로 진행될수 있었던것이다.

4.2 문법형태의 용법변화

4.2.1 구격토 "-와/-과"의 용법변화

고대에 소급하면 구격토는 본래 "-과"하나로만 되였는데 15세기에 이르러 "-과"가 앞음절의 종성 "ㄹ"아래에서 초성 "ㄱ"을 탈락함으로써 "와"로 분화하는 력사적과정을 겪게 되였다. 따라서 15세기이래 "-과"는 개음절 아래에 쓰였고 "-와"는 폐음절(ㄹ)아래에 쓰였다. 초간본이 간행된 15세기후반까지도 구격토는 중간본시기의 그것보다 더 넓은 범위에서 다른 토들과 합성될수 있었다.

특히 구격토 "-와/-과"가 련속됨으로써 명사구를 형성할 때 끝의 체언에 구격토가 통합한후 여기에 다시 격토나 도움토, 용언토가 합성될수 있었는데 그중 격토와의 통합이 일반적이였다. 즉, 련속되는 "-와/-과"에 의해 형성된 명사구가 주격이면 "-왜/-괘"로, 대격이면 "-와롤/-과롤"로, 속격이면 "-왓/-괏"으로 실현될수 있었다. 그런데, 중간본이 편찬 17세기 초반에는 구격토의 이러한 용법이 상당한 정도로 약화된 모습을 보여준다. 초간본에 나타난 "-왜/-괘", "-와롤/-과롤"은 다른 형태로 교체되여 나타나고있다.

(7) a. 바톱과 니왜<니와> 놀카오몰 미드면(25:2a),
　　　仲冬애 ᄇ룸과 희왜<희와> 비릇 서늘ᄒ도다<서늘토다>(14:31a)
　　b. 하ᄂ힐 쇠와 돌콰롤<돌과> 믈녹게 ᄒ여<ᄒ며>(12:42a)
　　c. 하ᄂ콰 ᄯ콧<ᄯ콧> ᄉ이예셔<ᄉᆡ예셔>(3:48b),
　　　뫼콰 믈왓<뫼과 믈괏> 그림풀 時節에(13:46b)

(7a~b)는 초간본에서 구격토 "-와/-과"로 끝난 명사구 뒤에 격토 "-ㅣ, -롤"이 붙어 "-왜/-괘", "-와롤/-과롤"가 중간본에서 다시 "-와/-과"로 교체됨으로써 "-ㅣ, -롤"이 탈락했음을 보여준다. (7c)의 "-왓/-괏"의 형태는 중간본에서 "-와/-과"로 교체된것이 아니라, "-왓/-괏"으로 교체됨으로써 중간본에서 오히려 구격토 "-와/-과"의 뒤에 주격토 "-ㅣ"가 통합된것처럼 보인다. 그러나 이것은 사실상 중간본기사자가 초간본시기의 "-와+-ㅅ/-과+-ㅅ"를 제대로 리해할수 없었기 때문에 "-괏"을 "-괏"으로 잘못 수정한, 과도역표기의 결과로서 여전히 "-와/-과+-ㅅ"의 합성 용법이 약화되였음을 보여주기에 무리가 없다.

그런데, 초간본의 "-와/-과"가 중간본에서 다시 "-왜/-괘"로 교체된 례도 나타난다.

(8) 벌어지와 가야미와<가야미왜> 모닷도다(蟲蟻萃, 18:19a),
    鳳凰과 麒麟과는<麒麟괘는> 어듸 잇는고(鳳凰麒麟安在哉, 16:64b),
    ᄇᆞᄅᆞᆷ과 서리와<서리왜> 들오(風箱入, 21:43b)

(8)와 같은 례는 초간본에도 "-왜/-괘"가 "-와/-과"로 되는 현상이 산발적으로 나타났었는데, 중간본에서는 오히려 그것에 대하여 의고적수정을 가한것으로 보여진다. (7c)의 역표기형과 련계시켜 생각한다면, 중간본시기에는 "-왜/-괘"에서 "-ㅣ"가 떨어져나가는 현상을 "-와롤/-과롤"이나 "-왓/-괏"에서의 "-롤", "-ㅅ"의 탈락보다 더 잘 인식하고있었던것으로 보인다.

한편, 초간본의 구격토와 주격토의 결합형태를 중간본에서 다른 형태로 바꾸어놓은 경우도 있다.

(9) 슬프다 구위와 私處왜<私處에> 病ᄒᆞ니(吁嗟公私病12:41a)

여기서는 초간본의 "구위와 私處왜"에서 "왜"를 탈락시키는 대신 여격토 "-에"를 첨가함으로써 문장의 번역을 달리하였다.

중간본시기 구격토는 "-ㅣ, -롤, -ㅅ"를 제외한 다른 격토들과도 통합될수 있었을뿐만아니라 도움토, 체언의 용언형토에도 통합될수 있었다.

(10) a. 韓擇木과 蔡邕과로 혼가지로 힘뼈 ᄒᆞ더니라(韓蔡同晶扆, 16:17a)
     b. 션빈와 호반과의 衣冠이 녯 時節와 다ᄅᆞ도다(衣冠異昔時, 6:8a)
     c. 金과 玉과란 ᄇᆞ리고라(棄金玉, 4:27a)
     d. 뷘 ᄆᆞᄋᆞᆯ핸 다 일히와 범괘로다(空村盡豹虎, 1:44a)

(10a)는 중간본에 구격토 "-과"가 조격토 "-로"와 합성된 례를 보여주며, (10b)는 주격토 "-과"가 여격토 "-의"와 합성된 례를, (10c)는 주격토 "-과"가 도움토 "-란"과 합성된 례를, (10d)는 구격토 "-과"가 체언의 용언형토 "-ㅣ"와 합성된 례를 보여준다.

중간본시기 구격토의 용법에 생긴 변화는 전면적인 변화가 아니라 부분적인 변화였다. 즉, 17세기초반의 구격토는 주로 주격토, 대격토, 속격토와의 합성에서 제약을 받았는데, 기타 토들과의 합성은 여전히 가능하였다. 그러나 중간본에 나타나는 그러한 변화는 그뒤로 내려올수록 확대되여 현대에 이르러서는 구격토의 용법에서 더이상 지켜지지 않았다. 중간본이 간행된 17세기초반은 구격토의 용법이 본격적으로 흔들리기 시작하는 중요한 시기였던것으로 판단된다.

4.2.2 속격토 "-ㅅ"의 용법변화

격토가운데 중간본에서 가장 혼란스럽게 쓰인것은 속격토 "-ㅅ"이다. 속격은 일반적으로 체언과 체언사이의 관계만을 명시해줄뿐, 주격이나 대격처럼 술어와 통사적기능을 가지지 못하기 때문에 체언과 체언을 묶어 보다 큰 명사구를 이루는데 사용되였다. 우에서 본대로 15세기조선어에는 속격의 문법적기능을 수행하는 문법형태로 속격토 "-의/-의"와 "-ㅅ"이 있었다. "-의/-의, -ㅅ"가운데서 "-의/-의"는 나중에 간소화를 이루어 "-의"로 통일되였고, "-ㅅ"도 16세기부터 혼란스럽게 쓰이다가 근대조선어에 와서는 결국 사이소리표기로서만 작용하게 되였다. 17세기초반에는 속격토로서의 "-ㅅ"의 용법에 큰 변화가 있었던것으로 보인다. 그것은 아래와 같이 초간본시기 속격토 "-ㅅ"으로 이루어진 명사구가 중간본에 와서 "-ㅅ"가 탈락된 어형으로 대체된 례가 수없이 나타난다는 사실로부터 확인된다.

(11) a. 슬픈 놀앳속<슬픈 놀애속>(11:31a),
　　　　노푼딋 새<노푼더 새>(112:12a),
　　　　서맗 술<서말 술>(15:40b),
　　　　北녘 그려기<北녁 그려기>(11:9a),
　　　　술읫 자최<술위 자최>(13:9b),
　　　　어마닚 집<어마님 집>(13:5b),
　　　　온가짓 낟<온가지 낟>(12:17b)
　　b. 값 氣運<갈 氣運>(11:18b),
　　　　두서 ᄀ옰 消息<두어 ᄀ올 消息>(12:40a),
　　　　桃花ㅅ 훈퍼기<桃花 훈퍼기>(18:7b),
　　　　滄海ㅅ 옹<滄海 옹>(17:24a),
　　　　오늘낤 江南<오늘날 江南>(11:9b),
　　　　이슰 氣運<이슬 기운>(12:6a),
　　　　千古ㅅ 사ᄅᆞᆷ<千古 사람>(25:48b)
　　c. 咸陽ㅅ 都邑<咸陽都邑>(16:26a),
　　　　弟子ㅅ 行列<弟子行列>(8:50b),
　　　　昆山ㅅ 玉<昆山玉>(9:1a),
　　　　集賢殿ㅅ 學士<集賢殿學士>(25:52b),
　　　　洛陽ㅅ 宮殿<洛陽宮殿>(15:45b)

(11a)는 순수 고유어로만 이루어진 명사구에서 속격토 "-ㅅ"가 탈락한 례이고, (11b)는 고유어와 한자어의 결합으로 된 명사구에서 "-ㅅ"이 탈락한 례이며, (11c)는 한자어로만 이루어진 명사구에서 "-ㅅ"가 탈락한 례이다. 이때의 속격토 "-ㅅ"는 그것이 속한 명사구에서 고유어, 한자어 할것없이 모두 탈락양상을 보여준다.

중간본시기 속격토 "-ㅅ"는 그것이 쓰인 합성명사에서도 탈락하고있다.

(12) a. ᄀᆞ룺믈<ᄀᆞ롬믈>(11:44a), 나못닢<나모닢>(24:39b),
　　　 눖믈<눈믈>(9:1b), 머릿터럭<머리터럭>(6:53a),
　　　 믌결<믈결>(12:5a), 버듨가야지<버들가야지>(10:46b),
　　　 복셨곳<복셩곳>(11:20a), 힛빛<히빛>(6:33b),
　　　 둜빛<둘빛>(11:49a)

　　b. 긋句<글句>(3:31a), 밦中<밤中>(12:13a),
　　　 燭ㅅ블<燭블>(12:39a)

(12a)는 순수 고유어로 이루어진 합성명사에서 "-ㅅ"가 탈락한 경우이
고, (12b)는 고유어와 한자어로 이루어진 합성명사에서 "-ㅅ"가 탈락한
경우이다.

　명사구나 합성명사에서 그런데 속격토 "-ㅅ"가 두개 이상 나타날 때,
(13)에서처럼 일반적으로 그중의 하나만 탈락되었다.

(13) ᄀᆞ룺 셴 머릿 앒<ᄀᆞ롬 셴 머릿 앒>(23:44a),
　　 ᄀᆞ룺 뒷 플<ᄀᆞ룺 뒤 플>(7:14b),
　　 ᄇᆞ룺 믌결<ᄇᆞ룺 믈결>(11:52b)

　물론 "그듼 숤 불휘<그듸 숤 불휘>(25:44b), 甲子ㅅ 낤 비<甲子날 비>
(12:23ㄴ)"와 같이 앞뒤의 "-ㅅ"가 모두 탈락하는 례도 존재하지만 그다지
흔한 경우는 아니였다. 정반대로 중간본에서 속격토 "-ㅅ"가 첨가된 어
형은 아래의 몇몇에 불과하다.

(14) a. 城웋<城ㅅ웋>(3:45a), 믈 밲<믔 밲>(13:23b),
　　　 ᄀᆞ롬 밲<ᄀᆞ룺 밲>(22:15a), ᄀᆞ술 혼닢<ᄀᆞ욼 혼닢>(24:17a),
　　　 미 밲<믹 밲>(10:2a)
　　b. 沙漠ㅅᄀᆞ술 건너<沙漠ㅅᄀᆞ욼 건너>(22:32b)

중간본에서 속격토 "-ㅅ"가 첨가된 례는 우의 (14)와 같이 명사구에 한정된다. 그중 (14b)는 중간본에서 "ㅅ"이 잘못 첨가된, 과도수정의 결과이다. 이렇게 중간본에서 속격토 "ㅅ"의 첨가된 례는 고작 (14a)의 5개 어형에 불과하여 량적으로 극히 적은 수치를 보이고있다. 이로부터 중간본이 나온 당시 속격토 "-ㅅ"의 적극적인 기능은 이미 상당한 정도로 약화되였음을 짐작할수 있다.

15세기조선어에서 속격토 "-ㅅ"는 여격토 "-에/-애/-예"나 속격토 "-익/-의"와 결합하여 규정여격이라는 특수한 격으로 쓰일수 있었다. 규정여격은 15, 16세기에 쓰이다가 없어진 격인데, 비활동체명사들에 결합하는 련체격으로서 규정형을 이루는것을 그 기본기능으로 하고있다.[2] 즉, "-ㅅ"은 "-에/-애/-예"나 "-익/-의"에 붙어 "-앳/-엣/-옛", "-읷/-읫"로 쓰여 장소, 시간, 특징, 소속성의 관계를 나타냄으로써 비활동체명사들의 여격형태가 규정어로 되게 하는 기능도 갖고있었던것이다. 이것은 "-ㅅ"이 당시 규정어를 이루는 수단으로 널리 사용된것과 관련된다. 초간본에서 정칙적으로 나타나던 "-앳/-엣/-옛", "-읷/-읫" 등은 중간본에서 "ㅅ"의 기능이 변화함에 따라 "-애/-에/-예", "-익/-의"로 대체되였다.[3]

(15) a. 關山앳 ᄠᅳᆮ<關山애 ᄠᅳᆮ>(14:26b),
   늘근 나햇 곳<늘근 나해 곳>(11:11a),
   玉山앳 草堂<玉山애 草堂>(7:32b),
   南史앳 天馬<南史애 天馬>(17:34a),
   돌햇 잇<돌해 잇>(12:27a),

---

2) 렴종률, 《조선어문법사》, 김일성종합대학출판사, 1980, 87쪽 참조.
3) 일부에서는 "-엣/-앳/-옛", "-읷/-읫"에서 쓰인 "-ㅅ"를 강조형으로 보아 중간본에서 그것이 탈락한것으로 인정하고있다. 하지만, 속격토 "-ㅅ"은 "-에/-애/-예", "-익/-의"에 붙어 단순한 강조보다는 여격형태를 규정어로 바꾸는 문법적기능을 수행하였다는점에서 이때의 "-ㅅ"을 강조형으로 쓰인 "-ㅅ"과 구분해야 할것이다.

ᄆᅀᆞ맷 거츤것<ᄆᆞᅀᆞ매 거츤것>(9:18b),

사호맷 몰<사호매 몰>(25:5a),

자냇 술<자내 술>(14:26b),

오샛 이슬<오새 이슬>(15:55a),

蜀道앳 사홈<蜀道애 사홈>(13:48b)

b. 江城엣 그려기<江城에 그려기>(17:21a),

구루멧 ᄒᆡ<구루메 ᄒᆡ>(6:35a),

窮ᄒᆞᆫ 길헷 阮籍<窮ᄒᆞᆫ 길헤 阮籍>(3:37a),

내헷 ᄆᆞ지게<내헤 ᄆᆞ지게>(16:42b),

樓엣 눈<樓에 눈>(6:15a),

어스르멧 가마괴<어스름에 가마괴>(14:31a),

苑엣 담<苑에 담>(11:21a),

朝廷엣 일<조정에 일>(11:42a),

좌우엣 사ᄅᆞᆷ<좌우에 사람>(17:27a)

c. 萬里옛 ᄇᆞ롬<萬里예 ᄇᆞ롬>(10:18b),

ᄇᆞ롬과 서리옛 여름<ᄇᆞ롬과 서리예 여름>(18:3a),

비옛 모딘 져믄 사ᄅᆞᆷ<비예 모딘 져믄 사ᄅᆞᆷ>(13:24b),

치위옛 곳<치위예 곳>(11:28a),

녯 사ᄅᆞᆷ<녜 사ᄅᆞᆷ>(16:3b)

(15a~b)는 초간본의 "-앳/-엣/-옛" 등이 중간본에서 각각 "-애/-에/-예"로 대체된 례이다. 이러한 대체는 중간본시기 아주 빈번하게 나타나는데 "-애/-에/-예"와 통합될수 있었던 "-ㅅ"의 용법이 전에 비해 상당한 정도로 약화되였음을 의미한다.

(16) a. ᄆᆞᆳᄀᆞᆳ쉿 ᄂᆡ<ᄆᆞᆯᄀᆞ의 ᄂᆡ>(11:11b),

소팃 새로왼것<소타 새로왼것>(19:4a),

알ᄑᆞᆺ부텨<알ᄑᆞ부텨>(9:28a), 묏고룻 새<묏고러 새>(14:7a)

b. 굼긧 개야미<굼긔 개야미>(7:18b),

집기슭밧긧 ᄠᅥᆯ기<집기슭밧긔 ᄠᅥᆯ기>(14:19a),

지빗 늘근 디새<지븨 늘근 디새>(25:17b),

南녀긧 늘근 사룸<南녀긔 늘근 사룸>(11:9a),
ᄀ룺우횟 플<ᄀ룺우희 플>(13:49a)

(16a)와 (16b)는 초간본에서 규정여격으로 쓰이던 "-읫/-읫"이 중간본에와서 "-익/-의"로 바뀐것이다. 초간본시기 "-읫/-읫"과 같은 형태가 나타날수 있었던것은 당시 속격토 "-익/-의"가 여격의 의미로도 쓰이였던 사정과 관련된다. 즉, 여격의 의미로 쓰이던 "-익/-의"에 속격토 "-ㅅ"이 결합되어 규정여격 "-읫/-읫"으로 쓰이다가 17세기로 넘어오면서 그 용법이 약화되어 다시 "-익/-의"로 넘어가게 되었던것이다.

또한 아래와 같이 동일한 문장에서 "-앳/-엣/-옛", "-읫/-읫"과 "-애/-에/-예", "-익/-의"의 쓰임은 별반 차이가 느껴지지 않는다. 즉, 중간본 당시 "-앳/-엣/-옛", "-읫/-읫" 등에서 속격토 "-ㅅ"이 임의적인 탈락이 가능했던것이다.

(17) a. ᄀ룺맷 비<ᄀ룺매 비>(江雨, 12:28a)
    b. 치위옛 고지<치위예 고지>(寒花, 11:28a)
    c. 드틀밧긧 두어景致<드틀밧긔 두어景致>(塵外數致, 13:6a)

그러나 아래와 같이 초간본의 "-애/-에/-예", "-익/-의" 등이 중간본에서 오히려 "-앳/-엣/-옛", "-읫/-읫" 등으로 수정된 례가 나타난다.

(18) a. 나라해 오래 노니고<나라햇 오래 노니고>(7:17b),
    塗炭애 뼈러디ᄂ니<塗炭앳 뼈러디ᄂ니>(23:4b),
    힌 고래 모로매<힌 고랫 모로매>(14:8a)
    b. 廟ㅅ 기동애 냇고<廟ㅅ 기동엣 냇고>(6:18a),
    象闕에 法度ㅣ 새롭도다<象闕엣 法度ㅣ>(23:5a),
    錦니브레 ᄌ쇼로몰<錦니브렛 ᄌ오로몰>(23:11a)

c. 셴 머리예 慰籍ᄒ리<셴 머리옛 慰籍ᄒ리>(23:32a),

　　어딋 비예 왓가니오<어딋 비옛 왓가니오>(12:35b),

　　머리예 곳디 아니ᄒ고<머리옛 곳디 아니ᄒ고>(8:66b)

(19) a. 들굴우희 張騫이 ᄀᆮ도다<들굴우흿 張騫이 ᄀᆮ도다>(20:12a)

　　b. ᄀᆞᅀᆞᆯ히 隴右에 병마롤 屯聚케ᄒ시고<ᄀᆞᅀᆞᆯ힛 隴右에 병마롤 屯聚케

　　ᄒ시고>(23:1b)

(18a~c)는 초간본에 쓰인 여격토 "-애/-에/-예"가 중간본에서 각기 규정여격형 "-앳/-엣/-옛"로 바뀐 례이고, (19a~b)초간본에서 여격토처럼 쓰이던 속격토 "-익/-의"가 중간본에서 "-잇/-읫"으로 바뀐 례이다. 이들 례에서 "-앳/-엣/-옛", "-잇/-읫" 등의 규정여격형은 해당 문맥에 어울리지 않으므로 중간본에서 잘못 수정된것임이 분명하다.

초간본에 나오는 "-앳/-엣/-옛", "-잇/-읫"의 용법을 제대로 리해하지 못한 중간본기사자가 문헌을 새로 판각할 때, 15세기후반의 언어적사실에 부합되지 않은 그릇된 표기를 해놓았던것이다.

이상의 내용을 보면, 중간본에서 "-엣/-앳/-옛", "-잇/-읫"이 "-애/-에/-예", "-익/-의"로 대체되기도 하고, 그와 정반대로 초간본의 "-애/-에/-예", "-익/-의"가 다시 "-앳/-엣/-옛", "-잇/-읫"로 과도수정되기도 한다. 모두어본다면, 중간본이 간행된 17세기초반, 여격토 "-에/-애/-예"나 속격토 "-익/-의"에 붙어 장소, 시간, 특징, 소속성의 관계를 나타낼수 있었던 "-ㅅ"의 용법이 크게 약화되였음을 결론할수 있다.

4.2.3 강조형 "-ㄱ, -ㅅ, -ㅁ"의 탈락

15세기조선어에는 이미 이루어진 일정한 문법적형태에 덧붙어서 문법적의미를 두드러지게 강조해주고 정밀화해주는 역할을 수행하는 강조형

태 "–ㄱ, –ㅅ, –ㅁ" 등이 있었다. 이들을 두고 리기문(1998), 안병희, 리광호(1990)에서는 "강세첨사"로 보았으며 김영황(1997)에서는 주로 접속토에 붙어 강조적의미를 덧붙여준다는 특성을 반영하여 "강조자음"으로 보았다. 당시 "–ㄱ, –ㅅ, –ㅁ" 등은 일반적으로 체언토나 용언토에 다시 교착하여 사용되었다. 초간본시기에는 이러한 강조형태가 규칙적으로 쓰였지만 17세기초반의 중간본시기에 이르러서는 대체로 그것이 해당 문장에서 탈락하는 양상을 보인다.

4.2.3.1 강조형 "–ㄱ"의 탈락

우선 초간본의 강조형 "–ㄱ"의 쓰임은 중간본에서는 거의 유지되지 않는데, 이것은 중간본시기 "–ㄱ"의 강조적기능이 소실되였음을 보여준다.

(20) a. 神仙의 금글 드위텨 뮈워 鳥獸의 얼굴곧호거슬 對ᄒ야 스곡<스고>
　　　 늘근 藤杖을 조쳐 가져 네 醉ᄒ 수리 처엄<처엄> 찌요몰 더위잡게
　　　 호리라(21:20b)
　 b. 잢간 몸 아논 義憤을 갑곡<갑고> 네 수풄기세 도로 드로리라(7:8b)
　 c. ᄂᆞ미 기세 브텨 삿기롤 나콕<나코> 제 딕머기디 몯거든(17:4b)
　 d. 時節몰ᄀ젠 關險을 일콕<일코> 卋 어즈러운젠 戈戟수플 ᄀᆞᆺ도다
　　　 (13:47b)
　 e. 邊塞옛<邊塞예> 비 개옥<개오>네브터 알는 닛 病이 됴커든(9:16a)
　 f. 나못가디예 흘려 프른 여르믈 혜옥<혜오> 프른 믌ᄀᆞᆨ<ᄀᆞᆨ> 가
　　　 히즈려셔 쉬요리라(15:4a)

(20a~f)의 례에서 초간본의 "갑곡", "나콕", "개옥"에서 "–곡/–옥"은 접속토 "–고/–오"에 강조형 "–ㄱ"이 붙은 형태인데, 중간본에서 각각 "갑고", "나코", "개오" 등으로 교체되였다. 초간본시기 강조형 "–ㄱ"은 접속토 "–고/–오"뿐만아니라 "–아/–어"에도 통합될수 있었는데, 역시 중간본

에 와서 탈락하고 만다.

(21) a. 세번 거라각<거러가> 머리 도로혀 브라고 다숫번 거러가 안조라
(9:5a)
b. 幸혀 爲ᄒ약<爲ᄒ야> 어딘 府主끠 내 글워룰 通達ᄒ라(25:57a)
c. 큰 道理룰 드리웍<드리워> 中興ᄒ신 王業을 다시 빗내야(17:2a)

(21a~c)와 같이 초간본시기 접속토 "-아/-어"에 강조형 "-ㄱ"가 붙은
"-악/-억" 등 형태는 중간본에서 "-ㄱ"이 탈락한 형태로 교체된다.

하지만, 중간본에는 초간본의 어형이 그대로 유지된 례도 더러 나타난다.

(22) a. 불휘 둘엿는 남글 더위잡곡 살ᄃ는 돌해 오ᄅᄂ려 가도다(19:27b)
b. 곰미 蟄藏ᄒ곡 龍蛇 기픠 들어든 너를(17:9a)
c. 男兒는 녀ᄃ니는 싸해 이리ᄒ곡 客子는 모미 强호몰 ᄃ톨디니라
(20:36b)
d. 사룸 져근디란 삼가 가디 말옥 범 한 디는 眞實로 디나갈 배니라
(22:47b)
e. 노폰 ᄀ울히 도로 씌롤 씌옥 비출 두드려 가몰 믈근 ᄀ옰 하ᄂ룰홀
보리라(19:32b)

(22a~e)의 례들은 초간본의 강조형 "-ㄱ"가 붙은 "-곡/-옥", "-억"의
형태가 중간본에서도 변화를 겪지 않았는데, 이들은 표기의 보수성에 말
미암았거나, 초간본의 규범에 영향을 받은 결과일것이다.

한편, 다음의 례와 같이 중간본에는 접속토 "-라"에 강조형 "-ㄱ"가
붙어 "-락"으로 된 특이한 형태가 존재한다.

(23) a. 젔간 안ᄌ라<안ᄌ락> ᄂ는 가마괴는(7:1b)
b. 내햇 구루믄 절로 가락<가라> 머믈락 ᄒ놋다(9:35a)
c. 山林에 사로몰 서르 일티 마락<마라> 모매 藥ᄠᆞᆫ 거슬(8:34)

그러나 (23a)에 상대하여 (23b), (23c)와 같이 "-락"에서 강조형 "-ㄱ"이 떨어져나간 "-라"의 형태도 나타난다. 이것은 "안즈라>안즈락"의 변화는 당시 일반적이던 "-ㄱ"의 탈락현상에 거꾸로 류추된 결과로 보여진다.

초간본의 "-락"이 중간본에서도 그대로 유지되어 있는 경우도 많다.4) "수이 가락 오락ᄒ야 노니놋다(3:26b)", "ᄃ니락 안즈락ᄒ야(8:41b)", "굼긔 그윽ᄒ락 나ᄃ락 ᄒ고(9:40b)"의 례가 그것이다. 15세기의 문장에서 "-락"은 주로 "-락 -락 ᄒ다"라는 극히 제한된 형식으로만 쓰였는데, 이들도 그러한 형식에서 자유로울수 없었던것이다.

4.2.3.2 강조형 "-ㅅ"의 탈락

15세기에 "-ㅅ"는 강조형으로도 작용할수 있었는데 속격토로서의 그것과는 달리, "-노다", "-로다", "-도다" 등의 종결형에 쓰이면서 강조적기능을 수행할수 있었다. 그러나 강조형 "-ㅅ"도 "-ㄱ"와 마찬가지로 15, 16세기에는 비교적 정칙적으로 나타났지만 17세기초반의 중간본시기에 이르러서는 대체로 그것이 탈락한 양상을 보인다.

(24) a. 梅花ㅅ 가지예 ᄀ득ᄒ얫거든 호ᇙ갓 애롤 긋놋다<긋노다>(11:4a)
b. 바ᄅ 우횟 들구를 좃놋다<좃노다>(15:52b)
c. 壯健ᄒ 사ᄅ미 다 머므렛디 아니ᄒ놋다<아니ᄒᄂ다>(5:34a)

그런데, 강조형 "-ㅅ"의 탈락과 관련하여 중간본에는 다음과 같은 변화도 눈에 띄인다.

(25) a. 부들 횟두로 텨 죠희예 디니 雲烟 ᄀᆽ놋다<ᄀᆽ도다>(15:41b),

---

4) 박용찬, ≪두시언해≫ 초간본과 중간본의 문법적특징 비교, 우리말글53, 2011, 18쪽.

오며 가미 믌결 믈어디듯 ᄒᆞ놋다<ᄒᆞ도다>(18:23b),
사오나온 남ᄀᆞᆫ 버허도 도로 하놋다<하도다>(18:23b),
楡櫇이 바미 ᄒᆞᆫ᥀᥀ 기우놋다<기우도다>(23:3a)
b. 돌 미틧 우믌 므를 긴놋다<깃노라>(9:14b),
時節을 입주리고 조차 ᄃᆞ녀셔 葵藿을 먹놋다<먹노라>(19:42a)

(25a)와 (25b)는 중간본기사자들이 초간본에 나타난, 강조형 "-ㅅ"이 붙은 형태를 제대로 리해하지 못하고 그것이 쓰인 형태를 다른것과 바꾸어 놓은 경우이다. 즉, 중간본 당시의 언어지식으로서는 "-놋다"와 같은 형태를 리해할수 없었기에, "-도다", "-노라"와 같은 17세기의 어형으로 고쳐놓았던것이다.

4.2.3.3 강조형 "-ㅁ"의 탈락

15세기에는 "-ㄱ", "-ㅅ"외에 "-ㅁ"도 강조형으로서 접속토 "-아/-어"에 통합되여 기능할수 있었다. "-아/-어"에 "-ㅁ"이 붙어 이루어진 "-암/-엄"은 초간본과 중간본에서 대체로 큰 변화를 보이지는 않지만, 아주 드물게도 중간본에서 강조형 "-ㅁ"이 탈락한 어형이 발견되여 그 변화를 짐작할수 있게 한다.

(26) 올맘<올마> 비겨서 王室을 보고(徙倚瞻王室, 23:16b)

(26)의 례는 중간본에서 강조토 "-ㅁ"이 탈락한 유일한 례이다.
이외도 중세조선어에는 도움토 "-ᅀᅡ"가 있어 체언이나 부사, 또는 토에 붙어서 련관범주를 나타내면서 강조의 의미를 덧붙여주는 역할을 하였는데, 의미적으로 "-ㄱ, -ㅅ, -ㅁ"과는 별다른 차이를 보이지 않았다.
"-ᅀᅡ"는 초간본이 간행된 15세기후반에도 여러 문헌들에서 정칙적으로 등장한다. 그런데, 앞에서 언급하였듯이 16세기를 시작으로 "ㅿ"음의 소멸이 시작되면서 "-ㅿㅏ"는 중간본에서 대부분 "-아"로의 형태변화를 겪게 되었다.

> (27) a. 左轄이 ᄌᆞ조 位뷔더니 올히ᅀᅡ<올히아> 녯 션비를 얻도다(19:6b),
>   使者ᅀᅡ<使者아> 顔闊올 얻니건마론(19:17a),
>   어느ᄢᅵᅀᅡ<어느ᄢᅵ아> 노폰 論議이 金門을 미러 드러(7:29a)
>   b. 언제ᅀᅡ<언제아> 平津끠 알윌다(19:13a),
>   祝鷄翁의 이롤 難히ᅀᅡ<難히아> 니르리로다(21:2b)
>   c. 다론 나조히ᅀᅡ<나조히아> 비르소 서르 鮮明ᄒᆞ리로다(12:9a),
>   河陽縣 안해ᅀᅡ<안해아> 비록 數업시 이시나(15:24a),
>   故國에 세 히예ᅀᅡ<히예아> ᄒᆞᆫ 번 消息을 보니(25:43a),
>   風騷로ᅀᅡ<風騷로아> 서르 밀힐후리로다(16:2a)
>   d. 才力이 늘거ᅀᅡ<늘거아> 더옥 神奇ᄅᆞ외요믈 알와라(19:31b),
>   엇뎨 摧殘ᄒᆞ야셔ᅀᅡ<摧殘ᄒᆞ야셔아> 비루수 애왓븐 ᄆᆞᅀᆞᆷᄋᆞᆯ(17:5a)

(27a)는 초간본시기 체언뒤에 붙어 강조의 뜻을 나타내던 도움토 "-ㅿㅏ"가 중간본에서 "-아"로 교체된 경우를 보여준다. 마찬가지로 (27b)는 부사뒤에 붙던 "-ㅿㅏ", (27c)는 격토뒤에 붙던 "-ㅿㅏ", (27d)는 용언토뒤에 붙던 "-ㅿㅏ"가 중간본에서 "-아"로 교체된 경우를 보여준다.

또한, "-ㅿㅏ"는 초간본시기 대격토 "-올/-롤"의 뒤에도 붙을수 있었는데, 중간본에서는 그것이 탈락한 례가 발견된다.

> (28) 먼 셔미 외로오ᄆᆞᆯᅀᅡ<외로오ᄆᆞᆯ> 貪ᄒᆞ야(16:43ㄴ)

(28)에서는 초간본의 "외로오ᄆᆞᆯᅀᅡ"가 중간본에서 "외로오ᄆᆞᆯ아"가 아니라 "외로오ᄆᆞᆯ"로 교체됨으로써 대격토 "-올"뒤의 "-ㅿㅏ"가 완전히 탈락하고 만다. 비록 초간본과 중간본에서 이러한 용례는 찾아보기 아주 어렵지

만, 비슷한 용례가 초간본 및 중간본과 비슷한 시기에 간행된 기타 문헌들에 더러 나타난다. 17세기초반 대격토 –"올/-롤"뒤에서 "-ㅅㅏ"탈락이 일반적이였음을 짐작할수 있다.

(29) a. 뮈디 아니호몰ㅅㅏ 비르서 일후미(원각, 상:23)
晴明혼 虛空올ㅅㅏ 일후믈(릉엄, 2:111)
b. 구챠히 살오몰(<살오몰ㅅㅏ)구호미 몸을 조케ㅎㅇ야(동신, 렬2:88)
그 몸올(<몸올ㅅㅏ) 헐워 죽도록 슈졀ㅎ니라(동신, 렬2:63)

(29)을 보면 "-올/-롤"뒤에 "-ㅅㅏ"가 나타나는 현상은 15세기후반까지도 일반적이였는데, 중간본이 간행된 17세기초반에는 대격토 "-올/-롤"과 "-ㅅㅏ"의 결합자체가 불가능해진다. 강조형으로서의 "-ㅅㅏ(-아)"의 용법이 상당한 정도로 약화되였던것이다.

4.2.4 접속형 "-오-/-우-"의 탈락

15세기에는 어간에 모음 "-오-/-우-"가 붙어 그것은 종결토, 접속토, 규정토 등과 련결시켜주는 특수한 기능을 하였다. 중세시기의 "-오-/-우-"에 대해선 김형규(1961)에서는 삽입모음으로 간주하였으나, 허웅(1975:730)에 이르러서는 그것이 술어로 쓰인 용언이나 서술격조사에 통합됨으로써 해당 주어가 1인칭임을 표시해준다고 하여 인칭어미라 주장한다.5) 이러한 견해는 그후의 김승곤(1974), 최남희(1987), 임재욱(2010)에 의해 계승, 발전된다.

---

5) 허웅(1975:730)에서는 주어가 1인칭임을 표현하는 이러한 문법범주를 "1인칭법"이라 표현한다.

그러나 손주일(1979, 1994, 2002)은 접속형과 종결형에서의 "-오-/-우-"는 행동주체의 의도를 나타내는것으로 보아 일종의 의도법의 선어말어미로 보았다. 안병희, 이광호(1990:234)에서도 "-오-/-우-"를 의도법의 선어말어미라 하여 활용형에 그것이 련결되면 주관적의도가 개재된 동작이나 상태를 나타내는 기능을 하는것으로 파악하였다. 또한 전정례(1991)에서 복합문의 구성에서 관형사형 "-ㄴ, -ㄹ"과 명사형 "-ㅁ"형에 선접하는 선어말어미 "-오-/-우-"가 명사구 내표문을 형성하는 동일한 기능을 하는것으로 리해하였다. 석주연(2001)에서는 "-오-/-우-"를 일종의 유표성 표지로 보았는데, 그것은 관형절에서 발상하는 중의성을 해소하기 위해 사용되며 해당 요소가 주어가 아님을 나타내는 기능을 하는것으로 본다.

고영근(2010:345)에서는 고영근(2006:315)에서 사용했던 종결형, 련결형(접속형)에 나타나는 "-오-/-우-"라는 모호한 용어를 바꾸어 "화자표시법"이라 하여 허웅(1975:730)의 그것에 다가서고있다. 이러한 기존의 연구성과들은 최근에 나온 윤진영(2013)에 의해 잘 정리되어 있다.

"-오-/-우-"를 1인칭 주어에 호응하는 인칭어미 또는 화자표시법으로 보는 근거는 그것이 나타나는 설명문의 서술어는 대개 1인칭의 화자와 직접 련결되기 때문이다. 그러나 이때의 "-오-/-우-"는 "-오/-우다", "-오/-우리다", "-오/-우리니"에 쓰인것과 같은 기본적으로 종결토나 접속토에 통합하는것만을 가리키게 됨으로써 그 범위가 좁아지게 된다. 때문에 허웅(1975:807)등 규정토에 통합되는 "-오-/-우-"에는 대상표현의 선어말어미로 인정하여 접속토, 종결토에 통합되는 그것과 체계를 달리 한다.[6] 그러나 기원적으로 동일한 문법형태를 서로 다른 체계에서 파악하는것은

---

6) "-오-/-우-"가 실현되는 문법범주에 대하여 허웅(1975:807)에서는 "대상법"이라 하였으나, 고영근(2010)에서는 "대상자표시법"이라 하여 달리 부른다.

문법기술에 있어서 그다지 효과적인 방법은 아닐것이다.

또한 "-오-/-우-"가 의도법을 나타낸다고 하면 그 의도는 1인칭화자에만 국한되는것이 아니라 청자와 동작의 주체 등으로 범위를 확대시켜야 한다. 그래야만 접속형이나 종결형, 규정형에 통합되는 "-오-/-우-"를 빠짐없이 기술할수 있기 때문이다.

"-오-/-우-"가 쓰인 문장에서 화자의 의도는 주로 설명문의 종결형에 나타나는데, 대체로 화자 자신의 일을 설명하는것이다. 청자의 의도는 2인칭주어와 호응하는데 이것은 일반적으로 의문문의 종결형에 나타난다. 이것은 곧 청자가 의도를 가지고 설명하고 판정하기를 요구한다는 뜻이다. 주체의 의도는 규정형에서 나타난다. 즉, 규정형으로 쓰인 동사의 주체가 의도를 갖고 행한 동작임을 나타내게 되는것이다. 그것은 다음의 례문을 통해 알수 있다.

> (30) a. 화자의 의도: 접속형, 종결형에 통합, 1인칭주어와 호응
>   내 이룰 爲윙ㅎ야 어엿비 너겨 新신制졩二싱十씹八밝字쫑 ㅎ노니(훈언, 3)
>   (내) 네의 出家호물 듣노라(석상, 21:39)
>   b. 청자의 의도: 접속형, 종결형에 통합, 2인칭주어와 호응
>   須達이 쪼 무로디 婚姻 위ㅎ야 아ᅀᆞ미 오나둔 이바도려 ㅎ노닛가(석상, 6:16)
>   차바눌 손소 둗녀 밍ᄀᆞ노닛가(석상, 6:16)
>   c. 동작의 주체: 규정형에 통합, 주체와 호응
>   어린 百빅姓셩이 니르고져 홇배 이셔도(훈언, 2)
>   ᄲᅳᆯ논 콩이며 ᄡᆞ리며 봇아 ᄲᅧ 몰왼 거시오(월석, 4:55)

우의 례들은, 중세문장에서의 "-오-/-우-"는 앞뒤의 요소들을 자연스럽게 련결시켜주는 접속형태로 기능하면서 다양한 의도적의미를 나타내

고있다. 접속형, 종결형에 통합되여 1인칭주어와 호응되는 "-오-/-우-"
는 화자의 의도를 표시하고 있으며, 그것이 같은 환경에서 2인칭주어와 호
응되면 청자의 의도를 반영하고있다. 만약 "-오-/-우-"가 규정형에 통합
되여 동작의 주체와 호응된다면 화자나 청자와는 상관없이 주체의 의도를
나타낸다.

문법형태로서의 "-오-/-우-"의 쓰임은 16세기부터 약화되기 시작하는
데 17세기초반에 이르러 일반화되여 그것이 통합된 종결형, 접속형, 규정
형 등에서 모두 주목할만한 변화를 보인다.

우선 15세기에 "-오-/-우-"는 "-라, -리라" 등의 종결토와 통합하여
"-오라, -오리라/-우라, -우리라" 등으로 쓰일수 있었는데, 이들 어형의
"-오-/-우-"는 중간본에서 대부분 탈락하고만다.

(31) a. 亂常호물 免호라<免ᄒ라>(7:35a),
　　　　 ᄒᆞ 번 蒼生의 시르믈 시수리라<시스리라>(17:2a),
　　　　 衰殘ᄒᆞᆫ 나홀 ᄆᆞ초리라<ᄆᆞ추리라>(25:14b),
　　　　 飄蕩히 돈뇨몰 <지수리라>지으리라(24:40a)
　　 b. 늘근 時節에 게을오미 ᄀᆞ장 甚호라<甚ᄒ도다>(8:20b)

(31a~b)는 종결형에 동사 형용사어간과 종결토 "-라, -리라"사이에서
"-오-/-우-"가 탈락한 모습을 보여준다. (31a)에서 "免ᄒ라"는 "-오라"에
서 접속형 "-오-"를 기계적으로 탈락시킨 잘못된 례이다. 그러나 (31b)
의 "甚호라"는 중간본에서 "甚ᄒ도다"로 대체되였는데, 그것은 원래 "甚
＋ᄒ＋오＋라"의 통합형에서 "-오-"가 빠짐으로써 형성된 "甚ᄒ라"가 다
시 "甚ᄒ도다"로 대체된 례이다. 이것은 당시 중간본기사자들이 초간본을
옮겨적으면서 "-오-/-우-"를 단순히 기계적으로 탈락시킨것이 아니라,

그 당시의 언어현실에 맞는 적절한 문법형태로 교체시켰다는 사실을 말해준다. 따라서 적어도 중간본시기에는 "-오-/-우-"의 기능약화를 부분적으로 인식하고있었음을 짐작할수 있다.

그런데, 초간본에서 종결토와 통합되지 않았던 "-오-/-우-"가 중간본에서 오히려 그 반대로 나타나는 경우도 있다.

(32) a. 새지비 머리 와 노로믈 慰勞ᄒ노라<慰勞ᄒᄂ다>(12:30b)
    b. 幽深ᄒᆫ 사ᄅᆷ 노피 거로미 잇ᄂ니라<잇노니라>(12:20a)
    c. 스스로 足히 盤湌올 됴히 ᄒ리로다<호리로다>(15:14a)
    d. 意氣 주그며 사로매 親히 ᄒ도다<호도다>(20:40a)
    e. 躬冠을 스디 아니ᄒᄂ뇨<아니ᄒ노뇨>(22:13a)

(32a)는 원문에 대한 번역상차이에 따른 결과로 해석할수 있지만, (32b~e)의 례들은 중간본에서 "-오-/-우-"가 잘못 들어간 과도역표기형에 속한다. 례를 들어 (32b)의 "幽深ᄒᆫ 사ᄅᆷ 노피 거로미 잇ᄂ니라"의 경우, 초간본이 간행된 15세기에서 "-노니라"와 같은 종결토의 통합형이 쓰이지 않을뿐더러 "幽深ᄒᆫ 사ᄅᆷ"이 주어라는 사실을 고려하면 접속형 "-오-/-우-"의 통합은 지극히 부자연스럽기 때문이다. 또한 중간본에서 수정해놓은 "-호리로다", "-호도다", "아니ᄒ노뇨" 등도 초간본시기에는 불가능한 어형이였다. 그러나 이들 례를 통하여 "-오-/-우-"가 통합한 지극히 부자연스럽가나 불가능한 어형의 출현을 통해 우리는 17세기초반, "-오-/-우-"의 소멸양상을 짐작해볼수 있다.

"-오-/-우-"는 훈민정음창제초기 정음문헌들에서 접속토 "-니, -ᄂ니, -리니"의 앞에 쓰이면서, 그것을 동사, 형용사와 련계시켜주는 역할을 하였는데 간혹 동일한 문헌에서 통합형과 탈락형의 혼용이 발견되기도 하였다. 그러나 본격적인 혼용이 시작된것은 그 이후시기부터이다.

 (33) a. 업수니(법화, 2:189)~업스니(법화, 2:196)
   b. 죽노니(삼강, 충:19)~죽ᄂ니(삼강, 충:19)
   c. 아니호리니(몽산, 30)~아니ᄒ리니(몽산, 33)
   d. 자보리니(몽산, 3)~자ᄇ리니(몽산, 4)

이러한 "-오-/-우-"의 탈락은 17세기초반에 와서 더욱 일반화된다.

 (34) a. 帳을 거두니<거드니> 믌겨리 뼈도다(15:30b),
    겹오술 니부니<니브니> 서룰혼 氣運이 侵逼ᄒ노소니(7:38a),
    時節을 슬호니<슬흐니> 會合ᄒ미 드므도다(8:48a),
    비혼 거슬 詢問호니<詢問ᄒ니> 慘炎혼 陰符閟密ᄒ더라(24:59b),
    그를 수니<쓰니> 밀로 혼 브리 븕도다(14:13a)
   b. 사ᄅ미 氣運楊楊호믈 感激ᄒ노니<感激ᄒᄂ니> (15:42b),
    伶俜혼 열 힛옛 이룰 견디옛노니<견디엿ᄂ니>(6:16a),
    玉燭이 調和호믈 울워러 ᄉ랑ᄒ노니<ᄉ랑ᄒᄂ니>(24:8b),
    惠連 더브러 알외노니<알외ᄂ니>(23:21a),
    病에 어즈러이 브터 잇노니<잇ᄂ니>(22:53a),
   c. 江漢애셔 내 늘구믈 ᄆ초리니<ᄆᄎ리니>(7:30b)

 (34a~b)는 초간본시기 접속토 "-니, -ᄂ니, -리니"앞에 통합되여 그
것을 동사, 형용사 및 용언의 체언형과 련계시켜주던 "-오-/-우-"가 중
간본에서 탈락하였음을 보여준다.
 또한 아래 (34)와 같이 초간본에서 이들 접속토에 통합되지 않았던, "-오-/
-우-"가 오히려 중간본에서 통합한 례가 나타나기도 한다.

 (35) a. 됴혼 會集을 ᄆᆞ매 마초ᄒ니<마초호니>(19:28a),
    骨肉 아ᅀᆞ매<아ᅌᆞ매> 디디 아니ᄒ니<아니ᄒ오니>(25:31b),

茱圃ㅅ 이러미 새 비예 저즈니<저조니>(12:37b),
氣運이 올앳고 杉木이 프른니<프로니>(6:48a)

b. 사리 昭陽殿에 드ᄂᆞ니<드노니>(23:2b),
가몬 미야미 우루믈 머믈우디 아니ᄒᆞᄂᆞ니<아니ᄒᆞ노니>(10:29a),
南녀기 노폰 모히 잇ᄂᆞ니<잇노니>(11:26b),
鴻鵠이 눌개롤 드리워 누네 피롤 흘리ᄂᆞ니<흘리노니>(10:41b)

(35a)와 (35b)는 각기 (34a), (34b)에 해당하는 역표기형으로 볼수 있다. (34c)에 해당하는 역표기형은 중간본에서 보이지 않는다. (35a), (35b)와 같은 례는 중간본에서 상대적으로 적게 발견된다. 해당 문맥에서 "-오-/-우-"의 출현은 중간본 기사자의 의고적인 수정에 말미암은것으로서 언어사실에 부합되는것으로 보기 어렵다.

다음은 규정형에 통합된 "-오-/-우-"의 변화이다. "-오-/-우-"는 원래 규정토 "-은(는)/온(논)", "-을(를)/올(롤)"의 앞에 쓰일수 있었지만, 15세기후반부터 동요가 일어난다.

(36) a. 隨喜혼 功德(월석, 17:49)~隨喜ᄒᆞᆫ 功德(월석, 17:49)
b. 信티 아니혼 젼ᄎᆞ로(법화, 1:235)~信티 아니ᄒᆞᆫ 젼ᄎᆞ로(릉엄, 8:19)
c. 求홀 싸ᄅᆞ미(법화, 5:69)~求홀 ᄆᆞᅀᆞᆷ(법화, 2:226)
d. 고기롤 머굴디니<번소, 7:11>~고기롤 먹을디니(소학, 5:44)

이것이 확대되여 17세기에 이르러서는 "-은(는)/-온(논)", "-을(를)/-올(롤)"의 앞에서는 물론, "-은(는)닷/-온(논)닷", "-을(를)디니/-올(롤)디니" 등과 같은 통합형의 앞에서도 탈락을 경험하게 된다. 다시 ≪두시언해≫ 중간본의 경우를 보겠다.

(37) a. 江漢애 혼 가논<가는> 비롤 탓노라(3:39)

    b. 고온 사ᄅᆞ미 代예 그촌<그츤> 놀애여(16:50)

    c. 사롤디 ᄉᆞᆝ홀<ᄉᆞᆝ홀> ᄠᅳ들 펴디 몯ᄒᆞ야(9:14)

    d. 다ᄉᆞᆺ 술윗 글워롤 닐굴디니라<닐글디니라>(7:31)

물론 초간본에서 이들 규정토에 쓰이지 않았던, "-오-/-우-"가 오히려 중간본에서 나타나는 경우가 있다.

(38) a. 늘근<늘곤> 하나비로다(12:39)

    b. 노폰<노푼> 사ᄅᆞ미 安靜히 잇거ᄂᆞᆯ(3:35)

    c. 슬흘<슬홀> ᄧᅡ 이쇼ᄆᆞᆯ 아노니(24:45)

    d. 흥정홀<흥정홀> 나그내롤 조차 ᄃᆞ니놋다(25:47)

(38)의 문장에서는 "-오-/-우-"의 기능과 문맥을 고려할 때, 그 쓰임이 아주 부자연스럽다. 이들은 초기정음문헌들에서도 잘 발견되지 않는데, 중세문헌의 복구과정에서 특별히 "-오-/-우-"의 고형을 반영하기 위한 당시 사람들의 의고적표기인것이다.[7]

"-오-/-우-"가 용언의 체언형 "-ㅁ"과의 결합형태, 즉 "-옴/-움"에서 그것이 탈락하기 시작한것도 16세기말부터이다.

(39) a. 음탕ᄒᆞ면 어딜믈(←어딜오믈) 닛고(소학, 4:45)

    b. 어딜믈 니즈면(←어딜오믈)<소학, 4:45>

"-옴/-움-"에서의 "-오-/-우-"탈락은 용언의 체언형 "-옴/-움>-옴/-음"의 형태변화를 가져오게 되였다. 결합모음 "-ᄋᆞ-, -으-"뒤에 명사파생접미사가 "-ㅁ"이 붙은 "옴/음"과 용언의 체언형이 "-옴/-움"은 애

---

7) 이와 관련하여서는 박용찬(2011)의 론의에 기대였다.

초에 서로 다른 형태였으나, "-옴/-움"에서 "-오-/-우"가 빠짐으로써 량 자의 구별이 사라지게 되였다. 즉, 16세기이래 "-옴/-음"은 용언의 체언 형으로 쓰일수도 있었을뿐만아니라 명사파생형으로도 쓰일수 있게 되였 던것이다.

이러한 변화는 17세기초반에도 그대로 이어진다. 드물지만 중간본에도 탈락형이 발견된다.

(40) 時節을 슬흐니 曾合호미<曾合ᄒ미> 드므도다(8:48a)

(40)의 례는 초간본시기 "-ㅁ"에 통합되여 용언의 체언형토와 같이 쓰 이던 "-옴-/-움-"에서 "-오-/-우-"가 탈락한 사실을 분명히 드러낸다. 같은 환경에서의 "-오-/-우-"의 탈락은 용언의 체언형 "-옴/-움>-옴/ -음"의 형태변화를 가져오게 되였다. 15세기후반까지만 하여도 결합모음 "-ᄋ-, -으-"뒤에 명사파생접미사가 "-ㅁ"이 붙은 "-옴/-음"과 용언의 체언형이 "-옴/-움"은 형태적으로 명확히 구별되였는데, 후자는 용언의 기능을 갖고서 명사처럼 쓰인다는점에서 의미상으로도 명사로만 쓰이는 전자와 차이를 보였다.

하지만 "-옴/-움>-옴/-음"으로 말미암아 초간본시기의 이러한 구별을 더이상 지켜지지 않았다. 따라서 17세기초반에 "-옴/-음"은 용언의 체언 형으로 쓰일수도 있었고 명사파생형으로도 쓰일수 있게 되였다.

중간본에는 "-오-/-우-"의 소멸과 더불어 흥미있는 현상이 나타난다. 그것은 바로 종결토 "-롸"의 출현이다.

(41) ᄀ룺 ᄀ쉭<ᄀ익> 무롤 비러 ᄐ롸<ᄐ롸>(7:17b),
     주글 짜홀 아니 한 ᄉ이예 버서나롸<버서나롸>(11:2a),

總角 저긔 聰明ᄒ호몰 ᄉ랑ᄒ다라<ᄉ랑ᄒ다라>(24:62a),
四月에 빗소리 서놀ᄒ호몰 困ᄒ야 놀라라<놀라롸>(25:20a),
머러 代 달아 ᄒ 쩨 몯나라<몯나롸>(3:67a)

"-롸"는 ≪두시언해≫ 중간본을 비롯하여 ≪가례언해≫, ≪시경언해≫,
≪로걸대언해≫ 등과 같은 17세기초반과 17세기중반경에 언해되여 나온
문헌에 나타나는 특징적인 종결형태인데, "-오-"가 용언어간의 뒤에서
소멸되면서 그 흔적을 후행하는 종결토 "-라"에 남겨놓은 결과로 해석되
고있다.[8]

4.2.5 변화의 원인

이상에서 본바와 같이, 중세이래 일정한 법칙을 가지고 규칙적으로 쓰
여왔던 문법형태는 근대시기로 넘어오면서 점차 본래의 용법을 잃게 되
였다. 이것은 결국 문법형태의 적극적인 기능이 약화되였음을 의미한다.
아래 그러한 변화가 생긴 원인에 대해 류형별로 자세히 검토해보겠다.

4.2.5.1 "-와/-과"의 용법변화

구격토 "-와/-과"의 경우에는 기본적으로 체언들사이의 관계를 맺어준
다는점에서 속격토와 비슷하다. 그런데 속격토는 두 체언을 련결시켜 상
위의 명사구를 이루는것으로 그 기능이 끝나지만, 구격토는 상위의 명사
구를 이루어 그 상위의 명사구를 다시 술어와 련결시키는 기능을 한다는
점에서 차이가 있다.

---

8) "-롸"의 출현에 관해서는 김완진(1976), 정재영(1998), 박용찬(2011)의 연구를 참고하였다.

현대조선어에서 구격토는 "-와 함께, -와 서로" 등의 의미를 나타내지만 15세기에는 실제로 그것에 련결되는 술어의 성격에 따라 의미가 나뉘여지고 조금씩 기능을 달리하였다. 즉, 술어가 교호성(交互性)을 갖는 대칭동사일 경우에는 구격토 "-와/-과"가 "-와 함께, -와 서로"의 의미를 가지고 공동격의 기능을 담당하게 되지만, 술어가 비교의 의미를 가졌을 경우에는 비교격으로서 작용하게 된다. 또한 술어가 망라, 포함의 전체성적인 의미를 나타낼 경우에는 라렬의 의미를 지니고 이른바 라렬격으로서 그 역할을 수행하게 된다.9)

"-와/-과"의 의미와 기능에 따라 (42)의 몇몇 례를 제시하기로 한다.

(42) a. 샹녜 스승과 혼디 나몬 化緣이 기플쎠니(월석, 14:48),
　　　惑障과 科段올 혼디 호몬(원각, 하:3),
　　　各各 若干 百千 眷屬과 혼디 와시며(법화, 1:48),
　　　됴혼 술 혼 죵과 혼디 열 스믈 소솜 글혀(구급간, 1:3)
　　b. 닐옴과 곧흐니라(남명, 하:25),
　　　二乘과 곧디 아니흐야(금강삼, 4:1),
　　　나디 바텨셔 남과 フ툴쎠(석상, 6:19),
　　　다 이와 곧흐니라(심경, 41)
　　c. 몰애와 돌쾌 金이 드외ᄂ니라(릉엄, 1:98),
　　　一와 三과 四와 五왓 乘엣 性等이며(원각, 서:82)
　　　술위와 몰왓 ᄉ싀예(구급방, 하:36)
　　　儒와 道와 한 그를 다 보아(몽법, 46)

(41a)의 "-와/-과"는 "-와 함께, -와 서로"의 의미를 가지고 공동격의 기능을 담당한 경우이고, (41b)의 "-와/-과"는 앞뒤 성분들을 련계시켜

---

9) 이와 같은 관점에서 안병희, 리광호(1990)는 "-와/-과"가 체언에 통합되여 나타나는 의미에 따라 그것을 다시 공동격조사, 비교격조사, 라렬격조사로 분류한적이 있다.

주면서 비교격처럼 쓰인 경우이며 (41c)는 "-와/-과"가 라렬의 의미를 지니고 체언사이에 쓰임으로써 라렬격의 기능을 수행하게 된 경우이다.

중세조선어에서 라렬의 기능은 구접속(句接續)의 기능으로도 볼수 있는데 그것은 "-와/-과"로 접속된 체언들이 그 문장 전체에서 어떤 성분이 되는가에 따라 맨 마지막체언에 통합된 구격토 "-와/-과"에 다시 체언토나 용언토의 적절한 형태가 련결된다는점에서 더욱 분명하였다.

그러나 하나의 문법형태가 부동한 갈래의 의미로 나뉘여져서 제각각 서로 다른 문법적기능을 수행한다는 사실은 15세기에 문법형태로서의 "-와/-과"의 기능부담량이 많았던것이다. 이것은 "-와/-과"의 적극적인 쓰임에 있어 일정한 부담으로 작용한다. 특히 라렬의 의미는 조선어에서 군이 "-와/-과"를 쓰지 않더라도 다른 방식으로도 얼마든지 표현할수 있는데, "입시울와 혀와 엄과 니왜(석상, 19:7)", "더본 돗귀와 톱과로(월석, 1:28-29)"와 같이, 체언들을 일일이 "-와/-과"로 련결하여 명사구를 만들고 명사구의 성격에 따라 토를 붙인다는것은 분명히 번거로운 일이였을것이다. 때문에 중세로부터 근대로 넘어오는 사이에 "-와/-과"의 기능부담을 줄여 문법형태로서 보다 간편한 쓰임을 추구하려는 어떠한 움직임이 있어, 구격으로서의 "-와/-과"의 적극적인 용법에 변화가 생겼던것으로 보인다.

4.2.2.2 "-ㅅ"용법변화

앞에서 말한바 있지만 속격토는 체언과 체언사이의 관계를 명시적으로 나타내주는 성분이다. 이때 속격토 "-이/-의, -ㅅ"이 두 체언사이에 개재(介在)될 때 선행체언이 후행체언을 소유한다는 의미를 보이며 소속관계를 표시하는것이 일반적이다. 한편, "-이/-의, -ㅅ"에 선행하는 체언은 후행하는 체언을 수식해주기도 한다.

그런데 훈민정음창제초기의 속격토는 "-이/-의"와 "-ㅅ"은 그 기능면에서 다른 특성을 가지고있었는데, 그 쓰임에 있어서도 미세한 차이를 보인다. 즉, 속격토가 결합하게 될 때, 선행체언이 유정물(有情物)지칭의 평칭체언이라는 의미특성을 갖게 되면 속격토 "-이/-의"가 결합하고, 무정물(無情物)지칭의 일반체언이거나 유정물지칭의 존칭체언이면 속격토 "-ㅅ"이 실현되었던것이다. 그 구체적인 례를 아래에 제시하기로 한다.

(43) a. 衆生이 欲心업슳 둘 阿難이ᄃ려 니ᄅ시니(월인:40),
　　　사ᄅ미 ᄠᅳ들 거스디 아니ᄒ노니(월석, 1:12),
　　　摩登伽이 ᄆᅀᅳ미 婬火 다 歇ᄒ야(릉엄, 4:72),
　　　孔雀이 꼬릿 빗 ᄀᆞᄐᆫ 프리 나고(월석, 1:46),
　　　徐卿의 두 아ᄃ리(초간본, 8:24a)
　 b. 터릿 비치 ᄑᆞ라볼가 ᄒ샤미(월석, 2:58),
　　　나랏 말ᄊᆞ미 中國에 달아(훈언),
　　　本來ㅅ 몸 도로 ᄃ외는 ꦿ뀌(석상, 13:8),
　　　하ᄂᆞᆳ벼리 눈 ᄀᆞ디니이다(룡가, 50),
　　　世間애 부텻 도리 비호ᅀᆞᄫ릴리(석상, 서:2),
　　　化人ᄋᆞᆫ 世尊ㅅ 神力으로 ᄃ외야 ᄒ샨 사ᄅ미라(석상, 6:7)

즉, (43a)의 "衆生, 사ᄅᆷ, 摩登伽, 孔雀, 徐卿" 등은 유정물지칭의 평칭체언이기 때문에 속격토 "-이/-의"와 결합하였고, (43b)는 "터리, 나라, 본래, 하ᄂᆞᆯ" 등과 같이 무정물지칭의 일반체언이거나, "世尊, 부텨" 등과 같이 유정물지칭의 존칭체언이기 때문에 속격토 "-ㅅ"과 결합하였던것이다.

이처럼 선행하는 체언의 성격에 따라서 속격토가 달리 선택된다는것은 경제성의 원리에 위배되는것으로서 효과적인 언어사용에 불편을 갖다주게 되었다. 그리하여 훈민정음창제이래 속격토 "-ㅅ"은 무정물지칭의 일반체언에 붙거나 유정물지칭의 존칭체언에 붙던 속격토 "-ㅅ"은 15세기후반부터 점차 유정물지칭의 평칭체언에도 쓰이게 되면서 "-익/-의"의 구별이 없어지게 되였다.

> (44) 그 사룺 中듕에(륙조, 상:84),
>   菩薩 아닌 사룺 中엔(법화, 5:51),
>   버듨가야지는 ㅂㄹ몰 조차 가고 가비얍고(초간본, 10:8a)

그런데 (44)와 같이 "-ㅅ"과 "-익/-의"의 뚜렷한 구별이 없어지게 되자 하나의 문법현상을 두개의 문법형태로 표시하는 현상이 나타나게 되었다. 이것 역시 경제성의 원리에 부합되지 않았기에 그중 "-ㅅ"의 쓰임이 점차 약화되기 시작하였던것이다. "-ㅅ"은 그뒤 속격토로서의 기능을 상실하고 단지 복합어 사이에 쓰이는 사이시옷으로 되면서 현재에 이르게 되였는데, 17세기초반에 나타난 "-앳/-엣/-옛", "-잇/-읫"에서의 "-ㅅ"의 탈락현상도 모두 여기에 류추된 결과였던것이다.

4.2.2.3 강조형 "-ㄱ, -ㅅ, -ㅁ"의 탈락

강조형 "-ㄱ, -ㅅ, -ㅁ"의 탈락에 관해서는 음운론적인 측면과 문법적 측면에서 해석할수 있다. 15세기 당시 "-ㄱ, -ㅅ, -ㅁ"을 종성에 두어 강조를 표시하였는데, 이것은 말소리의 자연스러운 흐름을 방해하는 요소로 작용할수 있었다. 조선어에서 어두자음은 폐쇄나 마찰에서만 끝나지 않고 파렬시켜 다음의 모음으로 이어지는 파렬음인 반면에 어말(음절말)자음은 파렬을 일으키지 않고 폐쇄상태에서 멈추는 폐쇄음(stop)들이다. 특히 "-하곡", "-하놋(다)", "-올맘"에서 음절말에 쓰인 "-ㄱ, -ㅅ, -ㅁ"은 강조를 나타내는것으로서 곧바로 다음 음절로 련음되지 않았기에, 폐쇄상태에서 멈추게 되어 조음(調音)활동에 일시적인 정지(pause)가 생긴다. 때문에 언어사용시 보다 편리하고 순조로운 발음을 지향하는 화자의 립장에서는 음절말에 오는 강조형 "-ㄱ, -ㅅ, -ㅁ" 등은 분명히 성가신 존재였을것이다.

한편, 문법적측면에서는 언어의 력사적인 발달과 더불어 "-은/-는" 등의 도움토가 생산적으로 쓰이는 등, 강조적의미를 표시하는 문법적수단이 발달하게 된것도, 17세기에 들어와서 "-ㄱ, -ㅅ, ㅁ"의 쓰임이 약화된것에 일정한 원인으로 작용한다.

4.2.2.4 접속형 "-오-/-우-"의 탈락

접속형 "-오-/-우-"의 탈락에 대해서 일찍부터 많은 학자들이 관심을 가져왔고, 그에 따라 많은 연구가 진행되였으나 여전히 설득력있는 결론을 이끌어내지 못한 아쉬움이 있다. 그것은 문장속에 표현된 "-오-/-우-"는 "겸양, 의지, 추측, 소원, 희망, 확신, 존경" 등의 다양한 의미를 나타낼수 있기에 쉽게 류형화하여 설명하기 어려운 사정과 관련이 있다.

우에서 살펴본바와 같이 일정한 토와 결합되여 용언어간에 쓰인 "-오-/-우-"는 중세시기에는 확실히 문법형태로서의 기능을 수행하였으나 16세기를 거쳐 근대로 넘어오는 력사적과정을 거치면서 점차 그 기능을 잃고 탈락하고 만다. 그러한 "-오-/-우-"의 탈락과 관련해서는 두가지 측면에서 해석할수 있다.

우선, 17세기초반에 나타난 "-오-/-우-"의 탈락이 고대로부터의 퇴화과정의 마지막 단계를 보여주는것으로 해석할수 있다. 고대적인 토는 자음토가 형성되기 이전부터 있은 토로서 그 력사가 보다 오래다. 조선어의 용언토는 모음토와 자음토가 구별되는데, 렴종률(1990)에 따르면 모음토가 보다 오랜 토이고 자음토들은 그보다 후에 발생한 토인것으로 보인다. 자음토의 새로운 발생은 용언토의 구성에 많은 변화를 일으켰다. 모음토보다 후에 형성된 자음토들은 "-ᄒᆞ요니, -ᄒᆞ요터, -ᄒᆞ욘, -ᄒᆞ요리라"와 같이 직접 용언어간에 붙을수 있었을뿐만아니라 모음토뒤에도 붙을수 있었다.

이러한 토들의 중복에서 모음토와 자음토의 중복은 서로 다른 특성을 가지고있었다. 자음토의 중복에서는 중복되는 형태적요소들이 각기 그 쪼각의 의미를 유지하였다면 모음토와의 중복에서는 뒤에 온 자음토가 앞에 온 모음토의 기능을 약화시킬수 있었다. 례를 들면, "ᄃᆞ롤 자보니"의 "자보니"에서 "-니"를 분리하면 "자브오"가 되는데 여기서 "-오"는 종결토로서의 기능을 가질수 있었지만 "자브오"에 접속토 "-니"가 붙어 "자브오+니>자보니"가 되면 "-오"는 "-니"에 이끌려 종결토로서의 기능을 상실당할수 있다.

력사적으로 토 "-오-"와 결합되여 이루어진 "-고, -소, -도" 등의 자음토들은 그 존재가 언제나 뚜렷하지만 같은 "-오-/-우-"이면서도 모음만으로 된 "-오-/-우-"는 쉽게 약화되여 탈락할수 있었다. 이것은 그것이 모음이라는 사정과 밀접한 련관을 가진다. 모음으로 끝난 어간만 있고 또 모음으로 이루어진 토만 있었던 고대적용언의 술어형태들은 일반적으로 "-ᄒᆞ오>-호"와 같이, 융합적방법으로 토를 가첨하였다. 때문에 고대에는 모음토들이 용언어간에 융합됨으로써 용언어간에 긴밀히 의존하게 되였다.

모음토의 이러한 의존성은 모음토가 자음토앞에서 그 기능을 상실하여도 탈락하는것이 아니라 그에 끌리여 어간모음과도 같이 어간에 붙어쓰이는 경우도 생기게 되였다. "희롤 자브며", "ᄃᆞ롤 자보니"에서 "자브며"의 어간모음 "-으"와 "자보니"의 "-오"는 같은 성격의것이다. 여기서 "자보니"의 "-오"는 그 의미를 상실하고 어간모음 "-으"의 자리에 들어감으로써 어간모음 "-으"와 같은 역할도 하게 되였는데 이때 "-오"가 떨어지지 않고 어간에 결합된것은 력사적으로 형성된 어간에 대한 모음토의 의존성과 많이 관련된다고 할수 있다.

물론 "-오-/-우-"가 어간모음과 같이 쓰이는 경우가 있다고 하여 그자체가 처음부터 어간모음이거나 또 어간모음화한것은 아닐것이다. 고대에 접속형으로서 일정한 의미와 기능을 가지고 쓰였던 "-오-/-우-"가 15세기후반까지 간신히 유지되다가 점차 퇴화되면서 어간모음과 같이 쓰이다가 나중에는 탈락하고 말았던것이다. 때문에 "-오-/-우-"는 용언의 고대적형태로부터 퇴화된 요소로 볼수 있는 개연성이 크다.

또 다른 측면에서는 "-오-/-우-"가 종결토 "-고라"의 "-고"로부터 퇴화된 요소로 볼수도 있다. "-고라"는 15세기에 "소원, 희망"의 문법적의미를 나타냈는데, 모음 "ㅣ"나 자음 "ㄹ"아래에서 "ㄱ"이 탈락하는 어음현상에 의해 "-오라"의 이형태로 실현되기도 하였다. 용언어간에서 일정한 토와 결합되여 나타나는 접속토 "-아/-어"가 접속토 "-거"와 력사적인 련관성을 갖고있다는 사실을 고려하면 이 "-오"도 "-고라"의 "-고"와 련관된다고 추측할수 있다. 특히 "-오-/-우-"가 화자의 "소원, 희망" 등의 주관적의도를 표시할수 있다는 사실은 이러한 추정을 안받침해주기에 무리가 없다.

아무튼 "-오-/-우-"는 일종의 고대적요소로서 15세기후반까지는 관습의 힘에 의해 유지된것으로 보인다. 그런만큼 그것은 소멸의 운명에 놓이지 않을수 없었는데, 16세기부터 점차 쓰이지 않는 방향으로 나아가면서 17세기에 들어와서는 일반적으로 탈락양상을 보인다. 앞에서 본바와 같이 ≪두시언해≫ 중간본에서는 "-오-/-우-"의 사용이 이미 상당한 정도로 약화되였는데 17세기후반의 ≪송강가사≫에 이르면 그 사용은 완전히 정지되고 만다.

4.3 문장구성의 정밀화

문장은 언어형식들이 계층적으로 긴밀하게 관련되여 더 큰 언어형식을 구성하는, 그 자체가 하나의 통일성있는 구성이다. 중세조선어의 문장은 통일된 구조체로서의 구성이 엄밀하지 못하고, 의미가 뚜렷하지 못한 특점을 가지고있었다. 그것은 수식어와 피수식어의 결합으로 이루어진 수식구성과 한 문장에 주어가 둘씩 들어있는 이중주어문의 구성에서 뚜렷하게 나타난다. 그런데 17세기에는 중세이래의 문장구성방식에 있어서 약간의 변화가 생기게 되였음을 보게 된다.

4.3.1 수식구성의 변화

근대조선어와 현대조선어에서 수식구성의 문장은 일반적으로 수식어와 피수식어가 일대일로 결합하여 이루어진것에 비하여 중세조선어에서는 몇개의 수식어가 중복되여 하나의 피수식어를 수식하는 특이한 수식구성을 보인다. 수식어중의 규정어의 경우가 특히 그러한것인데, 안병희, 리광호(1990:321)에서는 이를 공식화하여 (45a)와 같이 나타내고 그 례로써 (45b)를 들었는데 여기서 잠깐 인용해보도록 한다.

(45) a. M1+M2+M3+……N(M:수식어, N:명사)[10]

---

10) 안병희, 리광호 공저, ≪중세국어문법론≫, 학연사, 1990, 321쪽.

b. <u>이든</u>＋<u>몰곤</u>＋<u>무수미</u>(법화, 1:24)

    M_1 M_2 N

c. <u>第一엣</u>＋<u>쉽디 몬혼</u>＋<u>아디 어려본</u>＋<u>法</u>(석상, 13:4)

    M_1 M_2 M_3 N

d. 笠온 <u>고기잡는 대로 밍그론</u>＋<u>거시라</u>(석상, 13:22)

        M_1 M_2 N

곧, (45b~d)의 례들은 하나의 "N"을 수식하는 어구가 "M_1＋M_2＋M_3……" 등으로 나타나 복잡한 수식구성을 이루는데 그 의미해석에서 중의성을 유발하게 되는 경우가 있다. 가령 "M_1"이 "M_2＋N"을 수식하는지 아니면 "N"만을 수식하는지에 따라 그 의미해석이 달라질수 있다는것이 그것이다.

≪두시언해≫ 초간본에도 복잡한 수식구성으로 이루어진 문장이 출현한다.

(46) a. <u>몰곤</u><몰근> <u>絶遠혼</u> 짜해(6:29b)

    b. <u>노폰</u> <u>怪異혼</u> 돌히(6:2b)

    c. <u>幽獨혼</u> <u>됴혼</u> 짜해(7:17b)

    d. <u>아슬라혼</u><아ᅀ라혼> <u>느는듯혼</u> 樓에(14:9a)

    e. <u>抑塞磊落혼</u> <u>奇異혼</u> 지조룰(25:53a)

(46)의 례들과 같이 수식구성에서 서로 대등하게 이어지는 용언의 규정형은 각 용언이 규정토에 통합되여 나오는 경향이 많다. 이때, "몰곤", "絶等혼" 및 "노폰", "怪異혼" 등 규정형은 (45a)의 "M_1", "M_2"에 대응되며 "짜ㅎ", "돌ㅎ" 등은 "N"에 대응된다. 만약 "M_1"이 "M_2＋N"을 수식한다면 "몰ㅎ고 絶等혼 짜해", "높고, 怪異혼 돌히"와 같이 분석되지만, "M_1", "M_2"가 각자 "N"만을 수식하게 된다면, "몰곤 짜해, 絶等혼 짜해",

"노폰 돌히, 怪異혼 돌히"와 같이 분석되여야 한다. 이와 같은 초간본의 문장은 리해하기에 따라 달리 분석될수 있으므로 중의성을 피면하기 어렵다.

규정토 "-온/-은, -(ㄴ)눈/-눈" 대신에 접속토 "-고"를 사용하여 앞뒤 용언을 잇고 맨 나중의 용언에 규정토를 통합시키는 례는 아래의 몇몇에 불과하다.

(47) a. 놉고 그난혼 두 甘子ㅅ 남기여(18:22b)
    b. 몱고 노포몬 金蕐앳(22:54b)
    c. 보드랍고 衰殘혼 고줄(23:26a)

그러나 16세기후반, 17세기초반의 여러 문헌들에서 수식구성을 가진 문장은 우의 (47)의 방식으로 이루어진것이 (46)의 그것에 비해 훨씬 더 많다. 다만 중간본의 경우, 초간본의 영향으로 그 직접적인 변화를 보아내기 어려우므로 여기서는 다른 문헌의 례를 든다.

(48) a. 간이ᄒ고 신실혼 일로(소학, 1:5)
    b. 경박ᄒ고 호협혼 손을 사괴더니(소학, 5:12)
(49) a. 오직 온화ᄒ고 평담혼 약을 쓰고(두창, 상:39)
    b. 산후에 천만ᄒ고 긔급혼 증이라(태산, 55)
    c. 져기 溫냥ᄒ고 謹신혼 이롤 굴희며(가례, 2:22)

(48)과 (49)의 문장은 각기 16세기후반, 17세기초반에 나타난 수식구성의 변화를 보여준다. 이미 16세기후반부터는 (45a)와 같이 몇개의 수식어가 중복되여 하나의 피수식어를 수식하는 구성방식은 문장을 생성함에 있어서 그다지 생산적이지 않았던것이다.

그런데 중세조선어의 이와 같은 수식구성은 종속절의 변형에서 유래하는 경우가 많다. 이른바 종속절이란 복합문에 내포되어 조건, 원인, 전제 따위를 나타내며 주절(主節)을 한정하는 절을 말한다. 례를 들어 현대조선어의 "내가 산 책"에서 "내가 산"은 주어 "내가"와 술어 "산(買)"이 주어와 술어의 관계로 구성된 문장으로, 이것이 "책"을 수식하는 종속절을 이룬것인데, 이때 주격토 "-이/-ㅣ"의 대신 15세기에는 속격토 "-의/-의"가 대치되어 "나의 산 책"으로 변형되는 경우가 허다하다. 단순히 주어와 술어로 구성된 문장에서 속격토가 쓰임으로써 복잡한 수식구성을 이루는 경우가 적지 않다. 이러한 현상은 15, 16세기의 복합문의 구성에 보편적으로 존재하였지만, 그뒤 17세기로 넘어오면서 점차 자취를 감추게 된다.

아래 초간본과 중간본을 중심으로 이와 관련된 변화를 살펴보기로 한다.

(50) a. 술 避호미<避호미> 어려우믈 혼갓 시름ᄒ노라(空愁避酒難, 15:54a)
 b. 녜브터 疏拙ᄒ고 게으른 아자븨<아자비> 네 부러 서르 携持홈 기들우믈 아ᄂ니라(舊諳疏懶叔,須汝故相攜, 8:21a)
 c. 지비 가난ᄒ야 벼스릐<벼스리> 늦가오믈 苦로이 너기놋다
   (家貧苦寒卑, 21:31a)
 d. 使者의<使者ㅣ> 오믈 서르 因ᄒᄂ니(使者來相因, 22:28b)
 e. 祿과 位의<位왜> 노포믈 구리고(恐懼祿位高, 24:14b)
 f. 그릐<그리> 이시며 업수믈 紀錄아니ᄒ얀디 ᄯ오 예닐굽<여닐굽>히니
   (莫記存歿又六七年矣, 11:5b)
 g. ᄆᆯᄀᆫ 스롭과 프른 돌희<돌히> 佳麗호매 ᄆ슨ᄆᆯ<ᄆ으ᄆᆯ> 슬후니
   (清江碧石傷心麗, 14:35a)
 h. 스싀로 面勢의<面勢이> 구두믈 아노라(自覺面勢堅6:36a)
 i. 뭀 뫼희<뫼히> 져고믈 혼번 보리라(一覽衆山小, 13:1b)

(50a~i)의 례를 보면, 초간본에서는 복합문의 주어와 술어로 이루어진 종속절에 속격토 "-의/-의"가 쓰이면서 복잡한 수식구성을 이루었지만, 중간본에서는 "-의/-의"가 탈락하는 대신에 주격토 "-이/-ㅣ"가 쓰이게

됨으로써 현대조선어와 동일한 구성으로 바뀌게 되였음을 알수 있다.

(50a)의 경우, 초간본에서는 "避호미(避홈+이)"로 되고 중간본에서는 "避호미(避홈+이)"로 되여 표현형태가 달라지고 있는데 이 두 형태는 뒤의 "어려우믈"과 서로 다른 구성을 가진다. 다시 말하여, 속격형의 "避호미(避홈+이)"는 직접 "어려우믈"과 결합되여 "어려움"을 수식하는 구성을 이루지만, 주격형의 "避호미(避홈+이)"는 먼저 "어려우-"와 결합된 후에 그 전체가 다시 "믈(ㅁ+을)"과 결합되는 구성을 보인다.

초간본시기 속격토 "-의/-의"는 성질, 상태나 행동의 주체임을 표시하여 중간본에서의 주격토 "-이/-ㅣ"와 같은 문법적의미를 나타낼수 있었음을 보게 된다.[11] 우의 례문들을 통해 초간본과 중간본에서 속격토 "-의/-의"가 주격토 "-이/-의"로 변화되는 과정은 단지 단순한 문법형태의 쓰임에만 국한되는것이 아니라, 나아가 문장구성의 차원에까지 영향을 미치게 됨을 알수 있다.

그런데 중간본에는 종속절의 속격토 "-의/-의"가 주격토 "-이/-의"로 변하는 대신, 아예 탈락하는 경우도 있다.

(51) 將軍의<將軍> 일홈 어딘디 셜혼 히니(將軍得名三十載, 16:38a)

이것은 현대조선어에서 "영희가 대학에 다닌지 벌써 삼년이구나"가 "영희 대학에 다닌지 벌써 삼년이구나"처럼 종속절의 주격토가 떨어지면서 절대격으로 나타나는것과 동일한 경우로 리해될수 있는데, 사실상 초

---

11) 중세조선어에서 종속절의 주어가 속격형으로 실현되는것을 반영하여 홍윤표(1969), 리광호(1976), 서정목(1977) 등에서는 "주어적속격"(subject genitiv)이라는 개념을 설정하고있는데 이른바 "주어적속격"이란 주격의 문법적의미를 가지고 문장에서 주격처럼 쓰이는 속격형을 가리킨다. "-의/-의, -ㅅ" 등이 모두 주어적속격으로 쓰일수 있다.

간본의 "將軍의 일홈 어딘디"가 중간본에서 "將軍ㅣ 일홈 어딘디"로 바뀌게 된것을 입말에서 주격토 "-ㅣ"를 생략한데 지나지 않는다.

중세시기에는 종속절에서 속격토 "-ㅅ"도 "-이/-의"의 그것처럼 쓰이면서 문장을 구성할수 있었는데, 중간본에서 이미 "-ㅅ"이 탈락한 례가 나타난다.

> (52) a. 桂樹를 더위자바 <u>하놊</u><하놄>노포몰 울워노라(攀桂仰天高, 12:5b)
> b. <u>道國ㅅ 德業 니우믈</u><道國德業 니우믈> 請호돈 丈人브터 議論호리라
>   (道國繼德業請從丈人論, 8:5b)
> c. <u>나죗</u><나죄> 서늘호매 물 싯교몰 보니(晩涼看洗馬, 15:27b)
> d. 어느 저긔 더운 하놀홀 맛나 <u>ᄇᄅᆷ빗</u><ᄇᄅᆷ비>모도매 決히 ᄂᆞ라날고
>   (何當炎天過決議, 13:18a)
> e. 녀름지슬<녀름지을> 사ᄅᆞᆷᄃᆞᆫ<사ᄅᆞᆷᄃᆞᆫ> <u>횟</u><회> 穀食 니고몰 ᄇᆞ라셔
>   (農人望歲稔, 3:56a)
> f. <u>하놊</u><하놄> 쓰ᄂᆞ거슨 龍ᄀᆞ튼거시 업건마론(天用莫如龍, 17:24a)

그런데 아래 (53)의 례는 우의것들과 정반대의 모습을 보인다.

> (53) a. <u>ᄀᆞᄅᆞ미</u><ᄀᆞᄅᆞ미> 흘루미 氣運이 ᄑᆞ티 아니ᄒᆞ도다(江流氣不平, 7:12a)
> b. <u>아ᄎᆞ미</u><아ᄎᆞ미> 오매 몰앳 그티 다 둠기니(朝來沒沙尾, 10:6a)
> c. 해 鮑叔이<鮑叔의> 아던 이롤 붓그리노라(多慙鮑叔知, 26:61b)
> d. 이웃집 둘기<둘기> 五更에 ᄂᆞ료몰 므던히 너기노라(遮莫鄰雞下五更
>   15:49b)
> e. 鼉와 獺이<獺이> 怒호몰 다딜오리라(搪突鼉獺瞋, 8:54a)

즉, 초간본에 나타난 종속절의 주격토가 중간본에서 속격토 "-이/-의"로 대체된것인데, 이것은 (50)에서 거꾸로 류추된 역표기현상임이 분명하다.

우에서 살펴본바를 두루 고려하면 중간본이 간행된 17세기초반에는 "-이/-의"에 의한 종속절의 구성방식은 여전히 얼마간 유효했던데 반해

"-ㅅ"에 의한 종속절의 구성방식은 완전히 자취를 감췄음을 알수 있다.

종속절에서 속격토로서 성질, 상태, 행동의 주체를 표시한 례들은 ≪맹자 언해≫, ≪론어언해≫, ≪대학언해≫ 등의 유경언해서들에서도 나타난다. 즉, 16세기후반까지는 이러한 문장구성법이 계속 유지되였던것이다. 현대 조선어에도 "신문의 보도하는바에 의하면"이 "신문이 보도하는바에 의하 면"과 같은 구성으로 나타나고있는데, 여기에는 우에서 말한것과 같은 중 세시기의 관습이 작용하였기 때문이다.

4.3.2 이중주어문구성의 변화

15세기에는 문장속에서 하나의 술어에 대하여 두개의 주어가 나타나 이중주어문을 구성할수 있었다. 곧 "NP$_1$이+NP$_2$이+V"처럼 하나의 "V" 에 대응하여 주어의 형식을 갖춘 문장성분은 "NP$_1$이", "NP$_2$이"의 두개가 나타날수 있었던것이다. 이러한 이중주어문의구성은 초간본이 간행된 15 세기후반에도 변함이 없었던것으로 보인다.

(54) 초간본:
  a. 블근 鳳이 소리 嗷嗷ᄒ놋다(朱鳳聲嗷嗷, 17:2b)
  b. 지비 消息 무롤디 업도소니(7:39a)

(54a)와 (54b)에서 "嗷嗷ᄒ놋다", "업도소니"는 각각 행동과 상태를 나 타내는 용언형술어인데, 그와 관계를 맺는 체언에 주격토 "-이/-ㅣ"가 련 이어 쓰임으로써 주어가 겹쳐지는 이중주어문[12]을 이루고있다. 즉, NP$_1$

---

12) 안병희, 리광호(1990:278), 홍윤표(1994:369), 고영근(2009:319)에서는 이를 중주어문장(구 문)이라고 부른다.

이+NP₂이+V의 구성으로 되여있는데 이런 문장에서 앞에 놓인 주어를 "대주어", 뒤에 놓인 주어를 "소주어"라고 한다.[13] 이때 NP₁과 NP₂는 흔히 전체와 부분의 관계에 놓인다. (54a)에서는 "소리(<소리+ㅣ)"가 "噭噭ᄒᆞᆫ놋다"에 해당하는 소주어가 되고 "鳳이"가 "소리 噭噭ᄒᆞᆫ놋다"에 해당하는 대주어가 된다. (54b)에서는 "소식(주격토가 생략됨)"이 "무룛딕 업도소니"에 해당하는 소주어가 되고 "집이(<집+이)"가 "消息 무룛딕 업도소니"에 해당하는 대주어가 된다. 이때 소주어명사구(NP₂)은 대주어명사구(NP₁)와 전체·부분의 관계에 놓이게 된다. 이것은 주격토 "-이/-ㅣ"가 소속관계도 표시할수 있었기에 가능한것이였다.

이들 관계를 (55)와 같이 나타낼수 있다.

(55) a. 블근 鳳이 | 소리 ‖ 噭噭ᄒᆞᆫ놋다
     b. 지비 | 消息 ‖ 무룛딕 업도소니

그런데 (54)의 문장이 기본적으로 (55)의 의미구조를 나타내는데 반해, 중간본에서는 (56)과 같은 의미로 해석하고있어 문제가 된다.

(56) a. 블근 鳳이 ‖ 소리 | 噭噭ᄒᆞᆫ놋다
     b. 지비 ‖ 消息 | 무룛딕 업도소니

즉, 초간본의 문장에서 대주어였던 "블근 鳳이", "지비"가 중간본에서 규정어로 리해됨으로써 "블근 鳳익", "지븨"로 교체되여 원래 그것에 해당되였던 소주어 "소리", "집"을 한정해주게 된다.

그런데 중간본에서는 "블근 鳳이"가 "블근 鳳익"로, "지비"가 "지븨"로

---

13) 허웅(1975:738)에서는 이들을 "간접주어", "직접주어"라 부르고있다.

바뀌게 되였는데, 그것은 중간본기사자가 초간본시기의 NP$_1$이+NP$_2$이+V의 구성을 현실언어에 부합되지 않은것으로 판단했기 때문이다.

(57) 중간본:
　　a. 블근 鳳의 소리 啾啾ᄒ놋다(朱鳳聲啾啾, 17:2b)
　　b. 지븨 消息 무롤더 업도소니(7:39a)

　실제로 우의 (54)와 같은 NP$_1$이+NP$_2$이+V의 구성에는 주어가 둘씩이나 들어있는데, 여기서 주격토 "-이/-ㅣ"를 어떻게 리해하느냐에 따라 중의성이 발생하게 된다. 그리하여 중간본에서는 "鳳이"가 "鳳의"로, "지비"가 "지븨"로 교체됨으로써 일부러 이중주어문의 구성을 회피하려는 경향을 보이고있었던것이다.

　그런데 (54)와 (57)의 차이는 겉으로 드러난것처럼 두시(杜詩) 원문에 대한 초·중간본의 번역상 차이로 인식될수 있다. 즉, 문장구성방식의 통시적인 변화가 아니라 번역태도의 차이에 따른 변개로 여겨질수 있는것이다. 그러나 이것은 결코 중간본의 판각에 참여한 문헌기사자 개인의 번역태도에 따른 변개가 아니다. 그것은 15, 16세기의 문헌들에는 이중주어문이 높은 빈도를 보이며 나타나지만, 그 이후시기로 내려올수록 점차 줄어든다는 사실로부터 알수 있다. 다음은 15, 16세기의 다른 문헌에 나타난 이중주어문의 례이다.

(58) a. 太子ㅣ 性 고ᄫᆞ샤(월석, 21:221)
　　b. 大受道ㅣ 善ᄒᆞᆫ ᄠᅳ디 하시며(월석, 10:19)
　　c. 曾子와 子思ㅣ 道ㅣ 혼가지니(맹자, 8:32)
　　d. 二人이 心이 同ᄒᆞ니(주역, 5:16)

이들은 후세에 이르러서는 모두 (58´)처럼 바뀌고있다.

  (58´) a´. 太子의 性 고븐샤
       b´. 大受道의 善혼 쁘디 하시며
       c´. 曾子와 子思의 道ㅣ 혼가지니
       d´. 二人의 心이 同ᄒᆞ니

그러나 이러한 변화는 절대적인것이 아니다. 현대조선어의 입말에는 여전히 "물통이 물이 많다", "코끼리가 코가 길다"와 같은 구성을 가진 이중주어문이 나타남을 보게 되는데, 이 또한 중세시기의 관습이 남긴 영향이라고 해야 할것이다.

≪두시언해≫ 초간본과 중간본의 문장에 관한 상술한 비교를 통하여 우리는 15세기후반~17세기초반에는 조선어의 문장구성방식에 있어서도 일정한 변화가 나타나기 시작하였음을 알수 있다.

총적으로 초간본시기 복잡한 구성으로 이루어졌던 조선어문장은 점차 간단하고 정밀한 구성을 지향하게 되였는데 이것은 15세기후반~17세기 초반의 조선어문장이 중세적인 형태에서 벗어나 점차적으로 근대적인 형태를 갖추어나감에 있어서 뚜렷한 특징으로 된다.

4.3.3 변화의 원인

기존의 복잡하던 문장구성이 정밀화의 추세로 발전해나간것은 근본적으로 17세기이래 언어생활에서 대중들의 문법의식이 날로 제고된 사실에 말미암는다. 문법의식의 향상과 더불어 대중들은 점차 조선어문장의 비경제적인 구성방식과 그로 인해 야기되는 중의적현상을 객관적으로 인식하게 되였고, 그것을 단순화하여 보다 간결한 형태로 표현하기 위한 노력이 일게 되였던것이다. 그러한 노력은 주어, 보어, 술어, 규정어 등 문장구성요소들의 의미와 기능을 세밀하게 분석하고, 또한 문장구성에 참여하는 여러 문법형태의 본래의미에 충실하여 문맥에 맞게 적절히 사용함으로써 보다 효과적인 문장을 만들어나가는 과정에서 표현되였다.

15세기조선어의 토들은 기본방향에서 자기의 의미를 나타내고있으면서도 한 형태가 여러가지 의미를 나타낼수 있었기에 토의 미분화적현상이 일반적이였다. 초간본에서 몇개의 수식어가 중복되여 하나의 피수식어를 수식하는 특이한 수식구성이 나타나게 된 사실은 초간본 당시 규정토가 접속토처럼 쓰이게 된데 말미암으며, 주어와 술어로 이루어진 종속절에 속격토 "-이/-의"가 쓰이면서 복잡한 수식구성이 이루어진다거나 주격토가 련이어 쓰이면서 이중주어문의 구성이 생기는 현상은 결국 당시 속격토와 주격토의 구별이 명확하지 않았던 사실에서 비롯되는 현상이였다.

이처럼 중세시기의 토들은 자기의 문법적의미의 범위를 초월하여 다른 토의 령역에까지 관여하게 되였는데, 이것은 토의 의미가 미분화적이였던 고대의 잔존현상이 15세기후반까지도 유지되였기에 가능했던것이다.

그런데 앞서 말한바와 같이 17세기이래 일반 대중들사이에서 민족어로서의 언문에 대한 인식이 새롭게 각인되고 문법의식이 제고되면서, 조선어를 문법에 맞게 적으려는 노력이 고조되기 시작하였다. 따라서 말과 말 사이의 문법적관계를 명확하게 나타내려는 움직임이 강화되였는데 이전시기 토에 대한 인식이 깊지 못하여 그것을 무분별하게 쓰던데로부터 점차 기본의미를 세분화하여 류형에 따라 알맞게 씀으로써 문장을 뜻에 맞게 계층적으로 구사할수 있게 되였다.

또한 16세기이래 꾸준히 진행되여 온 문법형태의 단순화경향은 토의 의미분화에 적극적인 추진작용을 하게 되였다. 즉, 토들의 여러 이형태가 하나로 통일되는 과정에서 문법형태 자체의 다의성을 극복하려는 시도가 끊임없이 일어났던것이다.

상술한 원인들로 말미암아 복잡한 형태와 의미를 가지고 나타나던 중세조선어의 문장은 17세기에 이르러서는 보다 정밀한 구성과 통일된 구조체를 형성하게 되였다. 이러한 문장구성의 정밀화추세는 그 이후시기에도 계속 진행되였는데, 현대조선어문장이 문법적으로 독립된 단위로서 완결된 의미를 효과적으로 나타낼수 있게 된것도 그러한 변화의 연장선에서 리해되여야 할것이다.

제5장

15세기초반~17세기후반 조선어의 어휘변화

근대조선어의 어휘는 중세조선어의 그것과 큰 차이를 보이지는 않는다. 중세시기에 사용되던 어휘의 대부분은 본래 형태 그대로 근대조선어로 이어진다.[1] 비록 16, 17세기초반에는 대체로 15세기의 어휘를 이어받아 썼지만, 부분적으로 형태나 의미가 바뀌기도 하고 새로운 어휘로 교체되기도 하는 변화가 나타난것도 사실이다. 언어내적으로 시간의 흐름에 따른 력사적변천과정이 끊임없이 이어지고, 언어외적으로는 그동안의 인구류동과 사회변화와 더불어, 어휘개신이 일어나게 되였던것이다. 이러한 움직임은 나중에 근대조선어어휘의 모습을 형성하는 시작이 되였다.

≪두시언해≫ 초간본과 중간본의 비교를 통해 확인되는 어휘변화는 그다지 많지 않다. 그것은 ≪두시언해≫가 애초부터 조선어로 만들어진 창작본(創作本)이 아니라 한문을 언해한 번역본이라는 제한이 있고, 표기상 초간본의 영향에서 자유로울수 없었던 중간본의 성격때문이기도 하다. 그럼에도 불구하고, 어휘변화의 실제를 보여주는 뚜렷한 례가 나타나는것

---

1) 리득춘·리승자·김광수 공저, ≪조선어발달사≫, 연변대학출판사, 2006, 435쪽 참조

으로 특별한 관심을 끈다. 따라서 이 장에서는 ≪두시언해≫ 초간본과 중간본의 비교를 중심으로 거기에 반영된 어휘변화를 중점적으로 다루면서도, 초·중간본과 비슷한 시기에 나온 기타 문헌들을 보충적으로 리용하여 보다 전면적인 고찰을 시도할것이다.

15세기후반~17세기초반의 어휘변화는 대체로 어형변화, 어휘교체, 의미변화 등 세가지 측면에서 이루어졌다.

5.1 어형변화

어형변화는 어휘의 기본의미가 변하지 않은 전제하에서 외적형태만 바뀐것을 말한다. 다시 말하여 중세이래의 음운변화현상이 단어들의 외형에 반영되여 나타나는것으로서 원 단어형태와 새로운 단어형태가 완전히 다른것이 아니고 원 단어의 기초우에서 생성된 단어조성적 또는 음운론적인 변화이다. 때문에 어형변화는 어휘-음운론적변화로 리해될수 있다.

17세기초반의 어휘는 형태적으로 당연히 좀 더 현대조선어에 다가선 모습을 보인다. 초간본시기와 비교한다면 중간본시기에 나타난 어형변화는 크게 두가지로 나뉜다. 하나는 음운의 교체, 탈락, 첨가 등과 같은 음운변동에 의한것이고 다른 하나는 음절증감현상에 따른 어휘들의 외형장단의 변화이다.

5.1.1 음운변동에 의한 어형변화

음운변동에 의한 어형변화는 예측이 가능한 변화와 그렇지 않은것으로 나누어볼수 있다.

전자의 경우, 15세기후반까지의 엄연히 존재하였던 특정 음운이 력사적인 변천을 겪으면서 조선어음운체계에서 소실됨으로써 그것으로 이루어진 어휘형태에 예측이 가능한 변화를 갖다준것인데 "△", "ㅇ" 및 "ㆍ"의 소실에 따른 어형변화가 이에 해당한다. 따라서 이러한 변화는 음운의 력사적인 변천과 련계시켜 생각해볼 때 필연적으로 발생하게 되는것들이다. 례를 든다면 초간본과 중간본에는 "ᄆᆞᅀᆞᆷ>ᄆᆞᅀᆞᆷ", "ᄆᆞᅀᆞᆯ>ᄆᆞᄋᆞᆯ", "고ᅀᆞᆯ>고ᄋᆞᆯ"과 같은 어형변화가 이루 셀수 없을만큼 많이 발견되는데 이들은 자음 "△", "ㅇ"의 소실에 따른 필연적인 결과로서 초간본과 중간본의 해당 어형을 기계적으로 비교하여 그 결과를 보여준다는것은 별로 큰 의미가 없다. "△", "ㅇ" 및 "ㆍ"의 변화와 관해서는 앞에서 음운변화를 다루면서 언급한적이 있기 때문에 여기서는 별도의 서술을 하지 않겠다.

그러나 후자의 경우는 기존의 어휘가 음운목록에 존재하는 음운들이 어휘속에서 다른 음운으로 교체되거나 탈락되면서 생긴 변화로 음운자체의 력사적인 변화와는 상관없이 어형이 바뀐것이다. 이러한 변화형은 "△"나 "ㅇ"의 변화로 인한것과는 달리 예측이 불가능하기에 어휘론적으로 주목할만한 변화로 인정받게 된다. 아래 ≪두시언해≫ 초간본과 중간본의 비교를 통해 확인되는 몇몇 어휘의 어형변화를 류형에 따라 제시하기로 한다.

(1) a. 고래와 거부블<거부글> 타 가고져 ᄒᆞ논 ᄠᅳ디 잇노라(龜, 8:58b)
    b. 고봄<고곰>과 痢疾로 巴水롤 먹고(瘧, 24:60a)
    c. 蔗漿 브ᅀᅥ븨셔<브억긔>셔 가니 金盌 언돌ᄒᆞ니(廚, 8:22a)
    d. 翠華롤 뷘 묏 소배<소개> 스치노니(里, 6:32a)
    e. 蓐收 일호믈 ᄀᆞ가ᄒᆞ고<ᄀᆞ바ᄒᆞ고>(倦, 25:5b)

(1a~e)는 어휘를 이루는 기존 음운이 다른 음운으로 교체됨으로써 일어난 어형변화의 례를 보여준다. 초간본에서 각각 "龜, 瘧, 廚, 里, 倦"의 뜻에 해당되던 "거붑, 고봄, 부섭, 숩, ㅈ가ㅎ-" 등의 어형은 중간본에서는 "거북, 고곰, 브억, 속, ㅈ바ㅎ-" 등으로 나타난다. 즉, 어휘구성에 참여한 음운들중에서 "ㅂ"이 "ㄱ"으로 교체되면서 일어난 변화이다.

중간본의 변화형은 "고곰"의 경우를 제외하면 대체로 현대조선어에 나타나는 "거북, 부엌, 속, 가빠하-"와 같거나 좀 더 비슷한 어형이 되었다. 이와 같은 변화는 대부분 16세기부터 조짐을 보이다가 17세기에는 뚜렷한 정도로 확대된다. "숩"은 17세기에 들어와서 더이상 문헌에 나타나지 않으므로 "속"으로의 어형변화가 완료되었다고 볼수 있지만, 기타 어휘들은 17세기까지도 신형과 고형이 공존한다. 그것은 어휘마다 변천시기가 다른데서 기인한 현상이다.

중세시기에는 마지막 음절이 자음 "ㅎ"으로 끝나는 특수한 체언이 약 80개 가량 있었는데 이들을 이른바 "ㅎ"종성체언이라고 부른다. 향가에 "吾肹(나홀)"(獻花歌), "花肹(곶홀)"(獻花歌), "目肹(눈홀)"(禱千手觀音歌), "地肹(짜홀)"(安民歌)과 같은 형태가 자주 등장하는것을 보아서는 "ㅎ"종성체언은 고대에도 많이 쓰였던것으로 짐작된다. 중세시기 "ㅎ"종성체언의 "ㅎ"은 모음이나 류음 "ㄹ" 및 비음 "ㅁ, ㄴ"에만 후행하고 있었는데, 16세기까지는 대체로 "ㅎ"종성을 유지하였지만[2] 몇몇 어형에서는 "ㅎ"이 탈락되기도 하였다. 그러한 탈락경향은 17세기에 들어서게 되면서 대폭 확대된다. 그러한 례는 ≪두시언해≫ 중간본에는 허다하게 나타난다.

(2) a. 우희<우의>는 ᄆᆞᇫ없슨 구루미 잇고(上, 7:23b)

---

2) 허웅, ≪우리 옛말본≫, 샘문화사, 1975, 311쪽, 참조.

b. 암히<암이> 수흘 좃놋다(雌, 17:5b)

　　c. 님자흘<님자룰> 일코 어그르처 비치 업도다(主, 14:27b)

　　d. 미햇<미얏> 드리 ᄀᆞ죽ᄒᆞᆫ 디 ᄆᆞᆯ 건내야(野, 14:30b)

　　e. 울혼<울은> 솔와 菊花룰 帶ᄒᆞ얫도다(籬,7:30a)

　　f. 어느 ᄯᅡ코<ᄯᅡ고> 믄드시 서르 맛보니(地, 23:23a)

　　g. 늣믈 쓰려 하늘흘<하ᄂᆞᆯ> ᄇᆞ라노라(天, 5:8a)

(2´) a´. 몰ᄀᆞᆫ 내콰<내과> 묏골왜 예렛도다(川, 3:63b)

　　b´. 하늘과 ᄯᅡ콰<ᄯᅡ과> 스이예 順ᄒᆞ며(地, 7:25b)

　　c´. 님금 뫼콰<뫼과> ᄀᆞᄅᆞᆷ과ᄂᆞᆫ 錦繡ㅅ 가온ᄃᆡ 잇도다(山, 11:15a)

　　d´. 술콰<술과> 갓괘 잇디 아니토다(8:2a)

　　e´. 하ᄂᆞᆯ히 쇠와 돌콰<돌과> 믈 녹게 ᄒᆞ여(石, 12:42a)

　　f´. 수프리 ᄠᅳᆯ콰<ᄠᅳᆯ과> 이페 잇ᄂᆞ니(庭, 6:22b)

　　(2)의 례는 "웋, 암ᇂ, 님잫, 맿, 울ᇂ, ᄯᅡᇂ, 하늘ᇂ" 등 "ᇂ"종
성체언의 "ᇂ"가 탈락되여 쓰인 례이다. "ᇂ"종성체언의 "ᇂ"의 탈락은
격토의 앞에서 빈번하게 이루어졌다. 특히 구격토와의 결합에서 더욱 두
드러지게 나타난다. (2´)는 초간본시기 "ᇂ"종성체언은 그 특성상 당연히
"-과"와 결합하게 되므로, 종성 "ᇂ"이 련철되면서 "-콰"로 나타난다. 그
런데 중간본에서는 "ᇂ"이 탈락되여 끝음절이 모음 또는 "-ㄹ"로 되었음
에도 불구하고 여전히 탈락되기전과 같이 여전히 "과"와 통합된 형태를
보여준다. 이러한 불규칙적인 통합양상은 결국 "ᇂ"종성체언이 "ᇂ"탈락
이 중간본시기 그만큼 기계적으로 이루어졌음을 의미한다.

　　≪두시언해≫ 초간본과 중간본에 드러나는 용례를 가지고는 "ᇂ"종성
체언의 "ᇂ"탈락형을 제대로 살필수 없기 때문에 다른 문헌들에서 찾은
용례를 더 제시하기로 한다.

　　(3) a. 겨슬ᇂ→겨을(冬), 그릏→그르(그루터기),

　　　　긴ᇂ→긴(紐), ᄀᆞ놀ᇂ→ᄀᆞ놀(陰), 낳→나(年齡),

나라ㅎ→나라(國), 노ㅎ→노(繩), 니마ㅎ→니마(頂),
　　　ᄂᆞ믈ㅎ→ᄂᆞ믈(茉), 놀ㅎ→놀(刃), 뎌ㅎ→뎌(笛),
　　　쏠ㅎ→쏠(源), 마ㅎ→마(장마), 마ㅎ→마(薯),
　　　말ㅎ→말(欑), 모ㅎ→모(方), 밀ㅎ→밀(小麥),
　　　별ㅎ→별(崖), 보ㅎ→보(梁), 보ㅎ→보(布),
　　　불ㅎ→불(臂), 비술ㅎ→비올(배알), 붓돌ㅎ→붓돌,
　　　셔울ㅎ→셔울(京), 쇼ㅎ→쇼(俗人), 소ㅎ→소(거푸집),
　　　소ㅎ→沼, 수ㅎ→수(雄), 스굴ㅎ→스굴(鄕),
　　　쇼ㅎ→요(衾), 안ㅎ→안(內), 알ㅎ→알(卵),
　　　언ㅎ→언(堤), 열ㅎ→열(蔘), 움ㅎ→굴(窟),
　　　위안ㅎ→위안(童山), 자ㅎ→자(尺), 조ㅎ→조(粟),
　　　터ㅎ→基
　b. ᄒᆞ나ㅎ→ᄒᆞ나, 둘ㅎ→둘, 세ㅎ→세, 네ㅎ→네,
　　　열ㅎ→열, 스믈ㅎ→스믈, 여러ㅎ→여러,
　c. -둘ㅎ/-들ㅎ→ 둘/-들

　　우의 례들은 ≪선종연가집언해≫, ≪구급방언해≫, ≪삼강행실도(초간
본)≫, ≪구급간이방≫, ≪번역로걸대≫, ≪속삼강행실도≫ 등의 15세기후
반, 16세기초반의 문헌들과 ≪언해두창집요≫, ≪언해태산집요≫, ≪시경
언해≫, ≪동국신속삼강행실도≫, ≪가례언해≫ 등의 17세기초반의 문헌
들의 비교를 통해 확인한것들이다. 문헌에 따라 중복되는 어형이 많기 때
문에 자세한 출처는 생략한다. (3a)와 (3b)는 “ㅎ”종성의 명사, 수사 및
부사에서 “ㅎ”이 탈락한 례이고 (3c)의 “-둘ㅎ/-들ㅎ→ 둘/-들”은 “ㅎ”
로 끝난 복수형에서 “ㅎ”이 탈락한 례이다. “ㅎ”이 탈락된 이들 어형은
현대조선어에서도 그대로 유지된다.
　　그런데 현대조선어에는 특정한 체언이 다른 체언들과 결합하여 합성체
언을 형성하는 과정에서, 15세기의 선행체언의 종성 “ㅎ”의 흔적이 나타
나는 경우가 있다.

(4) 머리카락, 살코기, 안팎, 암캐, 수탉

현대조선어에서 단독으로 쓰인 "머리", "살", "안", "암", "수"에는 "ㅎ" 종성이 나타나지 않지만 그것으로 이루어진 일부 합성명사들에서는 "ㅎ" 종성이 유지되면서 표기에도 반영된다. 미루어 짐작컨대, "ㅎ"종성체언의 "ㅎ"탈락은 단일체언에서 먼저 나타나 합성체언에로 범위를 넓혔던것을 보인다. 17세기초반은 "ㅎ"종성체언의 "ㅎ"탈락의 초기적단계로서 단일 체언에서의 "ㅎ"탈락을 위주로 이루어졌던것이다.

우에서 살펴본 어형변화는 모두 음운의 교체나 탈락에 의한것임에 반해 다음의 례들은 음운의 첨가나 도치(倒置)에 의한것으로 눈길을 끈다.

(5) a. 어드운디 ᄀ초와<ᄀᆷ초와> 두리아(藏, 7:25b/7:24a),
    藍水는 머리<멀리> 즈믄 시내롤 조차 디거(遠, 11:33b),
    하늘콰 ᄯᅡ<쌍>콰도 두르혀리로소니(地, 21:12b)
  b. 굽슬<굿블>(卷, 11:30a)

(5a)는 "ᄀ-", "머리-", "ᄯᅡ-"에 유성자음 "ㅁ, ㄹ, ㅇ"가 첨가되면서 일어난 어형변화를 보여준다. 이중에서 "ᄀ-"은 15세기에 "藏"의 뜻으로 쓰인 외에 사동사로서 "具"의 의미를 나타내기도 하였다. 력사적으로 "藏"의 의미를 나타내는 "ᄀ초-"는 자음첨가현상을 겪어 "ᄀᆷ초-"로 되였 지만, "具"의 의미를 가지는 "ᄀ초-"는 자음첨가현상을 겪지 않았다. 즉, "藏"과 "具"의 의미를 나타내던 "ᄀ-"은 17세기에 이르러 사실상 "ᄀᆷ초-" 와 "ᄀ초-"의 두가지 형태로 분화되였던것이다. (5b)의 "굿블"은 "굽슬" 에서 자음 "ㅂ"과 "ㅅ"이 도치(倒置)됨으로써 어형이 변한 례이다. "굿블" 은 17세기에 잠깐 쓰였다가 다시 "굽슬"로 돌아오게 되였다.

5.1.2 음절증감에 의한 어형변화

중세조선어와 근대조선어의 교체기에는 어휘를 이루는 음절이 늘어나거나 감소하는 음절증감현상이 생겼는데, 이것은 어휘들의 외형장단에 필연적인 변화를 갖다주게 되었다.

(6) a. 닐위-<니르위->(起, 25:29b/20:49b),
　　　막대<막다히>(杖, 6:42b/11:49a),
　　　일<일즙>(早, 7:10/8:28)
　　b. 거우루롤<거우룰>(鏡, 3:39b),
　　　수울<술>(酒, 8:28a/8:13b),
　　　구우실<구실>(吏, 11:20b/15:5b),
　　　부으리<부리>(嘴, 17:6a/17:17b),
　　　주우리-<주리->(飢, 25:52b/25:29a),
　　　어긔으롲<어긔롲>(6:14a/23:27b)

(6a)는 중간본에서 어휘의 외형장단이 길어진 례를 보여준다. 반대로 (6b)는 중간본에서 어휘의 외형장단이 줄어든 례를 보여준다.

어휘들의 외형장단의 변화는, 다음의 문헌들에서도 확인된다.

(6′) a′. 긷<기동>(柱, 해례/훈몽, 중:6),
　　　　언<언덕>(堤, 석상, 9/훈몽, 상:4),
　　　　녑<녑구레>(脥, 해례/훈몽, 상:25),
　　　　풀<포리>(蠅, 훈언/훈몽, 상:21)
　　　b′. 주머귀<주먹>(拳, 월석, 7:8/백련, 6),
　　　　　흐올로<홀로>(獨, 초간본, 7:29/번소, 9:100),
　　　　　흐오ᅀᅡ<혼자>(獨, 삼강, 효, 9/동신, 효, 3:73),
　　　　　이시-<잇->(有, 법화, 7:102/가례, 6:20),
　　　　　어느제<언제>(何時, 륙조, 하:65/시경, 18:26),
　　　　　드르ㅎ<들>(상강, 효, 29/동신, 렬, 5:16)

보다싶이 중간본이 간행된 17세기초반에는 음절증감에 따른 어형변화가 일정한 규모를 보이며 일어났던것이다. 이와 같은 형태변화현상은 15세기후반에서도 조금씩 나타났던것인데 16세기를 거쳐 17세기에 이르러서는 더 활발히 실현되여 어느 하나로 공고화되면서 계속 발전하는 추세를 보이고있었는데, 현대조선어표준어에서 최종적으로 확정되였다.

어형변화는 음운변동이나 음절증감현상에 의한것이 대부분이지만, 례외적인것도 있었다. 아래 (7)의 례가 그것이다.

(7) a. 一生애 서르<서로> 쪄뎻노니(相, 3:14b)
　　 b. 센 머리예 이퍼<읍퍼> ㅂ라고(吟, 6:11a)

(7a~b)의 어형변화는 모음의 변동에 따른것이 아닌가 하는 오해를 불러일으키기 쉽지만, 여기에는 음운변동과 관련된 아무런 법칙성인 현상을 찾을수 없다. 음운변동이나 음절증감현상에 해당되지 않는, 제3의것이라 할수 있다.

5.1.3 변화의 원인

어형변화는 경우에 따라 표현성의 원리, 경제성의 원리 및 류추의 원리 등으로 다양하게 해석될수 있다.

"거붑<거북>(龜)", "고곰<고봄>(瘧)", "브섭<브억>(廚)", "ᄀᆞ가ᄒ<ᄀᆞ바ᄒ->(倦)" 등에서 "ㅂ"이 "ㄱ"으로 바뀐것은 "거붑, 고곰, 브섭, ᄀᆞ가ᄒ-" 안에서 "ㅂ"이 일정한 간격을 두고 두번씩 분절(分節)되여 나타나기에, 변별력이 약화될 가능성이 있으므로 "ㅂ"을 "ㄱ"으로 바꾸어 표현력을 높인것으로서 일종의 이화(異化)현상에 속한다. 다만 솝<속>(里)의 경우는

"ㅂ"이 분절되지 않은 상황에서 "ㄱ"으로 바뀌였는데, 아마도 "거북, 고곰, 브억" 등으로부터 류추된 결과인듯 싶다.

음절증가현상도 기존 어형에 다른 성분을 첨가함으로서 새로운 형태를 만들어내여 변별력을 강화하고저 한 노력에서 비롯되였다. "堤"를 의미하는 "언"은 "얼다"(凍)의 규정형 "언"과 동음이의어를 이루게 된다. 일반적으로 동음이의어는 문맥에 의하여 구별은 되지만 다소 혼란을 일으킬 여지가 있다. "긴(柱):깆(翅):긴-(물을 긷다)"의 관계도 독립적으로 쓰일 때와 뒤에 오는 음이 자음으로 시작될 때에는 종성자음의 중화현상 때문에 혼란이 발생한다. 이러한 혼란을 피하기 위하여 "언(堤)"은 "언덕"으로, "긴(柱)"은 "기동(<긴옹)"으로, 하는식으로 음절길이를 늘이게 되였던것이다.

그런데, 음절증가현상과는 달리 음절감소현상은 어휘의 변별력을 강화하기 위한것이 아니라 발음상 경제성을 확보하려는 노력에서 비롯되였다. 거우루<거울>(鏡), 수울<술>(酒), 부으리<부리>(嘴) 등은 "우—우", 또는 "우—으"처럼 같거나 비슷한 모음이 들어간 음절이 련속되는 구조로 되여있는데, 그중에서 마지막 모음을 탈락시킴으로써 어휘의 음절수가 줄어들게 된것이다. 따라서 어휘음절감소현상은 어디까지나 발음의 편리를 위한것으로 일종 음운현상으로 리해되여야 할것이다.

"ㅎ"종성체언의 "ㅎ"의 탈락도 경제성의 원리로 해석된다.

앞에서 본바와 같이 "ㅎ"종성체언은 단독으로 쓰일 때는 "ㅎ"가 나타나지 않지만 다른 형태와 결합할 때 "ㅎ"가 나타난다. 모음의 앞에서는 "ㅎ"가 그대로 유지되지만, 유기음화할수 있는 "ㄱ", "ㄷ", "ㅂ"의 앞에서는 그것과 결합하여 "ㅋ", "ㅌ", "ㅍ"를 만든다. 그런데 체언의 끝에 오는 "ㅎ"는 후음으로서 /h/의 음가를 가지고 있었는데,[3] /h/는 목청을 좁혀 숨을 내쉴 때 그 가장자리를 마찰하면서 나오는 마찰음으로서 다른 음들과 비할 때 청취효과가 약하였다. 특히 음절끝에 오는 "ㆆ"은 실제 발화에서 그다지 큰 변별력을 수행할수 없었을뿐만아니라, 화자의 립장에서도 번번히 "ㆆ"종성체언에서 "ㆆ"의 존재를 의식하여 발음에 정확히 실현시키는것도 번거로운 일이 되였을것이다.[4] 때문에 17세기에 들어오면서 우선 "ㆆ"종성의 단일체언을 시작으로 점차 "ㆆ"를 아예 탈락시켜서 보다 경제적인 어휘사용을 추구하게 되였던것이다.

그밖에 (7)과 같이 어디에도 해당되지 않는 어형변화가 있음을 보았다. 이것은 기본적으로 류추에 의한것으로 음운현상과는 아무런 상관이 없다. 초간본에서 "相"을 의미하던 부사 "서르"가 중간본에서 "서로"로 바뀌게 된것은 "바야ᄒ로, ᄒ올로, 스싀로" 등의 '로'에 류추된 결과이고, "吟"의 뜻으로 쓰인 동사 "잎-"이 중간본에서 "읊-"으로 변한것은 "긋-(<귿, 畵)"이나 "스/쓰/쁘-(寫)"에 류추된 결과이다.

류추에 의한 어형변화는 이미 초간본시기에도 나타난다. (8)와 같이 날자에 대한 명칭은 훈민정음창제초기에 "이틀, 사ᄋ올, 나ᄋ올……" 등으로 되여있으나, 15세기후반, 16세기초반에는 "사ᄋ올, 나ᄋ올" 대신에 "사ᄒ올, 나ᄒ올"의 형태로 바뀌게 된다.

(8) a. 이틀 사ᄋ리라도 ᄯ 내요미 ᄯ 됴코(구급간, 1:103)
    b. ᄀ룺 ᄀ쇄 자거늘 밀므리 사ᄋ리로ᄃᆡ(룡가, 67)
    c. 그 後 사나올 마내 王이 臣下돌 ᄃ리시고(석상, 11:31)
(8′) a′. 우그 저긔 아비 병 비르선 디 이트리러니(번소, 9:31)

---

3) ≪훈민정음례의≫에서는 "ㆆ喉音如虛字初發聲"이라 하고, ≪훈민정음언해≫에서는 "ㆆ는 목소리니 虛ㆆ字처럼 펴아나는 소리 ᄀ트니 굴바쓰면 洪ㄱ字처럼 펴아나는 소리 ᄀ트니라"고 하여 "ㆆ"의 음가를 설명하였다.
4) 김형규(1963)에서는 "ㆆ"종성체언의 "ㆆ"탈락에 대해 인구의 이동과 관련지어 해석한다. 즉 추운 북방지역에 살던 시대에는 자연 /h/음이 많이 사용되였으나 따뜻한 남방으로 이동하면서 탈락의 길을 걸었다는것이다.

b′. 사홀 밤 사홀 홀 거시라(번박, 상:75)

c′. 흐르는 므레 둠가 사나홀만 디나거든(구황, 4)

(8′)에서 "사홀", "나홀" 등의 어형은 "이틀" 즉 "읻＋홀"에의 류추에 의한것인데, 그 변화형은 그뒤로도 계속 쓰이다가 현대조선어에로 이어지고있다.

사실 류추는 서로 련합되여 있는 언어형식의 대부분이 어떤 일정한 어형상의 특색, 의미와 기능, 혹은 음성형식 등의 류사성을 가졌으나 그 중 일부의 언어형식이 이 특색에서 벗어나는 일이 있을 경우, 이 일부의 언어형식을 다수의 언어형식의 공통된 특색에 맞도록 그 언어형식을 바꾸거나 새로운 언어형식을 만들어내는 심리적과정으로서 일정한 규칙성이 없이 극히 개별적인 어형변화에 한해서만 작용한다. 때문에 류추에 의한 어형변화는 기타 어휘들과의 비교속에 그 변화원인을 추정할수 있을뿐, 일반화하여 다루기는 어려운 측면이 있다.

5.2 어휘교체현상

어휘교체는 초간본에서 이미 둘 이상의 어형으로 나오던 단어 중에서 어느 한쪽에 다른것으로 교체되는 현상으로서, 본질적으로 어휘쓰임의 변화에서 비롯된것이다. 현대조선어의 동의어와 마찬가지로 중세조선어에도 동일한 의미를 나타내는 부동한 형태의 어휘들이 서로 경쟁적으로 쓰였는데, 이들가운데서 일부는 근대조선어에서 그와 경쟁관계에 놓인 어느 한쪽을 밀어내고 실제 쓰임에서 점차 고정화되였다.

가령, 의미 C에 해당하는 A와 B의 두 어형이 있다고 할 때, 그중에서 어느 한쪽의 쓰임에 변동이 생긴다면 기존의 A:B의 비례관계가 파괴됨으로써 B가 A를 대체하게 되거나 A가 B를 대체하게 된다. 이러한 과정은 어느 한 순간에 일어나는것이 아니라 일정한 시간적차이를 두고 점차적으로 진행되기에 어디까지나 통시적인 변화로 리해되여야 한다. 어휘교체현상은 음운변화와 상관없이 일어나는것으로서 순수한 의미에서의 어휘변화라고 해야 할것이다.

15세기후반~17세기초반에 이루어진 어휘교체는, 고유어와 고유어의 교체, 고유어와 한자어의 교체로 나누어 볼수 있다.

5.2.1 고유어와 고유어의 교체

고유어와 고유어의 교체는 주로 방언어휘들 사이의 교체를 통해 이루어진다. 방언적차이를 가지고 나타나던 고유어어휘들이 서로 경쟁적으로 쓰이는 과정에 쓰임이 많은 어휘가 상대적으로 쓰임이 적은 어휘를 대체하면서 이루어지는것이다. ≪두시언해≫ 초간본과 중간본에서 확인되는 고유어들사이의 교체는 그다지 많지 않다. 아래 (10)의 몇몇 례만 발견되는데, 중간본의 성격에 말미암은듯 하다.

(9) a. 門의 가치<간치>는 새뱃 비체 니렛고(鵲, 14:21b)
   b. 山陽앤 俗物이 업<엄>스니(無, 20:29a)
   c. 하눌해 나디 몯<몬>ᄒ얫도다(未, 22:24b)

(9a)에서 "鵲"에 해당하는 "가치"가 "간치"로 바뀐것은 중간본 간행지의 방언이 표기에 반영된것으로, 자음첨가에 의한 어형변화와는 별개의

현상이다. 최학근(1978:870~871)에 따르면 현재의 중부방언에서는 두 음절 사이에 /n/(ㄴ)가 개입된 어형을 쓰는 곳이 없는데, 경상도와 전라도를 비롯한 동남방언에는 "간치, 까:ㄴ치, 까:ㄴ치이, 깐채이, 깐치, 깐치:"와 같은 어형이 존재한다고 한다. (9b), (9c)의 "업-", "몯-"에서 받침 "ㅂ", "ㄷ"는 자음동화를 입을만한 환경에 놓여있지도 않다. 현재의 경상도방언에 "몬하니", "몬한다", "몬안다", "엄서서", "엄따"와 같은 어형이 존재하는것을 보아서는, 이들은 17세기초반의 경상도방언을 반영하는 어휘임이 분명하다.

하지만 ≪두시언해≫ 초간본과 중간본의 비교로서는 이러한 변화를 제대로 확인할수 없기에 기타 문헌들에 나타나는 례를 표에 더 제시하기로 한다.

● 표6

의미	고형	교체형
蛙	머구리(훈몽, 상:24)	개고리(동의, 탕액, 2:10)
行	니-(룡가, 38)	가-(동신, 효, 1:59)
已	한마(월인:37)	블셔/이믜(소학, 범례:1/가례, 7:26)
妻	가시(월석, 1:12)	안해(소학, 6:116)
紐子	둘마기(사성, 하:65)	단쵸(역어, 상:66)
藜	도투랏(초간본, 7:24)	명회(신증, 상:8)
稻	우케(해례, 55)	벼(훈몽, 상:12)
痒	ᄇᆞ랍-(구급방, 하:3)	ᄀᆞ랍-(두창, 상:48)
隨意	젼ᄎᆞ(룽엄, 6:99)	간대로(벽온, 11)
前日	아리(월석, 21:120)	그젓긔(박통사, 상)
夕	나조ㅎ(월석, 1:45)	저녁(동신, 효, 3:77)
多	하-(룡가, 19)	만ㅎ-(월석, 2:21)
忙	밧ㅂ-(금강삼, 5:32)	밫-(번박, 상:10)
膽	與老 (향약, 중:23)	쓸게(훈몽, 상:27)
褲	ᄀᆞ외(금강삼, 2:61)	바지(계축, 하:22)

이상의 례로 든 어휘에서, 15, 16세기 문헌들에 나타나는 어형들을 고형이라 하고, 17세기의 문헌들에 나타나는것을 교체형이라 하여 량자를 구분하였다.

교체형은 좀 더 현대조선어의 그것에 근접된 형태로 나타난다. 물론, 교체형이라 하여 모두 17세기에야 비로소 등장하는것이 아니다. 이를테면 "稻"를 의미하는 "벼"는 15세기에도 쓰였는데 "우케"와 더불어 ≪훈민정음해례·용자례≫에 등장한다. 다만 17세기에 이르러 그 쓰임이 확대되면서, "우케"를 대체하기에 이른것이다. 마찬가지로 17세기에도 고형이 나타나지 않는것은 아니지만, 극히 부분적으로만 이루어져서 점차 교체형에 의해 밀려나는 추세를 보이고있었던것이다. 고형은 현대조선어의 일부 방언에서만 유지된다.

● 표7

의미	표준형	방언형	방언지역
蛙	개구리	머구리/머구락지	함남, 강원/함북
膽	쓸개	열	강원, 황해, 평안, 함북
已	이미	하마	전남
妻	안해	가시	평북
紐子	단추	달마구	평안, 황해, 함남
藜	명아주	도투라지	경상
稻	벼	우케	충청, 경상, 전라, 강원
痒	겨렵-	바랍-	함남
隨意	마구	간대로	경북, 경남, 평북
前日	그저께	아래	경상, 충북
夕	저녁	나조	평남, 평북, 함남, 함북
多	많다	하다	제주
褲	바지	가비	함북

5.2.2 고유어와 한자어의 교체

조선어에서 한자어사용이 일반화된 시기는 고려중기이후부터이다. 한자어의 보편화는 고려중기이래 활발하게 진행되였는데, 그뒤 한문중심의 문자생활이 지속되였기 때문에 어휘중에서 한자어가 차지하는 비중이 계속 늘어났으며 사용자의 범위도 확대되였다. 15세기후반~17세기초반에는 한자어 사용의 보편화가 더욱 가속화되여 수많은 한자어가 기존의 고유어를 대체하게 됨으로써 한자어는 조선어어휘체계속에서 절대적인 우위를 차지하게 되였다.

> (10) a. 南浦 물군 구르맨<江은> 萬里 드리로다(14:31b)
> b. 물 타 미해 나가 쁴로<時로> 누늘 구장 뗘보니(14:32b)

"구룸"은 초간본이 간행된 15세기후반에도 "江"으로 나타나는 례가 있는데, 중간본시기에 와서는 한자어 "강" 또는 "江"으로 일관되게 적히였다. "쁴"의 경우, 같은 어원에서 된 "때(<쁴)"가 오늘날까지 명맥을 유지해오고있는데 비하여, "쁴"가 중간본에서 "時"로 교체되는것은 한자어세력의 증대에 따라 그 사용빈도가 줄어든데 말미암는다.

그런데 (10a~b)를 제외하면, ≪두시언해≫ 초간본과 중간본에서 고유어가 한자어로 교체된 례를 발견하기 힘들다. 다만, 비슷한 시기에 나온 기타 문헌들을 통해서 변화의 정도를 짐작할수 있다.

> (11) a. 오란비~댱마(霖, 초간본, 16:4b/류합, 상:4),
> 혼댱~一丈(번로, 상:36/로걸대, 상:32),
> 나드리~출입(出入, 번로, 상:55/로걸대, 상:49),
> 흥졍구숨5)~貨物(번로, 상:12/로걸대, 상:11),

님자~주인(원각, 상:2-2:24/가례:4:5),

뫼ㅎ~산(山, 금강삼, 4:43/동의, 1:48),

니건희~往年(번로, 상:9/로걸대, 상:8),

ㄱ롬~강(江, 남명집, 상:72/동신, 렬, 2:89),

고봄~학질(瘧疾, 릉엄, 5:2/동신, 효, 5:31),

b. 이스랏~잉도(櫻桃, 초간본, 15:20b/두창, 상:7),

슈룹~우산(傘, 훈언, 58/백련, 4),

고마~첩(妾, 삼강, 렬:27/권념, 24),

즈믄~천(千, 구급간, 7:44/동신, 효, 8:2),

온~백(百, 월석, 13:51/구황, 6),

아ᅀᆞᆷ~친척(戚, 내훈, 2:107/맹자, 13:27),

구위~관(官, 삼강, 렬:19/가례, 1:34)

　(11a)에 나온 "오란비, 혼, 나드리, 님자, 뫼ㅎ, ㄱ롬, 고봄" 등의 고유어는 15세기후반에도 흔히 쓰이던것들인데, 17세기에 들어와서 대부분 한자어로 교체되어 나타난다. 그러나 (11b)의 "이스랏, 슈룹, 고마, 즈믄, 온, 니건희, 아ᅀᆞᆷ, 구위" 등은 17세기부터는 완전히 한자어로 대체되어 더이상 쓰이지 않게 되었다.

　고유어구절이 한자어로 대체되기도 하였다.

　(12) 웃듬으로 봄~主見(번로, 상:5/로걸대, 상:45),

　　　올ᄒᆞ니 외니~是非(금강삼, 2:3/계축, 상:5),

　　　사ᄅᆞᆷ업슨 ᄃᆡ~無人處(초간본, 15:32a/로걸대, 상:26),

　　　님진 겨집~男女(내훈, 1:68/가례, 1:21),

　　　구의나깃 은~官銀(번로, 하:14/로걸대, 하:14),

　　　사ᄅᆞᆷ과 ᄆᆞᆯ~人馬(초간본, 5:36b/곽씨, 21-11),

　　　일 아는~見識(월석, 22:35/로걸대, 상44),

　　　ᄌᆞᆺᄌᆞᆺ디 아니ᄒᆞ면~不明ᄒᆞ면(번로, 상:51/로걸대, 상:46),

---

5) "훙졍ᄀᆞ含"은 "훙졍"+"감(재료)"으로 된 합성명사로서, 貨物을 말하는것이다.

미 혼 사룸~每人(번로, 상:23/로걸대, 상:20),
미 혼 말~每斗(번로, 상:23/로걸대, 상:21),

고유어와 한자어의 교체는 무조건 고유어가 한자어에 의해 대체되였던 것은 아니였다. ≪두시언해≫ 중간본에는 초간본의 한자어를 고유어로 순화한 례가 발견된다.

(13) 아니 그 얼구를 傳혼것가<옮곤것가>(傳, 16:36a)

초간본에 나온 한문표기의 한자어를 대응되는 한자음에 맞추어 언문표기로 고쳐 놓은것이 아니라 아예 고유어로 바꿔어 놓은 사실은, 당시 중간본을 작성함에 있어서 어려운 한자어를 쉬운 우리 말로 표현하려는 언어순화의식이 작용하였음을 짐작할수 있다.

비록 ≪두시언해≫에서는 이를 증명할만한 또 다른 례가 존재하지 않지만, ≪번역로걸대≫와 ≪로걸대언해≫를 비교해보면, 고유어의 한자어화흐름에 역행하여 한편에서는 한자어를 고유어로 순화시키려는 노력도 행해지고있었음을 알수 있다.

(14) 屍身~주검
　　a. 즉재게셔 브리고 도망커늘 구의 屍身을 검시하고(번로, 상:28)
　　b. 즉제게셔 브리고 드라나니 구의 주검을 검시하고(로걸대, 상:2-16)
(15) 漢人~한사룸
　　a. 네 이 여러 벋둘히 양지 쪼 漢人도 아니오(번로, 상:28)
　　b. 네 이 여러 벗들의 모양이 쪼 한사람도 아니오(로걸대, 상:3:20)
(16) 牙錢~주름쌉
　　a. 牙錢 세 稅錢이 언메나 흐뇨 (번로, 하:18)
　　b. 주름쌉 글월 벗기는 갑시 얼마나 흐뇨(로걸대, 하:16)
(17) 三絃子~줄풍뉴

a. 뎌 <u>三絃子</u>쁘고 거즛말ᄒᆞᄂᆞᆫ 놈둘홀 ᄒᆞ야(번로, 하:54)
b. 뎌 <u>줄풍뉴</u>쁘고 거즛말ᄒᆞᄂᆞᆫ 놈들로 ᄒᆞ여(로걸대, 하:7-23)

(14~17)이 보여주다싶이 원래 한자어로 나타났던 "屍身, 漢人, 牙錢, 三絃子" 등은 그 나중에 다시 고유어로 교체되었다.

그러나 이러한 노력도 고유어의 한자어화라는 큰 흐름은 막을수 없었는바, 고유어의 한자어화는 17세기후반으로 이어지면서 더욱 가속화되여 조선어어휘체계의 전반을 새롭게 바꾸어놓게 되었다.

이상의 내용에서 보다싶이 전체적으로 고유어와 고유어의 교체 및 고유어와 한자어의 교체현상의 지속적 증가는 15세기후반~17세기초반의 어휘변화에에 있어서의 뚜렷한 특징이라 할만하다.

5.2.3 변화의 원인

상술한 어휘교체현상은 대체로 중세이래 여러 방언들사이의 교차와 융합이 확대되였으며 중국과의 교류가 지속되고 한문중심의 문자생활이 발전하면서 어휘개신이 일어나게 된데 말미암는다. 이러한 사실을 바탕으로 어휘교체현상에 대해 좀 더 자세히 알아보겠다.

5.2.3.1 고유어와 고유어의 교체

어휘교체는 다양한 원인에 의해 일어난다. 어휘에 따라 교체시기와 양상을 달리하기 때문에 그것을 일일이 따져서 원인을 밝히는 일은 쉽지 않다. 하지만 그 개개의 변화속에는 언어변화의 일반원리인 경제성의 원리가 보편적으로 적용된다. 즉, 같은 의미를 여러개의 어형을 통해 표현하던데로부터 하나의 어형으로 단일화하여 좀 더 경제적으로 표현하고저 하는 노력의 결과였던것이다. 또한 언어외적인 측면에서, 오랜 기간에 걸친 전란으로 인해 인구이동을 증대하면서, 지역적방언들의 교차가 발생하였는데 그로 인해 고유어들사이에서 일련의 교체현상이 생기게 되였다.

앞에서 본바와 같이 15, 16세기의 문헌에 나온 일련의 고유어가 17세기문헌에 나오지 않고 다른 말로 바뀐 사실과 오늘날 방언들에서의 분포정형은 서로 련관된것으로서 흥미있는 언어사적사실로 된다.

이것은 인구의 류동에 따르는 방언들의 교차와 관련되여 있다. "가시", "나조ㅎ", "우케", "머구리" 등은 16세기까지만 하여도 서북방언, 동북방언은 물론 중부방언에서도 쓰였던것들이다. 본래 고려시기에 중부방언은 서북, 동북방언과 함께 평양, 개경지방을 중심으로 하는 북부방언이라는 하나의 방언구역안에 포괄되여 있었으며 북부방언은 고려어의 기초방언으로 되여 수백년간 내려왔었다. 그리하여 고려시기만 하여도 북부방언은 동북방언이나 서부방언에 비하여 일련의 자기 특징을 가지고 조선어의 기초방언으로서 조선어의 발달과정에서 주도적역할을 해왔던것이다.

리조건립후, 일련의 사회력사적요인에 의하여 북부방언이 서북, 동북, 중부의 세갈래로 갈라지게 되면서도 16세기까지는 중부방언이 그 방언적특징에서 서북, 동북방언과 크게 다를것이 없었다. 그러나 그뒤 임진왜란이 일어나자 전란을 피하기 위한 대규모적인 인구류동이 발생하게 되였는데 남쪽지역의 주민들이 북상하면서 동남, 서남방언들과 중부방언 사이에는 일련의 어휘교체현상이 일어나게 되였고, 중부방언과 서북, 동북방언사이의 련계가 점차 약화되여갔다. 그리하여 리조초기에 중부방언을 중심으로 광범한 대중들속에서 널리 써오던 일련의 어휘들이 17세기이후 서북방언과 동북방언에서만 그대로 유지되여온 반면에 본래 동남, 서남방언에서만 써오던 말들이 17세기이래 중부방언에서까지 쓰이는 결과를 가져오게 되었다.

이것은 중부방언이 어휘면에서 종전에 지니고있었던 북부방언적특징을 점차 약화하여가는 과정을 보여주는것이며 북부방언에서 갈라져나온 중부방언이 서북, 동북방언과 구별되는 일련의 자기특징을 본격적으로 갖추게 됨을 보여주는것이라 할수 있다. 그러나 서북방언과 동북방언은 어휘적으로 그러한 변화를 입음이 없이 종전부터 써오던 어형을 그대로 보존해왔다. 이러한 측면에서 이들 방언은 상당한 정도로 공고성을 보여주고 있으며 그러한 어휘들은 오늘날 현대조선어 고유어구성을 풍부화시키는데 크게 이바지하고있다.

5.2.3.2 한자어와 고유어의 교체

한자어와 고유어의 교체는 이미 15세기 당시에도 나타나던 현상이였는데, 17세기에 들어서면서 더욱 일반화되었다. 비록 한자어를 고유어로 순화시키려는 시도가 부분적으로 행해졌지만 대부분의 경우, 고유어가 한자어에 의해 교체되었다. 따라서 15세기후반에서 17세기초반에 이르는 사이 조선어어휘체계에서 한자어가 차지하는 비중은 지속적으로 증가하게 되었다.

한자어의 사용은 한문중심으로 문자생활을 한데 원인이 있었다. 비록 15세기중반에 훈민정음이 창제됨에 따라 민족문자에 의한 언어생활이 가능해졌다지만, 16, 17세기에도 사대부계층에서 한문으로 교육이 이루어지고 한문이 문자생활의 중심을 차지했다는 사실은 변함이 없었다. 중세조선어의 한자어와 근대조선어의 한자어사이에는 커다란 차이가 보이지 않는데 그 원인을 여기서 찾을수 있다. 앞에서 본바와 같이 15세기후반에 사용되던 한자어는 17세기에 이르러서도 대부분 그대로 쓰였으며, 한문 중심의 문자생활이 지속되면서 한자어의 사용은 더욱 늘어나게 되었다.

16, 17세기에도 한자어의 중요한 원천은 교육을 통해 익한 한문에서 사용되던 말들이였다. 대부분은 중국에서 수입된 한자어이다. 중국에서 전래되는 서적에서 나오는 말이 조선한자음으로 읽히면서 새로운 한자어로 추가된것이다. 17세기초반까지 조선어에 정착한 어휘들이 적지 않을 것으로 보인다. 한자어는 사회를 주도한 지배계층뿐만아니라 다른 계층으로까지 지속적으로 보급되였다. 즉, 수백년이상 한문중심의 문자생활을 하는 상황이 지속되면서 문자생활을 하는 지배계층에서 한자어수용이 활발했을것이고, 그 결과 상대적으로 피지배계층의 어휘사용에도 영향을 주게 되였던것이다. 애초 피지배계층의 한문지식은 제한적일수밖에는 없었으나, 지배계층의 언어에 알게 모르게 영향을 받으면서 한자어를 많이 받아들였을것이다.6)

또한 임진왜란 기간에 중국 명나라와 련합하여 일본에 대항하면서 중국어로부터 차용한 어휘도 많았는데, 이들 차용어를 받아들일 때 발음상 당시 중국어의 현실음을 따른것이 아니라 대부분 조선한자음으로 읽게 되면서, 사실상 조선어의 음운체계에 맞게 한자어로 수용하였다. 이 과정을 통해 당초 차용어로서의 례는 없어지게 되였으며 나중에 한자어로 정착되였던것이다. 이러한 어휘의 수입이 늘어나게 되면서 기존의 고유어를 대체하기에 이른것이다. 전쟁기간에 중국어로부터 차용한 어휘가 구체적으로 어떠한것이 있었는지를 골라내여 그 기원을 밝히는 일은 현재로서는 필자의 능력밖이다. 이에 관해서는 앞으로 더 깊은 연구가 필요하

---

6) 조남호, "근대국어 어휘", 《국어의 시대별변천연구》 2, 국립국어원, 1997.

다는 사실만 지적해둔다. 다만 한자어의 수입이 중국과의 문화적접촉과 긴밀한 관계가 있음을 감안하면, 중세이래 지속적으로 중국어로부터 한자어를 받아들였던것으로 보여진다.

5.3 어휘의미변화

어휘는 시간의 흐름에 따라 그 외적형태만 변하는것이 아니라 의미도 변할수 있다. 즉, 어형은 동일한데 내포와 외연적의미가 달라지는것이다. 어휘의미변화는 여러가지 경로를 통해서 이루어진다. 즉 기존어휘의 의미령역이 축소될수도 있고 류사한 의미로 전환될수도 있으며 다른 의미로 전도되는 경우도 있다.[7] 의미변화는 어휘에 따라 양상을 달리하므로 류형화하여 다루기 어려운점이 있다. 여기서는 ≪두시언해≫ 초간본과 중간본을 중심으로 하고, 기타 문헌들을 보충적으로 리용하여 15세기후반~17세기초반에 발생한 몇몇 어휘의 의미변화만을 살펴보기로 한다.

5.3.1 "ᄀᆞᄅᆞ"의 의미변화

15세기문헌에 나타나는 "ᄀᆞᄅᆞ"는 현대조선어 "가루"가 소급하는 최초의 어형이다. 당시 "ᄀᆞᄅᆞ"는 "분말"이나 "안개"의 뜻을 가지고 한자 "粉", "霧"에 대응되여 쓰이였다. 그런데, 중간본에서는 이 "ᄀᆞᄅᆞ"의 쓰임에 변화가 생김으로써 그 의미가 달라졌음을 암시하는 례가 존재한다.

---

7) 김영황, ≪조선어사≫, 김일성종합대학출판사, 1997, 236~237쪽 참조.

(18) 늘근 나햇 고존 ᄀᆞ룻<안개> 소개 보ᄂᆞᆫ둧ᄒᆞ도다(霧, 11:11a)

(18)에서 "霧"에 해당하는 어형은 초간본의 "ᄀᆞᄅ"("ᄀᆞ룻"의 기본형을 "ᄀᆞ
ᄅ"로 볼수 있다)에서 "안개"로 바뀌였음을 보게 된다. 중간본에 나타난 변
화는 표면상 단순한 어휘교체현상처럼 보이지만, 다음의 례를 보았을 때,
"ᄀᆞᄅ"에 의미변화가 있었음을 판단할수 있다.

(19) a. 늤ᄆᆞ리 ᄀᆞᄅ뷔 ᄀᆞ티 ᄂᆞ리다(霧, 월석, 1:36)
     b. 죠고맛 ᄀᆞᄅ(霧, 금강삼, 2:62)
     c. 두 山이 어우러 ᄀᆞ라 ᄀᆞᆯ리 ᄃᆞ외ᄂᆞ니라(粉, 월석, 1:29)
     d. 天南星과 防風ᄋᆞᆯ ᄀᆞᆫ게 ᄂᆞ호아 ᄀᆞ눌에 ᄀᆞᄅ 밍ᄀᆞ라 ᄆᆞᄅ닐 브티면
        즉재 돋ᄂᆞ니라(粉, 구급방, 하: 73)
(20) a. ᄀᆞᄅ 면 麵(粉, 훈몽, 중:22)
     b. 우리 딥과 콩과 ᄀᆞᆯ을 다 네 지븨 와 산 거시니 (번로, 상:23)
     c. 디허 ᄀᆞᄅ 밍ᄀᆞ라(粉, 구황, 10)
     d. ᄆᆞ론 ᄀᆞᄅ ᄀᆞ티야 어울우디 몯ᄒᆞ리며(粉, 선가, 21)
(21) a. 쥬사과 농노 샤향각 죠곰 녀허 ᄀᆞᄅ 밍ᄀᆞ라(粉, 태산, 71)
     b. 豆黃 콩 ᄀᆞᄅ(粉, 동의, 1:22)
     c. 계ᄌ ᄢᅴ롤 ᄀᆞᄅ 밍그라(粉, 벽온, 3)
     d. ᄀᆞ랑비 濛松雨(霧, 역어, 상:2)

(19), (20), (21)은 각각 15세기, 16세기, 17세기초반의 문헌들에서 "ᄀᆞ
ᄅ"가 나타난 례를 뽑은것이다. "ᄀᆞᄅ"는 표기방식의 차이에 따라 "ᄀᆞᆯᄋᆞ"
와 "ᄀᆞᆯᄅᆞ"로 나타나기도 하는데, (19)의 례를 보면 15세기에는 "粉"과
"霧"의 두가지 뜻으로 쓰였음을 알수 있다. (19a)의 "ᄀᆞᄅ뷔"는 "霧"를 의
미하는 "ᄀᆞᄅ"에 "비"가 결합한것으로 분석된다. "ᄀᆞᄅ뷔"의 성조가 "평
성+평성+거성"이고, (19b~d)에 나온 "ᄀᆞᄅ"의 성조가 "평성+평성"이
라는 사실이 이를 뒷받침해 준다.

그런데 16세기의 문헌들에는 "霧"의 뜻으로서의 "ᄀᆞᄅᆞ"는 더이상 쓰이지 않게 되였는데 (21)의 례가 보여주다싶이 "ᄀᆞᄅᆞ"는 일관되게 "粉"의 뜻으로만 쓰이게 되였다. 이러한 현상은 17세기에도 그대로 이어진다.

다만 17세기후반에 나온 ≪역어류해≫에서 "濛松雨"에 대한 해석으로 "ᄀᆞ랑비"를 제시하였는데, 이 "ᄀᆞ랑비"의 형태는 15세기의 "ᄀᆞᄅᆞ비"에 소급하는것으로 현대조선어에서는 "가랑비"로 나타난다. 이때의 "ᄀᆞ랑"은 "霧"를 가리키는 "ᄀᆞᄅᆞ"의 흔적으로 볼수 있는데 17세기문헌으로는 이것이 유일하다. ≪우리말큰사전≫과 ≪리조어사전≫에는 "ᄀᆞᄅᆞ"의 뜻으로 "가루"만이 제시되여는데, 이것은 결국 중세조선어에서도 "霧"로서의 쓰임이 그만큼 제한적이였음을 의미한다.

반면, "안개"는 15세기이래 오직 "霧"의 뜻으로만 쓰임으로써 강한 의미적전일성을 갖고 있었기에 그뒤 "粉", "霧"의 복합적의미를 갖고있던데로부터 "粉"만을 나타내게 된 "ᄀᆞᄅᆞ"를 대체하여 쓰이게 되였던것이다.

> (22) a. 息에 브ᅀᅥ 비와 안개와 ᄃᆞ외요(霧, 릉엄:8,100)
> b. 霧 안개 무(霧, 훈몽, 상:1)
> c. 霧濃 안개 즈옥ᄒᆞ다 (霧, 역어, 2)

5.3.2 "ᄉᆞ맛"의 의미변화

15세기의 동사 "ᄉᆞ맛"은 "통하다", "련민하다"의 뜻을 나타내며 한자 "通", "憐"에 대응되여 쓰이였는데 중간본에서 그것의 의미가 변한 사실이 드러난다.

> (23) 다 그ᄃᆡ롤 ᄉᆞ맛ᄒᆞ야셔<ᄉᆞ랑ᄒᆞ야셔> 醉ᄒᆞ야 업드로니(憐, 15:53a)

(23)에서 으로 한자 "憐"에 대응되는 어형으로 "스맛ᄒ-"8)가 쓰이고있는데 이것은 "스맛"의 변종으로 보여진다.

다음은 "스맛"의 의미변화이다.

(24) a. 그더롤 스맛ᄒ야셔(憐, 초간본, 15:53a)
    b. 流通ᄋᆫ 흘러 ᄉᄆᆞᆯ 씨라(通, 훈언:1)
    c. ᄆᆞ레 ᄉᄆᆞ촌 ᄃᆞᆲ비치 ᄀᆞᆮᄒ야(透, 몽산:43)
    d. 諸法을 ᄉᄆᆞᆺ아라 刹那ㅅ ᄉ시예 菩提心 發ᄒ야(通達, 법화, 3:84)

(25) a. ᄆᆞ레 ᄉᄆᆞ촌 ᄃᆞᆲ비치 ᄀᆞᆮᄒ야(透, 몽산, 고, 32)
    b. 이 無ᇹ字ᄂᆞᆫ 有心과 無心괘 다 ᄉᄆᆞᆺ디 몯ᄒᆞᄂᆞ니라(通, 몽산, 고, 44b)
    c. 바라히 ᄉᄆᆞ차쇼ᄃᆡ 믈쩌리 허믈업도다(達, 백련, 7)
    d. 透 ᄉᄆᆞᆯ 투(透, 류합, 하:4)

(26) a. 반ᄃᆞ시 믈을 더ᄒᆞ여 오래 ᄃᆞᆷ겨 ᄒᆞ여곰 술해 ᄉᄆᆞ차(通, 두창, 하:45)
    b. 슬픈 남ᄋᆞᆫ ᄉᄆᆞ차 가다가(透, 중간본, 1:25a)
    c. 두터 치 두 푼이니 파셔 미톨 ᄉᄆᆞᆺ게 ᄒᆞ여(通, 가례, 7:32)
    d. 徹 ᄉᄆᆞᆯ 텰(徹, 신증, 21)

(24), (25), (26)은 각각 15세기, 16세기, 17세기초반의 문헌들에 나타난 "ᄉᄆᆞᆺ"의 용례들이다. "스맛"은 "ᄉᄆᆞᆾ", "ᄉᄆᆞᆺ"의 형태로도 나타나는데, 용례를 보면 중세이래 "스맛/ᄉᄆᆞᆾ/ᄉᄆᆞᆺ"가 다양한 용법으로 쓰였음을 알 수 있다. 15세기후반까지는 이 단어는 기본적으로 한자 "通, 透(徹)"에 대응되어 "두 언어가 서로 의사소통이 되는것", "물이 흘러 두루 통하는것", "어떤 기운이나 향기가 스며드는것", "지식이나 숙련이 필요한 어떤 일에 대해 익히 알고 있어 막힘이 없음" 등의 뜻으로 사용된 외에, "憐"에 대응되어 "불쌍하고 가엾게 여김"의 뜻을 나타내기도 하였다. 그러나 16세

---

8) "스맛ᄒ-"의 형태는 중세 및 근대시기의 문헌을 통털어서 ≪두시언해≫ 초간본에 유일례로 존재한다.

기에 와서는 이 단어의 의미에 변동이 생겨, 오직 "通, 透(徹)"의 뜻으로만 쓰이게 되였는데, 이러한 변화는 17세기에도 그대로 이어지면서 그 쓰임이 고정화되였다.

중간본의 간행시기 "ᄉᆞᄆᆞᆺ"은 이미 "憐"에 해당하는 의미를 상실하였으므로 중간본기사자들은 초간본에 나온 "ᄉᆞᄆᆞᆺ"의 용법을 리해할수 없었을 것이다. 때문에 중간본에서 "ᄉᆞᄆᆞᆺᄒᆞ"대신에 "憐"과 의미적으로 린접한 "ᄉᆞ랑ᄒᆞ다"를 쓰게 되였던것이다. "ᄉᆞᄆᆞᆺ/ᄉᆞᄆᆞᆾ/ᄉᆞᄆᆞᆺ"은 현대조선어에서 동사 "사무치다"에 그 흔적을 드러내고있는데, 이때의 "사무치다"는 주로 심리적측면에서 어떤 느낌이 마음 깊이 스며들거나 미치는 상태를 의미하는것으로 15세기이래의 "通, 透(徹)"의 의미는 더이상 나타내지 않게 되였다. 현대조선어에서 "어머님에 대한 그리움이 가슴에 사무치다", "오월의 맑은 하늘을 보면 사무치게 그리워지는 사람이 있다"의 "사무치다"는 그 의미가 전에 비해 추상화되였다. 이로부터 "ᄉᆞᄆᆞᆺ/ᄉᆞᄆᆞᆾ/ᄉᆞᄆᆞᆺ"의 의미는 통시적으로 축소경향을 보였음을 알수 있다. 그것의 의미령역은 17세기이래 계속 좁아지면서 현재에 이르렀던것이다.

5.3.3 "온"의 의미변화

아래의 례는 초·중간본에 드러난 "온"의 의미변화를 보여준다.

(27) 온<온갓> 새 그므레 거러 이슈믈(百, 17:3b)

초간본에 쓰인 "온"이 중간본에서 "온갖"으로 바뀌였는데 이것은 단순한 어휘교체현상인것이 아니라 어휘의 의미변화와 관련이 있다. 다음의 례를 더 보겠다.

(28) a. 百온 ·오니라(百, 월석, 1:6)
    b. ·온 衆둘히 根性이 곧디 아니훌씨(百, 월석, 13:51)
    c. :온 모미 알파 내 念호더 아로미 이실씨(全, 룽엄, 5:48)
    d. 王이 病을 호더 :오온 모미 고론 더러본 내 나거늘(全, 석상, 상:81)
(29) a. 百 온 빅(百, 훈몽, 하:34)
    b. 온 세상이 위와팀을 됴히 너겨(全, 소학, 5:23)
    c. 훈 소느로 온 몸 조차 더러유미 몬호리라(全, 삼강, 렬:16)
    d. 오온 모미 메시며 지샤더 므르샤 (全, 선가, 66)
(30) a. 온 몸이 찔려 샹호더 무춤내 졸디 아니호니라(全, 동신, 렬, 2:41)
    b. 느치며 눈이며 온 몸이 다 누로며(全, 벽온, 10)
    c. 온 世상이 滔滔히 미더 셤기니(全, 가례, 5:23)
    d. 싀어버이 셤기물 효로 호니 온 고을히 일ㅊ더라(全, 동신, 렬, 6:47)

(28), (29), (30)은 15세기, 16세기, 17세기초반의 문헌들에 나타난 "온"
의 용례들이다.

15세기의 "온"은 한자 "百"에 대응되는 고유어수사였던 동시에, "全"에
대응되여 쓰임으로써 "여러가지", "모두"의 뜻을 나타내기도 하였는데 량
자는 각기 성조상 차이를 보이고있었다. "百"의 의미는 거성으로 표현되
였고, "全"의 의미는 상성으로 표현됨으로써 각이한 성조에 따라 의미가
구별되였던것이다.

그러한 "온"의 쓰임은 15세기후반에도 변함이 없었지만 16세기에 들어
오면서 약간의 동요가 발생한다. 즉 (28a)와 같이 ≪훈몽자회≫에서는
"百 온 빅"이라 하여 "百"을 한자어 "빅"에 대응시키고있는데, 이것은 당
시의 언어에서 고유어수사로서의 "온"의 쓰임이 한자어 "빅"에 의해 대
체되는 모습을 보여준다. 하지만 "百"의 새김을 여전히 "온"으로 표시한

것은 당시 "온"의 의미에 다른 변화가 없었다는 사실을 말해준다.

그런데 (29)의 례는 17세기에 이르러 "온"은 일관되게 "여러가지", "모두"의 뜻으로 나타남을 보여준다. 한자어 "빅"의 쓰임이 일반화되면서 고유어수사로서의 "온"은 자체의 의미를 상실하게 되였던것이다. 결국 "온"은 16세기를 거쳐 17세기로 넘어오는 긴 력사적시간을 거치면서 의미축소를 경험하게 되여 본래의 "百", "全"의 뜻을 나타내던데로부터 점차 "全"의 뜻만 나타내게 되였다.

≪두시언해≫ 초간본에서 "百"의 의미로 쓰인 "온"은 중간본에서 "온갓"으로 바뀌게 되였다.

(31) a. 온갓 거슬 ᄉᆞ랑티 아니 ᄒᆞ야(류조, 중:10)
    b. 온갓 고지 옷곳호몰 샹녜 싱각ᄒᆞ노라(남명집, 상:8)
    c. 아비 병이 극ᄒᆞ여 온갇 약기 효험 업거눌(신속, 효, 8:48)
    d. 岩影은 온갓 빗치 줌겨셰라(습령, 116)

"온갓"은 "온갓", "온갇"의 형태로도 나타난다. "온갓"이 소급하는 최초의 형태는 15세기의 "온가짓(석상, 13:22)"인데, 우에서 본바와 같이 15세기후반에 이미 "온"으로 줄어들게 되였다. 한편, "온가지"는 "온(百)+가지(種)"으로 분석된다. 15세기문헌들을 살펴보면 "온"의 성조는 거성으로 표시되였으며, "가지"의 성조는 "평성+거성"으로 표시되였다. 따라서 "온가지"의 성조는 "거성+평성+거성"으로 표시되였다. "온가지"가 단독으로 쓰인 형태는 16세기부터 나타나지만(소학, 5:6), "온가짓"은 이미 15세기에 "백가지의"가 아니라 "가지가지의"의 뜻을 가지고있었다. 17세기에 들어와서 "온"의 쓰임이 크게 줄어들어든 대신 "온가지"의 축약형인 "온갓"의 쓰임이 늘어나면서 "온"이 "온갓"으로 대체되기에 이르렀다. 현대조선어에서 "온"은 "모든"을 의미하는 관형사로서 그 쓰임이 유지되고있을뿐이다.

그외에도 ≪두시언해≫ 초간본과 중간본으로는 의미변화를 직접적으로 확인할수 없지만, 중간본과 동시대에 나온 17세기초반의 여러 문헌들에는 의미변화를 보여주는 몇몇 어휘가 있다.

5.3.4 "놈"의 의미변화

"놈"은 초간본시기의 문헌에서 "놈"과 "눔"[9]으로 나오는데 모두 "사람(者)"을 뜻하는 말이였다. "눔"은 "사람"의 뜻보다는 "타인(他人)"의 뜻으로 더 많이 쓰였다. "눔"은 그뒤 "・ > ㅏ"를 거쳐 "남"으로 변하게 되였으나 그 의미는 기본적으로 변함이 없었다. 하지만 "놈"은 16세기에 들어서면서부터 15세기와 다른 면모를 보인다. 이것은 "놈"이 "사람"을 가리키는 평칭(平稱)에서 비칭(卑稱)으로 의미가치가 하락한것을 의미한다.

(32) a. 미친 노미 늘거도 쪼 미츄믈 내 웃노라 (초간본, 7:3a)
　　 b. ᄆᆞᄎᆞᆷ내 제 ᄠᅳ들 시러 펴디 몯ᄒᆞᆶ 노미 하니라(훈언, 2)
　　 c. 모딘 놈이 말ᄋᆞᆫ 이 比丘ㅣ 智慧업서 호ᇰ(월석, 17:76)
　　 d. 東山 딕흔 노미 善友ᄃᆞ려 닐오디(월석, 22:54)
(33) a. 짐 가져 간 노미 피련 샤공일 거시니(김씨, 72:18)
　　 b. 밤듕에 원슈 노미 와 머리롤 버혀 가(상강, 렬:5)
　　 c. 강도ᄂᆞᆫ 웃드미며 조차ᄃᆞ니ᄂᆞᆫ 노ᄆᆞᆯ 분간티 아니ᄒᆞ야(경민중,17)

---

[9] 그런데 남부 일부 지역에서는 "눔/남"에 대한 방언형으로 "놈"을 쓰고있다. 이렇듯 "눔"이 "놈"과 같은 의미를 지니기도 하였고, "놈"이 "남"의 방언형으로 존재한다는 사실에 근거하면, "놈"이 "눔"에서 비롯된 어휘로 볼수도 있다. 그동안 "놈"의 어원에 대해서는 "눔(他人)"에서 연유된것으로 파악해왔지만, "눔>놈"의 변화를 일반적인 모음변화로 해석하기 어렵다는 문제도 있다.

d. 그 놈둘히 날 ᄒ야 무슴ᄒ료 이리 니르디 말라(번로, 상:27)
(34) a. 아긔 집 이론 분명이 도죽홀 놈의 이린가 식브니(곽씨)
　　　b. 나 우연히 집 죵 놈이 흔 관 둔ᄂ 양을 보고(동신, 렬, 4:42)
　　　c. 그 ᄶㅏ 도젹 김년뵈란 노미 이셔(동신, 렬, 7:16)
　　　d. 方相시 얇푀 이시니 미친놈으로 ᄒ고(가례, 8:5)

　　(32)는 15세기에 "놈"이 "者"의 뜻으로 쓰여 "사람"을 두루 가리고있었음을 보여준다. 그런데 (33)의 례를 볼 때, 16세기에 "놈"의 의미에 변화가 생겼음을 알수 있다. (33a)와 (33b)에서, "놈"을 "샤공", "원슈"와 련계시키고 있는데 이것은 "놈"이 "者"의 비칭으로 쓰이게 된 사실을 보여준다. 그러한 의미변화는 17세기에 와서 보다 뚜렷해진다. 특히, (34)의 례에서 "놈"을 "도적", "미친" 등과 련계시킨것을 보면, 17세기초반에 이르러 "놈"의 의미가치가 하락하였음을 짐작할수 있다.

　　이러한 사실은 그뒤 18세기에 더욱 분명해져 "놈"은 "년"과 대립하여 "남성"을 낮잡아 이르는 욕이 되였다.

　　(35) a. 놈이 밤마다 긔여 올나……급살 마즈 죽을 년이(습령, 1102)
　　　b. 년놈이 마조 누어 얽어지고 트러졋닉(가곡, 665)

　　그런데 ≪두시언해≫ 중간본에는 여전히 "者"의 뜻으로 쓰인듯한 례가 존재한다.

　　(36) a. 늘근 노ᄆᆫ 늘근 나홀 슬코(夫, 16:50b)
　　　b. 늘근 노미 누어슈미 편안ᄒ야 아ᄎᆞ미 게을이 니로니(夫, 22:8a)

　　초간본의 영향에 의한것으로서 17세기초반의 언어현실을 제대로 보여주는것이라 하기 힘들다. (33~35)의 례를 통해 본바와 같이 "놈"은 16세기이래 줄곧 의미가치가 하락하였는데, 중간본이 간행된 17세기초반에도 그러한 변화를 진행중에 있었던것이다.

5.3.5 "ᄉ랑"의 의미변화

"ᄉ랑"은 현대조선어에서 "어떤 사물이나 대상을 몹시 아끼고 귀중히 여기는 마음"을 뜻하는 말인데 15세기 당시에 이러한 뜻을 가지고 "愛"에 대응되여 쓰인것 외에도 "생각"의 뜻을 지니고 "思"에 대응되여 쓰이기도 하였다. 즉 "ᄉ랑"은 15세기에는 복합적의미를 지닌 다의어였는데, 현대조선어의 "사랑"의 의미보다는 "생각"의 의미를 가진 경우가 더 많은 례를 보이고있다. 이것은 초간본이 간행된 15세기후반에도 변함이 없었다.

> (37) a. 思ᄂ ᄉ랑홀씨라(思, 월석, 서:11)
>   b. 술 즐겨머거 ᄇ룸부는 대룰 ᄉ랑ᄒ야(愛, 초간본, 6:36a)
>   c. 손쇼 머리 갓고 묏고래 이셔 道理 ᄉ랑ᄒ더니(思, 석상, 6:12)
>   d. 블 救홇 道룰 기피 ᄉ랑ᄒ니(思, 월석, 12:24)

그런데 16세기에 오면 약간의 변화가 생긴다. "愛"의 뜻으로서의 쓰임이 증가하는 반면에 "思"의 뜻으로서의 쓰임이 줄어들게 된것이다. 아래 (38)이 그러한 례를 보여준다.

> (38) a. 어버싀 ᄌ식 ᄉ랑호물 내 ᄌ식두곤 경히ᄒ야(愛, 번소, 7:43)
>   b. 졍시니 업스니 ᄌ식도 아모것도 ᄉ랑홉디아녀(愛, 김씨)
>   c. 눈므를 ᄀ마니 흘려 ᄉ랑호온 사ᄅ물 보내놋쩌(愛, 백련, 13)
>   d. 덕 니버 그 은혜를 ᄉ랑ᄒ리니(思, 정속, 15)

또한 (39)가 보여주는것처럼 "ᄉᆞ랑"은 17세기에 들어오면서 "思"에 해당하는 의미는 더이상 지니지 않게 되였는데 "愛"의 뜻으로만 쓰이게 되였다.

(39) a. ᄉᆞ랑 ᄋᆡ 愛(愛, 천자칠, 4)
　　 b. 父母의 ᄉᆞ랑ᄒᆞ시ᄂᆞᆫ 바ᄅᆞᆯ(愛, 가례, 2:12)
　　 c. 송씨 열ᄒᆞᆫ히 ᄉᆞ이예 다ᄅᆞᆫ 친을 ᄉᆞ랑아니ᄒᆞ고(愛, 권념, 12)
　　 d. 동싱 ᄉᆞ랑ᄒᆞ기 나타나 들리리 잇거든(愛, 경민, 22)

이에 따라 원래 "思"의 의미로 쓰였던 "ᄉᆞ랑"은 16세기부터 점차 "싱각"에 자리를 넘겨주게 되였다. "싱각"은 15세기이래 "思"에 해당하는 의미를 나타내며 여러 문헌들에 지속적으로 등장하는 단어였다.

(40) a. 如來ㅅ 일후믈 잠ᄭᅡᆫ 싱각ᄒᆞ면(思, 석상, 9:12)
　　 b. 思 싱각 ᄉᆞ(思, 류합, 하:11)
　　 c. 오직 제 싱각ᄒᆞᄂᆞᆫ 거슬 머기면 반ᄃᆞ시 돈ᄂᆞ니라(思, 태산, 13)
　　 d. 太后의 말을 싱각디 아니ᄒᆞ야(思, 가례, 2:13)

즉, "愛"의 뜻으로 쓰인 "ᄉᆞ랑"은 보다 전일적인의미를 지니고있었던 "싱각"에 의해 대체되였던것이다. 이 모든것은 17세기초반에 이르러 "ᄉᆞ랑"의 의미폭이 줄어들었음을 의미한다. ≪두시언해≫ 중간본의 "生業 일흔 무를 ᄉᆞ랑ᄒᆞ며 因ᄒᆞ야 머리 가 防戍ᄒᆞᄂᆞᆫ 軍卒ᄋᆞᆯ 싱각호니 시룸 그티 終南山과 ᄀᆞᆮ투니"(2:38a)라는 구절에서 "ᄉᆞ랑"과 "싱각"을 구별하여 쓴것을 보아서도 그러한 사실을 알수 있다.

5.3.6 "얼굴"의 의미변화

현대조선어에서 "얼굴"과 "낯"은 "사람의 눈, 코, 입, 이마, 턱 및 두 뺨과 두 귀 등이 있는 머리의 앞면"의 뜻을 나타내며 서로 동의어를 이룬다. 그런데 15세기 당시 "얼굴"은 안면(顏面), 모습이나 형상을 포괄적으로 나타내면서 "形", "相", "壯", "象", "體" 등에 대응되어 쓰였는데 "안면(顏面)"만을 의미하는 "낯(>낯)"과 명확히 구별되었다.

> (41) a. 相온 얼구리라(相, 월석, 서:1)
>   b. 얼굴옷 일면 左右前後ㅣ 모로매 이실쎠(象, 석상, 19:11)
>   c. 얼굴마다 다 흔 法界 ᄀᆞ즈니라(形, 금강삼, 2:11)
>   d. 法法이 므슴 얼굴오(狀, 릉엄, 3:59)
>   e. 鳥獸의 얼굴 ᄀᆞᆮᄒᆞᆫ 거슬 封ᄒᆞ야 스곡(形, 초간본, 21:20b)
> (42) a. 믄득 晨朝애 거우루로 ᄂᆞᆾ 비취오(面, 릉엄, 4:57)
>   b. 모물 正히 ᄒᆞ며 ᄂᆞᆾ 비출 ᄀᆞᆺ기 ᄒᆞ며(顏, 내훈, 1:18)
>   c. ᄇᆞᄅᆞ미 ᄂᆞᆾ 불오(顏, 초간본, 3:43b)
>   d. 믹햇 고즌 보비ᄅᆞ왼 ᄂᆞ치 머므렛ᄂᆞᆺᄒᆞ고(顏, 초간본, 3:73a)

상술한 "얼굴"의 의미는 초간본이 간행된 15세기후반은 물론 16세기까지도 그대로 유지된다.

> (43) a. 狀 얼굴 장 型 얼굴 형 模 얼굴 모(훈몽, 상:18)
>   b. 몸이란 거슨 父母의 기티신 얼굴이니(形, 소학, 2:35)
>   c. 象 얼굴 샹(류합, 하:51)
>   d. 狀 얼굴 샹(류합, 상:15)

그런데, 17세기에 이르러서는 "얼굴"의 외연은 다소 줄어들게 되었다. 즉, 본래 모든 물건의 "형상"을 포괄적으로 지칭하던로부터 주로 "안면(顏

面)"을 의미하는 말로 변화하였다.

> (44) a. 아븨 어믜 얼굴을 사겨 두 무덤 ᄉᆞ이예 두고(顔, 동신, 효, 1:21)
>   b. 반ᄃᆞ시 그 얼골을 端졍히 ᄒᆞ며 (顔, 녀훈, 하:22)
>   c. 혈믹이 흐르디 아니ᄒᆞ야 얼골을 샹ᄒᆞ야 변ᄒᆞᄂᆞ니(顔, 태산, 11)
>   d. 주근 얼구리 산돗ᄒᆞ여 아희ᄅᆞᆯ 품고 안잗더라(體, 동신, 렬, 4:31)

(44a~c)에서는 17세기초반에는 "얼굴"이 그 의미범위가 줄어들어 현대조선어의 그것과 같은 뜻으로 쓰였음을 알수 있다. 또한 (43d)처럼 그것이 여전히 신체의 전부를 가리키는 말로 쓰이기도 하는데 이것은 당시 "얼굴"의 의미폭이 점진적으로 줄어드는 과정을 보여주는것이라 하겠다. 그뒤 18세기부터 "얼굴"은 "형상"의 의미로는 더이상 쓰이지 않고 "顔面"의 의미로만 나타나게 됨으로써 중세부터 계속 쓰여온 어형 "ᄂᆞᆾ"과 동의어를 형성하게 되었다. 이로부터 "顔面"에 해당하는 어형은 "얼굴"과 "ᄂᆞᆾ", 이중으로 되여 현재까지 이어지게 된것이다.

다만, 이러한 의미변화가 있었음에도 불구하고 ≪두시언해≫ 중간본에서 "얼굴"은 오로지 "형상"에만 대응되고 있어 초간본의 그것과 별다른 변화를 보여주지 않는다. 이것 역시 중간본이 초간본의 영향에서 자유롭지 못했던 사실과 관련이 있다.

5.3.7 "빋"의 의미변화

현대조선어에서 "債"의 뜻에 해당하는 "빚"은 중세시기에 "빋"으로 쓰이면서, "값(價)"과 "빚(債)"의 두가지 뜻을 나타낼수 있었다. "빋"의 그러한 쓰임은 ≪두시언해≫ 초간본을 비롯한 15세기후반에 간행된 문헌들에 그대로 반영된다.

(45) a. 내 네 비들 가파 이 因緣으로 百千劫을 디나디(債, 릉엄, 4:31)
b. 노폰 비든 구스레 넘도다(價, 초간본, 16:3b)
c. 비들 내시고 다시 블러 안져 흐신대(價, 월석, 20:88)
d. 녯 비들 갑느니(債, 남명집, 하:52)

이러한 쓰임은 16세기에도 그대로 이어지지만, "값(價)"의 뜻으로서의
"빋"의 쓰임은 다소 줄어든듯한 양상을 보인다.

(46) a. 債 빋 채(훈몽, 하:22)
b. 지븨 믈읫 잇눈 빋 쏜 거시라도(價, 번박, 61)
c. 債 빋 쵀(류합, 하:45)
d. 아므려나 내바다 빋 갑고(김씨, 10:6)

16세기 문헌들에서 "값"의 뜻을 나타내는 어형은 (46b)에 나타난것처
럼 "빋 쓰다"의 "빋" 거의 유일하다. 이때의 "쓰다"는 15~17세기에는
"값이 있다, 어떤 가치에 해당한다, 비싸다"라는 뜻을 내포하였는데, 현대
조선어의 그것과는 반대되는 개념이다. 아무튼 "빋"은 16세기에 벌써 의
미축소를 경험하게 된것으로 보이는데, 17세기에 들어오면, "값"의 뜻은
없어지고 "빚"의 뜻으로만 쓰이게 된다.

(47) a. 비디 萬錢올 엇뎨 드르리오(債, 중간본, 3:62b)
b. 너희 비들 마가 줄 靑錢올(債, 중간본, 3:32b)
c. 느미 밥을 비디 마라(借, 경민, 40)
d. 빚 債(박통사언해, 상:35)

(47)의 례들은 "빚(債)"의 뜻으로서의 "빋"의 쓰임이 전일화되였음을 보

여준다. (47c)에서 동사로 쓰인 "빋-"은 명사에서 파생된것으로서 "값"의
뜻을 나타내는 "빋"과 기원을 같이한다.

5.3.8 "스승"의 의미변화

≪두시언해≫ 초간본이나 ≪릉엄경언해≫와 같은 15세기후반의 문헌
에서 "스승"은 한자 "師"나 "傅"에 대응되여 쓰인것 외에 무당을 일컫는
"巫"에 대응되여 쓰인것으로 보아서 당시의 "스승"은 근대나 현대조선어
의 그것에 비해 좀 더 넓은 의미령역을 가졌던것으로 보인다.

> (48) a. 弟子와 스승괘 다 王難애 뼈디리니(師, 릉엄, 9:101)
> b. 녯 님그미 스승 스로몰 삼가시고(巫, 초간본, 10:25b)
> c. 도로 와 큰 스승을 뵈리아(巫, 초간본, 19:7b)
> d. 스승 第子 사므며(師, 몽법, 69)

이러한 "스승"의 의미는 15세기보다 훨씬 이른 시기인 고대로 소급해
간다. 고려시기(인종 23년, 1145년)에 김부식 등이 편찬한 ≪삼국사기≫의
주에는 "金大問云: 次次雄方言謂巫也, 世人以巫事鬼神尙祭祀, 故畏敬之, 遂稱尊
長者爲慈充"[10]라는 구절이 나오는데 여기서 "차차웅"이나 "자충"은 분명
한것은 아니나 "스승"과 관련된 초기 어형의 음차자(音借字)로 추정된다.
무당을 외경(畏敬)하는 존장자(尊長者)를 일컫는것으로 보인다. 무당은 제정
일치(祭政一致)의 시대에 주술적언어로써 신과 교섭하는 절대적인 존재였
으며 거룩한 스승이나 마찬가지였다.[11] 중세시기에 이르러 "스승"으로

---

10) 이 구절을 조선어로 번역하면 다음과 같다. "김대문에 이르기를 차차웅은 우리 말의 '무
당'을 뜻하는것이니 세상 사람들이 무당은 귀심을 섬기고 제사를 숭상하므로 그를 외경
하여 마침내 존장을 '자충'이라 한다고 하였다."(삼국사기 권1, 신라본기1:남해차차웅)

표현되는데 이러한 쓰임은 16세기에도 그대로 이어진다. 그러나 16세기에는 자음자 "ㆁ"이 "ㅇ"으로 바뀜에 따라 그 표기가 변하여 "스승"으로 나타난다.

(49) a. 세쇼개 스승이 간대로 비셔원호미 미츄미 심흐야(巫, 정속, 20)
b. 훈 ᄀᆞ올 오쟝일 스승 삼더니(師, 이륜, 44)
c. 師 스승 ᄉ(師, 류합, 상:17)
d. 傅 스승 부(傅, 류합, 상:17)

하지만 17세기에 들어오면서 "스승<(스숭)"은 "무당"으로서의 의미를 더이상 유지하지 못하고, 오늘날의 "사부, 선생"의 뜻으로만 쓰이게 된다. "무당"의 의미로서의 "스승"은 현재 평북, 함북방언에서만 부분적으로 유지되고있을뿐이다.

(50) a. 그 스승 쥬셰붕이 죽거놀(師, 동신, 효, 6:27)
b. 禮긔룰 넑거든 스승이 爲흐야(師, 가례, 2:25)
c. 嵆叔夜룰 스승 삼노니(師, 중간본, 1:57a)
d. 師 스승 ᄉ(師, 훈몽, 상:34)

그밖에 기존의 어휘가 본래의미를 잃고 폐어화된것도 적지 않다.

중세시기에는 "사랑하다(愛)"의 의미를 나타내는것으로 "ᄃᆞᆺ오다(愛)"(금강경, 9, 릉엄경, 4:25 등), "괴다(愛), (寵)"이 있었는데, 17세기에 들어오면서 차례로 폐어화되여 더이상 문헌에 나타나지 않게 되였다.

또한 "작다"의 뜻을 가진 어휘 "혁다(小)"(룡가, 82, 석상, 6:43, 금강삼, 2:57),

---

11) 일부에서는 "스님"을 "스승"이라고 했다는점에서 "스승"의 어원을 "師僧"에 두기도 하나 적당한 근거가 부족하기에 신빙성이 없다. "스님"을 "師님"이 변한것이라든가, "스승님"이 줄어든것이라든가 하는 해석도 있으나 이들 또한 분명한 근거가 있는것은 아니다.

"횩다(小細)"(석상, 13:53, 월석, 2:5, 초간본, 20:2a, 박통사, 상:71), "횩뎍다"(細)(초간본, 22:18a) 등은 17세기에는 본래 의미를 잃게 되여 폐어화되였다.

"문(門)"을 나타내던 "잎(門), (窓), (戶), (口)"(룡가, 7, 초간본, 7:12b, 금강삼, 2:54, 초간본, 15:22b), "오래(門)"(소언, 6:88, 천자문, 27)도 16세기부터 점차 쓰임을 줄여나가다가 17세기에 와서는 완전히 폐어가 되였다.

이상의 고찰을 통해 볼 때, 15세기후반~17세기초반에는 하나의 어휘가 여러개의 의미를 나타내던데로부터 점차 단일화된 의미를 나타내는 방향으로 발전해가고있었음을 결론할수 있다. 어휘의 의미령역이 축소되여 보다 전일적인의미를 나타내게 되고 어휘들사이의 의미계선이 분명해짐으로써 의미의 정밀화를 실현하게 된것 등은 15세기후반~17세기초반 어휘의미변화의 뚜렷한 특징이라 할수 있겠다.

5.3.9 변화의 원인

어휘는 시간의 흐름에 따라 형태가 변화할뿐만아니라 그 의미도 끊임없이 변화한다. 의미변화를 산생시키는 요인, 즉 의미변화를 유발하는 요인은 아주 다양하다. 언어외적인 면에 있어서는 언어가 한 세대에서 다음 세대로 비지속적으로 전수되는 과정에 의미변화가 유발될수 있으며, 사회의 발전과 관습의 변화에 말미암아 본래 어휘가 지닌 의미가 바뀔수도 있다. 또한 심리적으로 어떤 사물에 대한 은유나 직유 또는 금기를 통해 의미가 변화하기도 한다. 한편 언어내적인면에 있어서는 어휘자체의미의 모호성이 의미변화를 일으킬수도 있으며, 기존의 어휘를 기반으로 하여 새로 만들어진 어휘가 기존의 어휘와 련계를 잃을 때, 즉 유연성을 상실할 때 의미변화가 발생되기도 한다.

앞에서 제시한 어휘들은 저마다 시기를 달리하여 의미변화를 실현하였는데 의미계선을 뚜렷이 하고 의미령역을 축소함으로써 정밀화를 지향하게 되었다는점에서는 변화의 양상을 같이 한다. 이와 같은 의미축소는 물론 언어외적인 원인도 있겠지만 언어내적인 측면에서 어휘자체의 모호성에서 비롯된것이 많다. 특히 "ᄀᄅ", "ᄉ맛ᄒ-", "온", "놈", "ᄉ랑", "얼굴" 등은 15세기에는 각기 여러개의 의미를 동시에 나타낼수 있었는데 그 의미령역과 사용범위가 불분명하여 표현상 혼란을 일으킬 여지가 있다. 앞에서 본바와 같이 15세기에는 "ᄀᄅ"는 "紛"을 뜻하기도 하고 "霧"를 뜻하기도 하는 넓은 의미범위를 가지고 쓰였는데 그와 별도로 "안개"라는 보다 전일적의미를 가진 단어가 있어 사용범위를 넓혀감에 따라 "霧"로서의 "ᄀᄅ"는 부득불 약화되지 않을수 없는것이다.

한 어휘가 다른 어휘와 의미령역과 사용범위가 겹치게 된다면, 실제 쓰임에서 표현성을 보장받기 어렵다. 어휘사용에 있어서 보다 전일적인 의미를 추구하게 되었고, 그러한 결과 17세기초반에 와서는 어휘의미령역의 축소라는 뚜렷한 변화가 나타나게 된것이다. 물론 의미축소가 어휘의 의미변화의 전부를 대표하는것이 아니다. 반대로 외연이 넓어져 어휘의미가 확대되거나 류사한 의미로 전환될수도 있으며 다른 의미로 전도되는 경우도 있지만, 중세조선어는 16세기를 거쳐 17세기로 넘어오는 사이에 보다 뚜렷한 특징으로서 의미축소가 발생하였던것이다.

제6장

결론

언어변화는 표기, 음운, 문법, 어휘 등의 층위를 아우르는 언어의 모든 부분에서 통시적으로 일어난 변천과 그 결과이다. 이상의 내용에서 주로 ≪두시언해≫ 초간본과 중간본의 비교를 중심으로 하는 한편 기타 문헌들을 보조적으로 리용하여 15세기후반~17세기초반에 이루어진 조선어의 변화에 대해 고찰하였다. 또한 그러한 변화가 나타나게 된 원인에 대하여 언어변화의 일반원리를 적용하여 좀 더 구체적인 해석을 시도하였다. 훈민정음창제이래 중세어의 규칙을 준수하던 조선어는 15세기후반에 약간의 변화의 조짐을 보였는데, 그뒤 17세기초반에 이르는 긴 력사적시간을 거치면서 언어내적으로 표기, 음운, 문법, 어휘 등의 측면에서 뚜렷한 변화가 확인된다.

표기면에서는 방점표기가 소실되고 어두합용병서의 표기에 일정한 변화가 발생하였으며, 받침 "ㄷ", "ㅅ"의 표기가 혼란스럽게 이루어졌으며 련철>분철, 련철>중철경향이 확대된 양상을 보인다.

방점표기는 15세기후반에도 여러 문헌들에 규칙성을 보이며 나타나던것이였으나 시간의 흐름에 따라 일정한 동요를 보이기 시작하다가 17세기, 특히 임진왜란이후 문헌들에서 완전히 자취를 감추게 된다. 방점표기의 소실에 관해서는 종래의 학설은 방점이 표시하는 성조의 소멸과 관련지어 해석하는 경향이 있는데 그렇다고 17세기 당시 조선어의 성조가 완전히 소멸된것으로 보아서는 안될것이다. 사라진 거성, 상성의 표점대신에 중간본과 해당시기의 여러 문헌들에서는 비록 불규칙적이긴 하지만 받침 "ㅅ"을 덧붙이거나 음절수를 늘이는 등의 방법을 동원하여 성조를 나타내려고 한 노력이 보이는데, 이것은 말소리에서 성조의 흔적은 여전히 남아있었다는 사실을 말해주기에 부족함이 없다. 다만 장구한 력사적 시간을 겪으면서 성조의 변별력이 약화되거나 입말에서 표현성을 획득하기 위한 노력으로 성조를 달리하는 현상은 성조표기의 혼란을 초래하게 되였다. 이밖에 문헌의 판각과정에 생기는 불편을 최소한도로 줄이고저 한 노력도 방점이 사라진 원인으로 작용한다.

어두자음군의 표기는 15세기후반에도 비교적 엄격한 규범성을 유지하여 왔지만, 차츰 혼란이 생기게 되면서 중간본이 간행된 17세기초반에 와서는 본격적인 변화가 일어나게 되였다. 중간본시기의 표기변화를 일시적인것으로 본다면 총적으로 "ㅄ"계와 "ㅂ"계의 어두자음군의 합용병서에는 점차 "ㅅ"계로 넘어가면서, "ㅅ"계 합용병서가 량적으로 확대되는 양상을 보인다고 할수 있다. 이것은 중세시기 어중에 나타나는 선행자음 "ㅂ"이 근대에 와서 "ㅅ"으로 통일되는 변화과정을 말해주는데 17세기초반에는 바로 그러한 변화의 초기단계에 놓여있었던것이다. 17세기초반 어두합용병서는 단순한 표기상 혼란을 경험한것이 아니라 어두에서 자음들의 결합으로 발음되였던 어두자음군이 음운변화를 이루어나가는 과정에 그에 해당하는 알맞은 표기법이 마련되지 않아 발생한것이라 말할수 있다.

받침 "ㄷ", "ㅅ"의 혼기는 초간본이 간행된 15세기후반에도 간혹 발생하였는데 그뒤 계속 확대되어 중간본이 간행된 17세기초반에는 이미 상당한 혼란을 보이게 된다. 앞선 론의들에서는 15세기에는 종성위치에서 "ㄷ"과 "ㅅ"의 음이 구별되였던것으로 보았는데, 16세기에 들어서면서 음절말에서 "ㄷ", "ㅅ" 두 음의 대립관계가 허물어지면서 17세기에 와서 두 음이 중화된것으로 해석하고있다. 그러나 본 연구에서는 받침 "ㄷ", "ㅅ"의 혼기는 단지 표기법상의 변화를 반영할뿐이지 어떠한 음운현상과 관련된것은 아니였던것으로 판단한다. ≪훈민정음해례·종성해≫에 따르면 15세기 당시 "ㄷ"은 설음위치에서의 종성으로, "ㅅ"은 치음위치에서의 종성으로 부동한 자음부류에 근거하여 달리 설정되였던것으로 사실상 종성위치에서는 같은 음으로 발음되였었다. "ㄷ", "ㅅ"의 구별은 실제 발음과는 떨어진것이였던것만큼 표음주의적철자원칙에는 부합되지 않았을뿐만 아니라 일일히 가려적기에도 불편하였으므 17세기로 들어서면서 그 혼기가 가중되였던것이다.

15세기후반~17세기초반에는 철자표기에서도 변화가 생겼는데, 련철표기가 줄어든 대신에 분철, 중철표기가 빈번하게 쓰이게 되었다. 분철, 중철표기는 형태소경계에서 주로 체언과 체언토가 만나는 자리에서 모습을 보였는데, 그것의 쓰임이 많아짐에 따라 차츰 하나의 관습적인 경향으로 발전하게 되면서 결국에는 상대적으로 분리성이 약한 용언과 용언토의 결합에로 확대되였으며 심지어 단어나 토의 형태에까지도 영향을 미치게 되였다. 분철표기는 그 당시 사람들의 발전된 문법의식에서 출발된것이지만, 중철표기는 어간의 종성에 따라 원인을 달리한다. 어간의 종성이 순한소리일 경우에 나타나는 중철표기는 어간의 형식과 음성을 동시에 밝혀적으려는 노력과정에 생긴것이 분명하지만, 어간의 종성이 거센소리일 경우에 생기는 중철표기는 당시 사람들이 모음과 모음사이에 나타나는 거센소리의 음성적특성을 문헌표기에 생생히 반영하려는 표음주의의 태도에서 비롯된것이었다.

그외, 훈민정음창제초기의 정음문헌들에서 초성과 종성위치에서 정칙적으로 쓰이던 "ㆁ"은 ≪두시언해≫ 초간본이 간행된 15세기후반에는 초성위치에서 일정한 동요를 보였는데, 16세기를 거쳐 17세기에 이르면서 초성은 물론, 종성에서까지도 모습을 보이지 않게 되었다. "ㆁ"은 /ŋ/음에 해당하는것으로 초성위치에서 그 음가가 불안정하여 15세기중반이래 ŋ>Ø의 변화를 겪게 되었는데 17세기초반에 이르러서는 같은 위치에서 "ㆁ"과 "ㅇ"의 구별이 없어지게 되면서 표기에도 반영되지 않았다. 그러나 종성위치에서의 "ㆁ"은 17세기에도 여전히 발음되였는데 표기상에서 다만 "ㅇ"으로 형태를 달리하였을뿐이다. 이것은 당시 사람들이 자음표기를 좀 더 쉽게 하려는 의도에서 비롯된것으로 보아진다.

음운면에서는 15세기후반~17세기초반사이에 "ㅿ"의 소멸, 구개음화, 된소리화, 거센소리화를 비롯한 일련의 자음변화와 "ㆍ"의 변화와 모음조화파괴, 원순모음화 등의 모음변화를 겪었을뿐만아니라 반모음의 탈락과 첨가에 따른 이중모음의 변화도 경험하게 되었다.

15세기후반의 조선어자음구성에는 유성마찰음인 "ㅿ"이 존재하여 주로 유성음들사이에서 /z/의 음으로 나타났는데 그뒤 16세기부터 동요되기 시작하여 나중에 그 발음이 소멸되였다. ≪두시언해≫ 초간본과 중간본을 비교해보면, 17세기초반 "ㅿ"은 초성과 종성위치에서 그 변화를 인정할수 있을 정도로 음가소멸이 이루어진 사실이 드러난다. "ㅿ"의 음가소멸은 언어변화에 작용하는 안정성의 원리와 표현성의 원리로 해석가능하다. 중세조선어의 자음체계에서 "△"의 /z/음은 /s/음과 유성음과 무성음의 대립으로 존재하였으나 그 대립관계가 불안정하였을뿐만아니라 음운으로서의 표현력도 미약하였기 때문에 앞뒤의 유성음에 쉽게 동화되어 자음적자질을 잃게 되였던것이다.

구개음화현상은 16세기에 들어와서 일부 방언에서 발생하여 시간과 공간에 따라 조금씩 다른 모습을 보이면서 점차 그 영향을 넓혀갔다. ≪두시언해≫ 중간본에는 "ㅈ, ㅊ"구개음화와 "ㄴ"구개음화, "ㄷ, ㅌ"구개음화, "ㄱ"구개음화, "ㅎ"구개음화 등이 모두 반영되여 있는데, 실제로는 당시 구개음화현상은 심한 지역적차이를 가지고 나타났다. 앞선 고찰에 따르면 "ㅈ, ㅊ"의 구개음화는 17세기초반에 서북지역을 제외한 거의 모든 지역에서 이미 일반화되였으나, "ㄷ, ㅌ"구개음화는 당시 경상도를 중심으로 한 동남방언에서 완성되여 영향을 넓혀가고있었으며 "ㄴ"구개음화도 경상도지역에서 부분적으로 실현되였던것으로 보인다. "ㄱ"구개음화는 16세기후반~17세기초반에 함경도를 중심으로 한 동북방언과 경상도를 중심으로 한 동남방언에서 모습을 드러내기 시작하였지만, 중부방언에까지는 영향을 미치지는 못하였으며 "ㅎ"구개음화는 전라도, 경상도를 비롯한 남부방언에만 존재하던 현상이었다. 구개음화는 발음을 쉽고, 편리하게 하려는 의식에서 비롯되였지만 그것이 지역적차이를 가지고 나타나게 된데에는, 인구의 이동과 사회언어생활의 변화와 같은 언어외적인 요인이 크게 작용하였다.

15세기후반~17세기초반에 어두자음군의 된소리화와 순한소리의 된소리화가 확대됨으로써 조선어자음체계에서 된소리계렬이 전면적으로 확립되였으며 거센소리화현상도 꾸준히 확대되여 중간본시기에는 보다 광범위한 분포를 보여주게 되였다. 어두자음군의 된소리화현상은 조선어어두에 련달아 놓이던 어두자음들이 조선어고유의 음절구조와 상충하게 되면서 일어난 현상으로서 안정성의 원리로 해석될수 있다. 순한소리의 된소리화현상은 그것을 강하게 발음함으로써 심리적으로 강세(强勢)를 표현하려는 욕구에서 비롯된것으로 표현성의 원리가 적용된다. 중간본시기의 거센소리화의 확대는 16세기이래 "ㆆ"종성체언의 "ㆆ"의 탈락과 더불어 이루어졌다.

15세기후반~17세기초반에는 "·"의 변화와 모음조화파괴, 원순모음화 등의 모음변화를 겪었을뿐만아니라 반모음의 탈락과 첨가에 따른 이중모음의 변화도 경험하게 되었다.

"·"의 변화는 주로 비어두음절에서 일어나는데, 그중에서도 형태소경계에서의 변화가 더 일반적이였다. 그런데 간혹, 어두음절에서도 그와 관련된 변화가 나타나는것을 보아서는 17세기초반의 "·"는 1단계변화를 완성한 기초상에서 2단계의 변화를 시작하는 교체기에 처해있었다고 할수 있다. 전체적으로 "·>ㅡ"가 가장 많은 비중을 보이고있으며, 그다음으로 "·>ㅗ", "·>ㅏ", "·>ㅓ"의 순으로 나타난다. "·"변화가 심화됨에 따라 그것과 린접한 모음사이에서도 상호교체현상이 일어나면서 기존의 모음조화가 파괴되였다. 이러한 변화는 "·"자체의 불안정성 및 그로인한 모음체계의 변화와 깊은 내재적관련이 있다.

17세기에는 남부지역을 중심으로 한 일부 방언지역에서 원순모음화현상도 부분적으로 일어났다. 원순모음화는 사선적대립으로 이루어진 모음체계상에서는 쉽게 실현시킬수 없었던 초간본시기의 상황과는 달리 중간본시기의 모음체계에서 평순모음 "ㅡ"와 원순모음 "ㅜ"가 원순성의 유무를 변별적자질로 하는 새로운 대립관계를 형성하기 시작하여 점진적으로 확립되였다.

또한 반모음 /j/, /w/의 탈락과 첨가현상이 나타나 모음, 삼중모음이 단모음, 이중모음으로 되거나, 단모음, 이중모음이 이중모음, 삼중모음으로 되는 현상이 빈번하게 일어났는데 그러한 변화는 《두시언해》 초·중간본에 그러한 변화가 잘 반영되어 있다. 이러한 변화의 내면에는 동음충돌을 막음으로써 발음을 쉽게 하고저 한 노력 및 여러 방언들의 교차와 융합과정에 발생한 류추작용 등이 복합적으로 작용한것으로 보인다.

15세기후반~17세기초반의 조선어는 문법면에서도 변화를 거듭하였는데, 15세기이래의 조선어문법체계는 시간의 흐름과 더불어 보다 정밀하고 간소화된 체계를 지향하면서 발전하였다. 《두시언해》 초·중간본의 비교를 통해 17세기초반 문법형태의 여러 이형태들이 량적으로 간소화를 이루고, 문법형태의 용법이 단순해지고 문장구성이 전에 비해 보다 뚜렷하고 정밀하게 변하는 등 일련의 변화를 고찰할수 있었다.

중세조선어에서 이형태의 간소화는 경제성을 추구하기 위한 과정에 필연적으로 나타난 현상이였는데 여기에 "·"음의 변화와 모음조화의 파괴 등 현상이 겹치게 되면서 되면서 빠른 속도로 진행될수 있었다. 또한 구격토 "-와/-과", 속격토 "-ㅅ", 강조형 "-ㄱ, -ㅅ, -ㅁ", 접속형 "-오-/-우-" 등문법형태는 중세시기에도 일정한 법칙을 가지고 규칙적으로 쓰여왔지만 17세기에 와서는 본래의 적극적인 쓰임이 없어지거나 약화됨으로써 이들 문법형태의 적극적인 기능이 약화되였음을 보여준다. 이러한 변화는 결국 중세이래 지속되여온 조선어문법체계의 발달과정에 일관된 일종 정밀화, 간소화의 지향을 반영하는것이라 하겠다.

근대조선어와 현대조선어에서는 대체로 수식어와 피수식어가 일대일로 결합하여 문장을 형성하는데 비하여 15세기의 조선어에는 몇개의 수식어가 중복되여 하나의 피수식어를 수식하는 수식구성과 주어가 둘씩 들어

있는 이중주어문의 구성으로 된 문장이 많았다. 그러나 그뒤 17세기에 와서는 원래 복잡한 구성으로 이루어졌던 문장들이 점차 간단하고 정밀한 구성을 지향하게 되어 중세적인 형태에서 벗어나 점차 근대적인 형태로 발전하게 되였다. 이러한 변화는 근본적으로 17세기이래 언어생활에서 대중들의 문법의식이 날로 제고된 사실에 말미암는다. 문법의식의 향상과 더불어 대중들은 점차 조선어문장의 비경제적인 구성방식과 그로 인해 야기되는 중의적현상을 객관적으로 인식하게 되였고, 그것을 단순화하여 보다 간결한 형태로 표현하기 위해 노력하였던것이다.

15세기후반~17세기초반의 조선어는 어휘면에서도 특징적인 변화를 보인다. 기존의 어휘를 이어받아 쓰면서도 부분적으로 어휘의 형태나 의미가 바뀌거나 다른 어휘로 교체되기도 하는 등 변화가 나타났던것이다. 특히 150여년이라는 긴 력사적시간을 겪는 동안에 언어내적으로 일반적인 언어변천과정이 끊임없이 이어지고, 언어외적으로는 그동안의 인구류동과 사회변천과 더불어, 필연적인 어휘개신이 일어나게 되였던것이다. 이러한 움직임은 나중에 근대조선어어휘의 모습을 형성하는 시작이 되였다. 어형변화는 음운의 교체, 탈락, 첨가 등과 같은 음운변동에 의한것과 음절증감현상에 따른 어휘들의 외형장단의 변화로 나타난다. 어휘교체는 본질적으로 어휘쓰임의 변화에서 비롯된것으로서 동일한 의미를 나타내는 부동한 형태의 어휘들, 즉 서로 경쟁적으로 쓰이던데로부터 어느 한쪽으로 점차 고정화되는 경향을 보이고있었다. 또한 일부 어휘들은 그 의미령역이 축소되여 보다 전일적인 의미를 나타내게 되였는데, 이러한 과정을 거쳐 어휘들사이의 의미계선이 분명해짐으로써 의미의 정밀화를 가져오게 되였다.

대체로 15세기후반까지도 표기, 음운, 문법, 어휘 등의 면에서 중세조선어의 규칙을 지키며 나타나던 여러 언어현상들은 그뒤 16세기를 거치면서 점차 새로운 모습으로 변화하기 시작하였는데, 17세기에 이르러서는 중세조선어의 영향에서 벗어나 근대조선어의 모습을 초보적으로 갖추게 되었다. 즉, 15세기후반~17세기초반은 조선어의 발전단계가 중세로부터 근대로 과도하는 중요한 바탕이 된 시기였던것이다.

그러나 이 기간동안의 조선어변화를 전면적으로 고찰하는 작업은 ≪두시언해≫와 기타 몇몇 문헌들에 대한 연구로서는 역부족이다. 본 연구에서는 다만 ≪두시언해≫ 초간본과 중간본에 보이는 언어적인 차이를 통하여 언어사적으로 주목할만한 변화에 대해서만 고찰하려 하였을따름이다. 그리하여 본 연구는 15세기후반~17세기초반 조선어의 여러 층위에서 일어난 모든 변화에 대한 전면적인 서술이 부족하였고, 세밀한 분석이 제대로 이루어지지 않은것과 같은 제한성을 가진다. 특히 문법변화에 있어서는 형태론적인 층위와 문장론적인 층위로 세분화하여 좀 더 깊이있는 연구를 진행할 필요성이 있으나, 연구범위의 제한으로 충분히 론의하지 못한 실정이다.

또한 필자 일개인의 능력으로는 많은 문헌자료를 검토하고 분석하여 조선어의 력사적변화를 고찰한다는것은 량적으로 아주 방대하며 어려운 작업이였다. 앞으로 중세 및 근대어를 반영한 모든 문헌에 대한 시기별, 주제별의 연구가 좀 더 심화되고, 방언에 대한 공시적 및 통시적인 고찰이 종합적으로 이루어짐으로써 관련주제에 대한 연구가 보다 깊이있고 광범위하게 진행되기를 기대해본다.

룡비어천가(1445)	룡가	류자선정(1567)	류자
훈민정음 해례본(1446)	해례	선가귀감언해(1569)	선가
훈민정음 언해본(1446)	훈언	류합(1576)	류합
석보상절(1447)	석상	륙조법보단경언해(15세기말 추정)	륙조
월인천강지곡(1449)	월인	백련초해(16세기중엽 추정)	백련
월인석보(1459)	월석	구황활요(1554)	구황
룡엄경언해(1462)	룡엄	촌가구급방(1571)	촌가
법화경언해(1463)	법화	신증류합(1576)	신증
반야심경언해(1463)	심경	석봉천자문(1583)	석봉
금강경언해(1464)	금강	소학언해(1586)	소학
선종영가집언해(1464)	선종	대학언해(1588)	대학
원각경언해(1465)	원각	론어언해(1590)	론어
사법어언해(1467)	사법어	맹자언해(1590)	맹자
구급방언해(1467)	구급방	효경언해(1590)	효경
몽산화상법어략록언해(1472)	몽법	언해두창집요(1608)	두창
삼강행실도(1481)	삼강	언해태산집요(1608)	태산
구급간이방(1482)	구급간	시경언해(1613)	시경
금강경삼가해(1482)	금강삼	동국신속삼강행실도(1617)	동신
악학궤범(1493)	궤범	동의보감(1613)	동의
순천김씨언간(14xx)	김씨	형세언(1632)	형세언
번역로걸대(15xx)	번로	가례언해(1632)	가례
번역박통사(15xx)	번박	왜어류해(1636)	왜어
속삼강행실도(1514)	속삼강	화포식언해(1637)	화포식
번역소학(1517)	번소	권념요록(1637)	권념
려씨향약언해(1518)	려약	벽온신방(1653)	벽온
정속언해(1518)	정속	경민편언해(1656)	경민
훈몽자회(1527)	훈몽	초간어록해(1657)	어록해
분문두창방언해(1542)	분문	녀훈언해(1658)	녀훈
악장가사(15xx)	악장	구황촬요(1660)	구황

▌참고문헌

학술지론문:

곽충구, 구개음화규칙의 발생과 그 확산, 진단학보92, 2001

권인한, 음운론적기제의 심리적실제성에 대한 연구, 국어연구76, 1987

권재일, 음운변화와 문법변화, 음성학과 언어학, 서울대학교출판부, 1996

권재일, 접속문구성의 변천양상, 언어13-2, 1988

권재일, 문법변화개관, 문법사연구, 태학사, 1997

김광수, ≪훈민정음해례≫의 ≪용자례≫에서의 어휘선정과 우리 말의 변화, 조선어문, 2013년, 제3기

김남이, 조선전기 ≪두시언해≫의 지평과 ≪두시언해≫ 간행의 문학사적의미, 한국어문 학연구58, 2012

김상숙, ≪두시언해≫의 삽입자음고 동악언어문학론문집15, 1981

김성규, 표기자의 의도를 통해서 본 중간본 ≪두시언해≫의 음운론적 특징, 두시와 두 시언해연구, 태학사, 1998

김승곤, "-오-/-우-" 형태소고 : 로걸대와 박통사를 중심으로, 국어국문학65~66. 1974.

김영배, ≪두시언해≫ 중간본과 방언 : 권11, 14의 대교를 중심으로, 리병주선생 주갑기 념론총, 1981

金永寿, 浅析15世纪汉朝佛经翻译, 东疆学刊2, 2003

金永寿, 朝鲜15、16世纪汉文翻译本初探 东疆学刊2, 2002

金永寿, 朝鲜王朝初期对汉语词类的认识, 民族语文4, 2003

金永寿, 朝鲜语收音发音形成及变化的考察, 民族语文4, 2011

김완진, 국어모음체계의 신고찰, 진단학보24, 1963

김완진, 모음조화의 례외에 대한 연구, 한국문화6, 1986

김완진, 모음체계와 모음조화에 대한 반성, 어학연구14-2, 1978

김완진, 음운현상과 형태론적제약, 학술원론문집10, 1971

김완진, 중세국어 이중모음의 음운론적 해석에 대하여, 학술원론문집4, 1964

김주원, 통사변화의 한 양상, 언어학7, 한국언어학회, 1984

김주필, 구개음화에 대한 통시론적연구, 국어연구68, 1985

김주필, 음운변화와 표기의 대응관계, 국어학32, 1998

김주필, 중세국어 음절말치음의 음성적실현과 그 표기, 국어학17, 1988

김형규, "ㅎ"말음 체언고, 아세아연구2, 고려대, 1963

남풍현, 《두시언해》 주석문의 '-로'에 대한 고찰 : 국어에 미친 한어의 문법적 영향을 중심으로, 단국대론문집6, 1972

남풍현, 《두시언해》 주석문의 문법적고찰, 동양학3, 1973

도수희, 《두시언해》(초간본) 권14에 대하여, 한글152, 1993

리광호, 근대국어 표기법에 나타난 분철표기연구, 어문학론총6, 국민대, 1987

리기문, 15세기표기법의 일고찰, 언어학3, 1978

리기문, 어두자음군의 생성 및 발달에 대하여, 진단학보14, 1955

리기문, 중세국어음운론의 제문제, 진단학보32, 1969

리기문, 훈민정음창제에 관련된 몇문제, 국어학2, 1974

리돈주, 훈민정음의 중국음운학적배경, 훈민정음의 리해, 한신문화사, 1988

李得春, 金基石, 关于韩国语语言史观, 东疆学刊2, 2002

李得春, 朝鲜语汉字词和汉源河 , 民族语文3, 2007

리란, 근대조선어시기 격토와 격토의 결합류형 및 그 의미, 조선어연구6, 2012

리병주 편, 두시연구론총, 이우출판사, 1982

리병주, 《두시언해》비주, 통문관, 1958

리병주, 《두시언해》해제, 동국문학1, 1955

리숭녕, "-오-/-우-"론고, 국어국문학27, 1964

리숭녕, "·"음고, 진단학보12, 1940

리숭녕, 겸양법연구, 아세아연구5, 1962

리승자, 중철표기법에 대한 검토(1, 2), 중국조선어문5/6, 2011

리익섭, 음절말표기 "ㅅ"과 "ㄷ"의 사적고찰, 성곡론총18, 1987

리진호, 국어 어간말자음군과 관련현상에 대한 통시적연구, 국어연구147, 1997

리창환, 《두시언해》 중간본에 나타난 근대국어적특징에 대하여, 전북대 교육대학원 석사학위론문, 1992

리현희, 국어학의 자료와 방법론, 국어국문학40년, 집문당, 1992

리호권, 《두시언해》 권3 영인해제, 한국어연구5, 한국어연구회, 2003

리호권, 《두시언해》 중간본의 판본과 언어에 대한 연구, 진단학보95, 2003

리호열, 《두시언해》의 어휘연구, 한국언어문학29, 1991

리호열, 《두시언해》의 어휘의미일고, 국어국문학연구19, 1997

민경삼, 《두시언해》소고, 중국어문론총13, 1997

박영섭 편, 초간본 《두시언해》어휘자료집, 박이정, 1998

박용찬, 《두시언해》 초간본과 중간본의 비교 -표기변화를 중심으로-, 한말연구27,

2010

박용찬, ≪두시언해≫ 초간본과 중간본의 문법적특징 비교, 우리말글53, 2011

박창원, 15세기국어 자음체계의 변화와 통시적성격(2), 애산학보16, 1995

박창원, 15세기국어의 이중모음, 경남어문론집(창간호), 1988

박창원, 국어모음체계에 대한 한 가설, 국어국문학95, 1986

박창원, 연구방법과 변화류형, 국어사연구, 태학사, 1997

박창원, 음운규칙의 변화와 공시성, 국어학의 새로운 인식과 전개(김완진선생회갑기념
   론총), 민음사, 1991

박창원, 음운규칙의 통시적변화, 국어학론문집(기곡 강신항선생회갑기념), 태학사, 1990

박창원, 중세국어의 음절말자음체계, 국어학13, 1984

박창원, 통시음운론연구사와 국어음운사연구 30년, 국어학19, 1989

박충록, 두보와 그의 시, 해외우리문학연구총서124, 한국문화사, 1996

배주채, 구개음화의 음운론적성격에 대하여, 리기문교수정년퇴임기념론총, 신구문화사,
   1996

백두현, "ᄋ, 오, 으, 우"의 대립관계와 원순모음화, 국어학17, 1988

백두현, ≪두시언해≫ 초간본과 중간본의 통시음운론적비교, 어문학50, 한국어문학회,
   1989

백두현, 19세기국어의 음운사적고찰(모음론), 한국문화20, 1997

백두현, 경상도방언의 모음체계와 모음중화, 어문교육론집2, 부산대학교국어교육과, 1992

福井玲, ≪두시언해≫ 초간본에 대하여, 도쿄대학언어학론문집, 1987

석주연, 언어사용자의 관점에서 본 중세국어 관형사형의 "-오-" 소멸, 형태론3, 2001.

宣德五, 中古朝鮮語元音·[ʌ]的历史演变, 民族语文4, 1985

宣德五, 朝鮮文字的变迁, 中国民族古文字研究, 1980

손주일, "-오-/-우-" 연구 현황과 과제, 인문학연구32, 1994

송철의, 15세기국어의 표기법에 대한 음운론적고찰, 국어학16, 1987

송철의, 형태론과 음운론, 국어학35, 2000

신승용, /·/의 1단계변화와 그 원인, 어문연구17, 한국어문교육연구회, 2000

신승용, 음절화와 활음/y, w/의 음운론적성격에 관하여, 서강어문14, 1998

신승용, 치음 /ㅅ/, /ㅈ/의 조음위치 이동원인과 변화과정, 국제어문36, 2006

신승용, 통시적변화에서 음소와 변이음, 순천향어문론집7, 2001

안병희, ≪두시언해≫ 권17-19 영인해제, 한국어연구2, 한국어연구회, 2004

안병희, ≪두시언해≫의 서지적고찰, 한국문화19, 1997

안병희, ≪월인천각지곡 해제≫, 월인천강지곡(영인본), 문화재관리국, 1992.

안병희, 중간 ≪두시언해≫에 나타난 t구개음화에 대하여, 일석 리희승선생송수기념론
   총, 일조각, 1957

안병희, 해례본의 종성해에 대하여, 국어학41, 2003

姚駿, 16~18世纪朝鲜语舌尖塞音腭化研究 -以 ≪老乞大谚解≫为例-, 北方语言论丛, 2011

姚駿, 朝鲜语主格助词"이/가"和添意助词"은/는"的历史变迁, 解放军外国语学院学报, 2007年, 第1期

姚駿, 中世纪朝鲜语"·"消失研究, 语言学研究, 2013

윤용선, ≪두시언해≫, 국어사자료와 국어학의 연구, 문학과 지성사, 1993

임홍빈, 선어말어미 "-오-/-우-"와 확실성, 한국학논총3, 1981

전재호, ≪두시언해≫의 국어학적연구, 선명문화사, 1973

전광현, 17세기국어의 연구, 국어연구19, 1967

전광현, 18세기후기국어의 일고찰 : ≪륜음언해≫를 중심으로, 전북대학교론문집13, 1971

정연찬, 15세기국어의 모음체계와 그것에 딸린 몇가지 문제, 국어학18, 1989

정연찬, 근대국어 표기법에 대한 음운론적해석, 정신문화연구16, 1993

정의순, ≪두시언해≫의 언해사적가치, 동악어론문집15, 1981

조남호, ≪두시언해≫ 어휘색인, 태학사, 2001a

조남호, ≪두시언해≫ 한자어연구, 태학사, 2001b

조남호, 근대국어 어휘, 국어의 시대별변천연구2, 국립국어원, 1997

조남호, 중간 ≪두시언해≫에서의 "ㆁ, ㅿ" 표기의 변화 양상, 국어사와 차자표기, 태학사, 1995

조세용(1983), 초·중간 ≪분류두공부시≫의 통시음운론적비교연구, 론문집(건국대 중원인문연구소)2, 1983

赵忠德, 从历时演化解析共时变异, 外语学刊3, 2010

지춘수, 종성 "ㅿ"의 몇가지 자질에 대하여 국어학신연구2, 탑출판사, 1986

최남희, 선어말어미 "-오-/-우-"의 통어기능, 동악어문논집3, 1987

최명옥, "ㅸ, ㅿ"와 동남방언, 어학연구, 14, 1978

최범훈, ≪두시언해≫의 의문대명사 "므스"고, 리병주선생주갑기념론총, 1981

최송호, ≪두시언해≫의 초간본과 중간본을 통하여 본 조선어의 변화과정, 문화어학습, 2013년, 제2기

최송호, ≪두시언해≫초·중간본의 철자표기 비교, 중국조선어문, 2013년, 제4기

崔松虎, 15世纪朝鲜语固有合成词的构词方式研究 -以 ≪杜诗谚解≫词汇为中心-, 延边大学学报(社会科学版), 2013年, 第3期

최송호, 15세기후반기~17세기초 정음자표기변화에 대한 연구, 조선어문, 2013년, 제3기

崔松虎, 试论民族文化心理取向对朝鲜古时调语言的影响, 延边教育学院学报, 2013年, 第6期

최송호, 15세기후반기~17세기초 조선어어휘의 의미변화에 대하여, 조선어문, 2015년, 제1기

최송호, ≪두시언해≫(2판)에 반영된 구개음화현상에 대한 분석, 김일성종합대학학보(어

문학), 2015년, 제1기

한국정신문화연구원 인문연구실 편(1998), 두시와 두시언해연구, 태학사, 1998

한글학회, 4백년전의 금속활자(≪두시언해≫ 판본), 한글5, 1932

한영균, 모음조화의 붕괴와 "·"의 1단계변화, 국어학20, 1990

한영순, 평안북도 의주-피현지방 방언의 어음론적특성(상, 하), 조선어문4, 5, 1956

홍윤표, 구개음화에 대한 력사적연구, 진단학보60, 1985

홍윤표, 근대국어 표기법연구, 민족문화연구19, 1986

黃曉琴, 朝鮮语元音和谐的松化, 民族语文6, 2006

론저:

강길운, 훈민정음과 음운체계, 형설출판사, 1992

강신항, 훈민정음연구(수정증보판), 성균관대학교출판부, 2003

강신항, 훈민정음연구, 성균관대학교출판부, 1990

강은국, 조선어접미사의 통시적연구, 서광학술자료사, 1993

고영근, 국어접미사의 연구, 백합출판사, 1974

고영근, 국어형태론연구, 서울대학교출판부, 1989

고영근, 남기심 편, 중세어자료강해, 집문당, 1999

고영근, 표준중세국어문법론(개정판), 집문당, 2006

국어사연구회, 국어사연구, 태학사, 1997

권재일, 한국어문법사, 박이정, 1998

김경아, 국어의 음운표시와 음운과정, 국어학회, 태학사, 2000

김경훤, 음운의 변화와 표기, 보고사, 2004

김동소, 한국어의 역사, 정림사, 2007

김방한, 력사-비교언어학, 민음사, 1988

김방한, 언어와 역사, 서울대학교출판부, 1998

김성렬, 중세국어모음연구, 국학자료원, 2000

김영수, 조선중세한문번역본의 언어사적연구, 역락, 2001

김영욱, 문법형태의 력사적연구-변화의 리론과 실제, 박이정, 1995

김영황, 조선민족어발전력사연구, 과학백과사전출판사, 1978

김영황, 조선어방언학, 김일성종합대학출판사, 1982

김영황, 조선어사, 김일성종합대학출판사, 1997

김완진, 국어음운체계의 연구, 일조각, 1971, 1985

김완진, 로걸대언해에 대한 비교연구, 한국연구원, 1976

김완진, 음운과 문자, 1996

김완진, 음운사, 한국문화사대계5, 고려대민족문화연구소, 1967

김유범, 국어 문법형태소의 력사적리해, 박이정, 2007

김유범, 중세국어 문법형태소의 음운론과 형태론, 월인, 2007

김진우, 언어, 탑출판사, 1985

김차균, 우리말의 음운, 태학사, 1993a

김차균, 우리말의 성조, 태학사, 1993b

김형규, 증보국어사연구, 일조각, 1963

도수희, 한국어음운사연구, 탑출판사, 1987

렴종률, 조선어내적발전력사연구, 사회과학출판사, 1990

렴종률, 조선어문법사, 김일성종합대학출판사, 1980

리기문, 16세기 국어의 연구, 탑출판사, 1982

리기문, 국어사개설(신정판), 태학사, 1998

리기문, 국어사개설, 민중서관, 1961

리기문, 국어음운사연구, 탑출판사, 1977

리기문, 국어표기법의 력사적연구, 한국연구원, 1963

리득춘, 리승자, 김광수, 조선어발달사, 연변대학출판사, 2006

리득춘, 조선어어휘사, 연변대학출판사, 1987

리병근, 어휘사, 태학사, 2004

리병주, 개편 ≪두시언해≫초, 집문당, 1982

리숭녕, 개정판 중세국어문법, 을유문화사, 1981

리숭녕, 한국방언사, 한국문화사대계5, 고려대민족문화연구소, 1967

리승욱, 국어문법체계의 사적연구, 일조각, 1973

리승욱, 국어형태사연구, 태학사, 1996

리의강, ≪두시언해≫연구, 다운샘, 2006

리진호, 통시적음운변화의 공시적기술, 삼경문화사, 2008

리현희 중세국어구문연구, 신구문화사, 1994

박금자, 15세기언해서의 협주연구, 집문당, 1997

박병채, 국어발달사, 세영사, 1990

박종국, 한국어발달사, 문지사, 1996

박종덕, 경상도방언의 모음체계 변천사, 박이정, 2004

박종덕, 국어학연구 방법론, 박이정, 2007

박창원 편, 국어음운연구사(1), 태학사, 2002

박창원, 중세국어자음연구, 한국문화사, 1996

徐通锵, 历史语言学, 商务印书馆, 2008

손주일, 중세국어 선어말어미 "-오-/-우-" 연구, 강원대학교출판부, 2002

송민, 전기근대국어 음운론연구, 탑출판사, 1986

신승용, 음운변화의 원인과 과정, 태학사, 2003

심재기, 국어어휘론, 집문당, 2000

심재기, 국어어휘론신강, 태학사, 2000

安秉浩, 尚玉河, 韩语发展史, 北京大学出版社, 2009

안병호, 조선어발달사, 료녕인민출판사, 1983

안병희 국어사연구, 문학과 지성사, 1992b

안병희, 국어사자료연구, 문학과 지성사, 1992a

안병희, 리광호, 중세국어문법, 학연사, 1990

안병희, 문법사, 한국문화사대계5, 고려대민족문화연구소, 1967

안병희, 훈민정음연구, 서울대출판부, 2007

유창돈, 어휘사연구, 선명문화사, 1974

이승욱, 국어형태사연구, 태학사, 1997

전정례, 새로운 "-오-" 연구, 한국문화사, 1995

전정례, 언어와 문화, 박이정, 1999

전정례, 언어변화리론, 박이정, 2005

전재호, 국어어휘사연구, 경북대학교출판부, 1987

허웅, 15·16세기 우리 말본의 력사, 탑출판사, 1991

허웅, 언어학, 샘문화사, 1982

허웅, 16세기 우리 옛말본, 샘문화사, 1989

허웅, 국어음운학-우리 말 소리의 오늘·어제-, 정음사, 1985

허웅, 리강로, 주해 월인천강지곡, 정음사, 1962

허웅, 우리 옛말본, 샘문화사, 1975, 1978

허웅, 중세국어연구, 정음사, 1963

허재영, 국어의 변화와 국어사탐색, 소통, 2008

홍기문, 조선어력사문법, 사회과학원출판사, 1966

홍윤표, 국어사문헌자료연구 -근대편1-, 태학사, 1993

홍윤표, 근대국어연구(1), 태학사, 1994

홍종선 외, 후기 근대국어형태의 연구, 역락, 2006

홍종선, 편, 근대국어문법의 리해, 박이정, 1998

황대화, 조선어동서방언 비교연구, 한국문화사, 2006

H.Paul, Principles of the history of language, Longmans London, 1891

King.R, Historical linguistics, Cambridge University, 1981

Jakobson.R, Prinzipien der historischen phonologie, in D, cherubiem[Hrsg.], 1975, Sprachwandel. Berlin/NewYork

Ki-Moon Li, S.Robert Ramsey, A history of the Korean langeage, Cambridge University Press, 2011

Paul.J.Hopper, Elizabeth Closs Traugott, Grammaticalization(Second Edition), Cambridge University Press, 2003/北京大学出版社影印版, 2006

학위론문:

김무식, 훈민정음의 음운체계연구 : [박사학위론문]. 대구 : 경북대학교, 1993

김상돈, 근대국어의 표기와 음운변화연구 : [박사학위론문]. 서울 : 고려대학교, 1990

김중진, 근대국어 표기법연구 : [박사학위론문]. 익산 : 원광대학교, 1986

강돈묵, 국어 형태변화의 통시적연구 : [박사학위론문]. 대전 : 충남대학교, 1989

구지영, 15세기국어의 주격중출문연구 : [석사학위론문]. 서울 : 리화녀자대학교, 1999

金菊花, 朝鲜后期汉译谚语集 ≪耳谈续纂≫语言对比研究. [博士学位论文]. 北京 : 中央民族大学, 2010

김동언, 17세기국어의 형태음운연구 : [박사학위론문]. 서울 : 고려대학교, 1989

김란화, ≪두시언해≫의 수사법연구 : [박사학위론문]. 서울 : 성균관대학교, 2012

金兰花, ≪杜诗谚解≫的文体特征分析 : [硕士学位论文]. 延吉 : 延边大学, 2007

김승호, 국어 자음변화의 통시적연구 : [박사학위론문]. 부산 : 동아대학교, 1996

김유범, 15세기국어 문법형태소의 형태론과 음운론 : [박사학위론문]. 서울 : 고려대학교, 2001

김주필, 17·18세기 국어의 구개음화와 관련 음운현상에 대한 통시론적연구 : [박사학위론문]. 서울 : 서울대학교, 1994

리명규, 구개음화에 대한 통시적연구 : [박사학위론문]. 서울 : 숭실대학교, 1992

리창환, ≪두시언해≫ 중간본에 나타난 근대국어적 특징에 대하여 : [석사학위론문]. 전주 : 전북대학교, 1992

리호권, ≪석보상절≫의 국어학적연구 : [박사학위론문]. 서울 : 서울대학교, 1997

리호열, 초간본 ≪두시언해≫의 어휘연구 : [박사학위론문]. 익산 : 원광대학교, 1995

박유진, 국어 모음충돌회피의 통시적변화 : [박사학위론문]. 대구 : 경북대학교, 2010

박종철, ≪두시언해≫성조연구. [석사학위론문]. 서울 : 서강대학교, 1974

백두현, 령남문헌어의 통시적음운연구 : [박사학위론문]. 대구 : 경북대학교, 1989

손주일, 15세기 국어의 선어말어미 "-오-/-우-"에 대한 통사론적연구 : [석사학위론문]. 서울 : 서강대학교, 1979

신성철, 음절말 "ㅅ"과 "ㄷ"의 표기변화에 대한 연구 : [박사학위론문]. 서울 : 국민대학교, 2004

安末淑, 杜甫诗和韩国朝鲜时代诗研究 : [博士学位论文]. 济南 : 山东大学, 2005

윤남철, 중세국어의 대격연구-≪두시언해≫의 례를 중심으로 : [석사학위론문]. 익산 :
　　원광대학교, 1980
윤진영, 후기 중세국어 "-오-/-우-"연구의 성과와 한계 : [석사학위론문], 순천 : 순천대
　　학교, 2013
장영길, 15세기국어의 모음체계연구 - 모음추이를 중심으로- : [박사학위론문]. 서울 :
　　동국대학교, 1994
전정례, 중세국어 명사구 내포문에서의 "-오-"의 기능과 변천 : [박사학위론문], 서울 :
　　서울대학교, 1991
정수현, 선어말어미 "-오-"의 기능과 변천 -명사성의 약화와 그 기능변화를 중심으로- :
　　[박사학위론문]. 서울 : 건국대학교, 2011
한재영, 16세기국어 구문의 구조연구 : [박사학위론문]. 서울 : 서울대학교, 1994
Kiparsky.K, Phonological Change : [Doctoral dissertation]. Cambridge : M.I.T, 1965

사전류:

고려언어연구원, 조선말고어사전, 흑룡강민족출판사, 2006
김영황, 중세조선말사전, 과학백과사전종합출판사, 1993
남광우, 교학 고어사전, 교학사, 2014
류창돈, 리조어사전, 연세대출판부, 1985
최학근, 증보 한국방언사전, 명문당, 1994
홍윤표, 17세기 국어사전(상, 하), 태학사, 1995

저자 최송호崔松虎

　　1984년 중국 연변 출생
　　2004~2014 중국 연변대학교 조선언어문학과 및 동 대학원 졸업(문학박사)
　　2006~2007 조선 김일성종합대학교 문학대학 조선어학과 연수
　　2014.7~현재 중국 상해외국어대학교 박사후연구원
　　논문 「15세기후반기~17세기초 정음자표기변화에 대한 연구」 외 다수.

15세기후반~17세기초반 조선어의 력사적변화 연구

– ≪두시언해≫ 초간본과 중간본의 비교를 중심으로 –

초판 인쇄 2015년 5월 18일 | 초판 발행 2015년 5월 28일
지은이 최송호
펴낸이 이대현
편집 권분옥 이소희 오정대 | 디자인 이홍주
펴낸곳 도서출판 역락 | 등록 제303-2002-000014호(등록일 1999년 4월 19일)
주소 서울시 서초구 동광로 46길 6-6 문창빌딩 2층
전화 02-3409-2058(영업부), 2060(편집부) | 팩시밀리 02-3409-2059
전자우편 youkrack@hanmail.net | 역락 블로그 http://blog.naver.com/youkrack3888
ISBN 979-11-5686-191-1　93710

정가 20,000원

* 파본은 구입처에서 교환해 드립니다.

* 이 도서의 국립중앙도서관 출판예정도서목록(CIP)은 서지정보유통지원시스템 홈페이지(http://seoji.nl.go.kr)와 국가
자료공동목록시스템(http://www.nl.go.kr/kolisnet)에서 이용하실 수 있습니다.(CIP제어번호 : CIP2015013987)